KB150308

한국 남해연안 여지지 고고학

한국 남해연안 여지지 고고학

2022년 9월 1일 초판 1쇄 발행

지은이 심봉근
펴낸이 권혁재
편 집 조혜진
표 지 이정아

인 쇄 성광인쇄
펴낸곳 학연문화사
등 록 1988년 2월 26일 제2-501호
주 소 서울시 금천구 가산디지털1로 16 가산2차SKV1AP타워 1415호

전 화 02-6223-2301
팩 스 02-6223-2303
E-mail hak7891@chol.com

ISBN 978-89-5508-473-3 93910

한국 남해연안 여지지 고고학

심봉근

학연문화사

東萊富山浦之圖

『해동제국기』「동래부산포지도」, 1474년, 서울대학교 규장각한국학연구원 소장

「목장지도」 동래부, 1663년, 국립중앙도서관 소장

「목장지도」 남해현과 진주목, 1678년, 국립중앙도서관 소장

● 발간에 즈음하여

중용中庸에 성자천지도야誠者天地道也 성지자인지도야誠之者人之道也라는 글귀에 매력하고 학자學者보다는 학지자學之者를 희망삼은 것이 이제는 글 쓰는 것이 취미생활이 되었다. 고희古稀를 넘기고 학지자學之者의 시완試腕을 빌미로 쓰고 지운 더럽혀진 지면을 정리하다 보니 어느 듯 한권의 잡기장雜記帳이 되었다. 일상의 대인관계와 생활범위가 점차 좁아지고 사물에 대한 안목도 예전과는 달리 국제적이나 전국적이기보다 주변의 지역사나 인물에 접근이 용이하게 되었다. 여기에서 주로 논의한 것은 우리나라 남해연안지역 여지지輿地志에 대한 고고학적 접근이며 문헌자료에 대한 고고학적 검증 결과이기도 하다. 고성의 삼한시대 고자미동국古資彌凍國 태동, 그리고 삼국, 신라시대 보라국保羅國과 문화량현蚊火良縣, 하동 정안봉산성鄭晏峯山城 축조목적과 군현치소 이동, 남해 군현치소 이동과 관방성關防城, 목장성牧場城 오해 보완, 거제 거림리유적의 성격과 둔덕기성屯德岐城, 독로국瀆盧國관계 유구와 유물, 부산 원도심과 부산포富山浦에 대한 위치비정 등에 중점을 두고 있다. 전개과정에서 문헌자료를 기본으로 삼고 고분이나 성지발굴조사 등 고고학자료로 비교하였다. 논지 가운데 뒷날 새로운 자료 확보로 수정보완한 부분도 없지 않다. 결과에 대한 선학동배들의 질책이 적지 않을 것을 예상하면서 나름대로 새로운 의견을 도출토록 노력하였다. 우리나라 여지지輿地志와 향토사연구에 보탬이 되었으면 한다.

마지막으로 이 책 집필과정에서 토론을 함께해준 동아시아문물연구소 세우회洗愚會(세미나) 회원 여러분 그리고 원고와 도면정리 과정에서 바쁜 일과에도 불구하고 협조를 아끼지 않았던 동아대학교박물관 박창열, 이수영 학예연구원 등 모두에게 말미 여백을 빌어 감사드리는 바이다. 그리고 부족한 글을 출판하는데 흔쾌히 허락해준 학연문화사 권혁재 사장님에게도 깊이 감사하는 바이다.

2022년 10월 3일

승학산乘鶴山 세심당洗心堂에서 심 봉 근

목 차

고자미동국古資彌凍國의 태동胎動

1. 머리말

고성은 『삼국지三國志』에 고자미동국,[1] 『삼국사기三國史記』에 고사포古史浦,[2] 『삼국유사三國遺事』에는 소가야小伽倻가 위치했던 것으로 전해지고 있다.[3] 이를 뒷받침하는 고고학적 자료는 고성읍 주변에 분포하는 패총, 주거지, 성지, 고분 등 생활유적을 통해서 어느 정도 그 유추가 가능하다. 그 동안 삼한시대 고자미동국 등 변진지역 소국의 성립배경을 연구하는 경우 한국식동검이나 초기철기 출현 등 고고학적 자료로 주로 이용하여 왔다.[4] 특히 경상도지역의 경우 한국식동검문화가 집중되는 경주, 대구, 영천, 김해지역이 주로 검토대상이 되었다. 고성의 경우 한국식동검은 하이면 석지리에서 수습된 것이 유일한 예이고[5] 하일면 송천리 석관묘[6], 고성읍 동외동패총,[7] 성내리유적,[8] 송학리유적[9] 등에서 출토된

---

1) 『三國志』魏書 東夷傳 韓條에 "…有已柢國 不斯國 弁辰彌離彌凍國 弁辰接塗國 勤耆國 難彌離彌凍國 弁辰古資彌凍國 弁辰古淳是國 冉奚國 弁辰半路國 弁辰樂奴國 軍彌國 弁辰彌烏邪馬國 如湛國 弁辰甘路國 戶路國 州鮮國 馬延國 弁辰狗邪國 弁辰走漕馬國 弁辰安邪國 弁辰瀆盧國 斯盧國 優中國 弁辰韓 合二十四國"이라고 기록하고 있다.

2) 『三國史記』卷48 列傳八 勿稽子傳에 "勿稽子 奈解尼師今時人也 …時浦上八國同謀伐阿羅國 阿羅使來請救 尼師今使王孫㮈音率近郡及六部車仕救 遂敗八國兵… 後三年骨浦 柒浦 古史浦 三國人來攻竭火城 王率兵出救 大敗三國之師"라 한다.

3) 『三國遺事』卷5 避隱八 勿稽子條에 "第十奈解王卽位十七年壬辰 保羅國 古自國(今固城) 史勿國(今泗州) 等八國 幷力來侵邊境 王命太子㮈音 將軍一伐等 率兵拒之 八國皆降…"이라 하고 있다. 白承玉, 『加耶各國史硏究』, 도서출판 혜안, 2003.

4) 이현혜, 『삼한사회 형성과정연구』, 일조각, 1984.

5) 심봉근, 「동아대학교박물관 소장 청동유물신례」, 『고문화』20, 1982.

철기와 무문토기 등이 고자미동국에 해당되는 것으로 파악된다. 특히 동외동 패총의 경우 청동광동모靑銅廣銅矛를 비롯해서 검병劍柄, 검파두식劍把頭飾, 수대경편獸帶鏡片 등 청동유물[10]과 그 바닥에서 확인된 제철관계 유구는 고자미동국을 이해하는 중요자료로 평가 받고 있다.

한편 삼한시대의 시작을 대부분 한국식동검 중 가장 고식으로 편년하는 대전 괴정동유적 출토 일괄유물[11]을 표지標識로 B.C.4세기말 그리고 마지막 단계를 A.D.3세기로 예상하고 있다. 그것은 연소왕燕昭王 때 진개秦開장군의 남하[12]와 삼국지의 편찬시기 등 문헌자료를 주로 참고한 것으로 이해된다. 그러나 한국식동검 가운데 철기를 동반하지 않은 원형점토대토기단계를 청동기시대로 편년하는 연구자도 없지 않다.[13] 이는 곧 청동기시대 종말과 철기시대 시작을 의미하는 전환기의 문헌자료를 참고할 것인지 아니면 고고학적 유물에 의거할 것인지에 대한 차이라고도 볼 수 있다. 사실 한국식동검 초기유적에서는 철기 등장 시기가 약 1세기 정도 늦게 나타나고 있다. 이 경우 철기시대 초기에는 한국식동검을 중심으로한 청동기가 오히려 철기보다 양적으로 우세한 무철기 시기

6) 동아대학교박물관, 『고성 송천리솔섬석관묘』, 1977.
7) 동아대학교박물관, 『상노대도 부록 : 고성 동외동패총』, 1984.
8) 동아대학교박물관, 『고성읍성지』, 2006.
9) 한겨레문화재연구원, 『고성 송학리309-1번지 유적』, 2012.
10) 심봉근, 「고성 동외동패총 출토 미생계유물」, 『석당논총』 27, 1998.
11) 이은창, 「대전시 괴정동 출토 일괄유물조사약보」, 『고고미술』 8-9, 1969.
12) 『三國志』韓傳 魏略逸文에 "魏略曰 昔箕子之後朝鮮候 見周衰 燕自存爲王欲東略地 朝鮮候 亦自稱爲王 欲興兵逆擊燕 以尊周室 其大夫禮諫之 乃止 使禮西說燕 以止之不攻 後子孫稍驕虐 燕乃遣將秦開 攻其西方 取地二千餘里 至滿潘汗爲界 朝鮮遂弱…"이라 하고 있다. 즉 燕 昭王(B.C.312-B.C.279) 때 진개장군이 요서 2000여리를 점령하여 만반한을 경계를 삼았다는 기사 중 만반한은 명도전과 한국식동검의 분포상태를 참고해서 청천강으로, 그리고 그 시기를 대략 기원전 300년으로 추정하고 있다.
13) 박영구, 「동해안지역 청동기시대 취락 연구」, 영남대학교 대학원 박사학위논문, 2015.

가 일정기간 존재한 것으로 파악된다. 따라서 철기시대에 대한 개념을 더욱 분명히 할 필요가 있다. 즉 청동기시대 초기에도 철기시대와 마찬가지로 무문토기, 마제석기를 사용하면서 청동기가 한동안 확인되지 않는 무청동기 시기가 존재했던 것과 마찬가지 현상이라 할 수 있다. 주목할 것은 청동기시대 말기에는 일반생활도구인 마제석부류와 석도류, 그리고 마제석검, 석촉 등 무기류가 급감하고 있다는 점을 결코 간과해서는 안 된다고 할 수 있다. 그것은 철기가 석기를 대신해서 새롭게 등장한 소치라고 이해할 수밖에 없기 때문이다. 따라서 철기의 등장이 곧 삼한시대의 시작이라는 등식이 이론적으로 성립 가능하다면 청동기시대는 삼한시대와 교환되었다는 해석도 가능하게 되고 변진 고자미동국은 곧 철기시대에 해당한다고 할 수 있다.

다만 고자미동국과 같은 삼한 소국들의 성립 배경이 청동기시대 재지주민들의 새로운 문화접촉에 기인한 결과인지 아니면 준왕準王[14] 또는 위만衛滿[15]의 남하와 같은 문헌상에 나타나는 동북아시아지역의 정치적 긴급사태로 유이민의 이동에서 비롯된 것인지는 자세하지 않다. 그러나 고성지역에서는 고자미동국 이전단계인 청동기시대에 이미 지석묘 또는 석관묘를 사용하고 송국리형 주거지에서 생활하던 재지주민들이 군내전역에 걸쳐 넓게 분포했던 것만은 분명한 사실이다. 여기서 주로 논의하고자 하는 것은 청동기시대에서 삼한시대로 전환하는 과정에서 생긴 과도기 문화에 대한 고고학적 실체 파악이다. 이것은 곧 청동기시대 재지주민들과 삼한시대 고자미동국 주민간의 정체성과도 관계되는 일이다. 이 방면 고성지역연구는 필자의 미분한 탓인지 이제까지 전무한 것으로 알고 있다.[16] 따라서 여기서는 과제 해결을 위해 고성지역 청동기시대의 전반적

---

14) 이병도, 「삼한문제의 신고찰(二)」, 『진단학보』 3, 1935.
15) 천관우, 「삼한의 성립과정」, 『사학연구』 26, 1976.

인 문화양상을 먼저 살펴본 다음 그 가운데 후기 또는 말기의 문화내용과 기존의 확인된 고자미동국의 고고학적 자료를 비교 검토하는 과정에서 그 연속성 여부를 파악하는 순서로 고자미동국 태동기의 문화양상을 확인하기로 하겠다. 선학동배들의 아낌없는 질정을 기대한다.

2. 청동기시대 유구와 유물

가. 주거지

지금까지 알려진 고성군내 청동기시대 유구와 유물은 유물산포지를 비롯해서 입석,[17] 주거지와 지석묘, 석관묘, 환호, 무문토기, 마제석검, 마제석촉, 유구석부 등이다.

그 가운데 주거지는 지표조사과정에서 확인된 하이면 석지리유적과 구만면 효낙리유적이 있으며[18] 발굴조사에서 확인된 유적은 상리면 무선리유적과 거류면 신용리유적이 있고 최근 고성읍 율대리에서도 수혈식 주거지가 발견되어 주목하고 있다.

1) 상리 무선리유적[19]

무선리유적은 2002년 부산지방국토관리청에서 시행한 고성-자은간 도로 확포장

---

16) 고성지역은 아니지만 청동기시대 말기와 삼한시대 초기를 주로 다룬 논문이 있다. 이수홍, 『청동기시대 검단리유형의 연구』, 함춘원, 2015.
17) 동아대학교박물관 · 고성군, 『문화유적분포지도-고성군-』, 2004.
18) 동아대학교박물관 · 고성군, 『문화유적분포지도-고성군-』, 2004.
19) 경남문화재연구원, 『고성 무선리유적』, 2005.

공사 중 상리면上里面 무선리武仙里 575-23번지 일대에서 발견되어 발굴조사된 유적이다. 조사과정에서 청동기시대 수혈식 주거지 4기와 용도미상의 수혈 5기가 각각 확인되고 그 내부에서 무문토기와 석기 등 청동기시대 유물 일부가 수습되었다.

그 중 1호 주거지는 평면 원형으로 바닥 중앙에 타원형 수혈과 그 주위에 주혈을 배치하는 형태의 전형적인 송국리형이다. 크기는 직경 560㎝, 잔존깊이 26㎝ 정도이다. 다시 말하면 주거지는 바닥 중앙에 타원형 수혈을 두고 그 주위에 일정 간격으로 주혈柱穴을 사방에 배치한 4주식 건물지이다. 유물은 무문토기, 석기 등이 중앙의 타원형 수혈을 중심으로 그 주위에 흩어진 상태로 놓여 있었다. 주목되는 것은 수혈 외곽 동쪽에 3주, 서쪽에 2주의 목주 흔적이 확인된 점이다. 내부의 4주는 지붕을 가구하기 위한 주혈로 생각되지만 외곽 주혈은 용도 확인이 어려운 것이다. 지붕 보강을 위한 장치이거나 아니면 출입구 시설과 관계되는 것으로 파악되지만 자세하지 않다. 내부에서 수습된 유물 가운데 무문토기는 옹형과 발형으로 구분되는데 대부분 발형에 해당하는 것이다. 태토는 조질의 점토에 장석과 석립이 혼입된 전형적인 적갈색 무문토기이며 직립구연에 평저부를 가진 것이다. 석기는 5점이 수습되었다. 점판암제의 부리형 석기 2점과 미완성품 3점이다. 이 부리형 석기는 진주 대평리 어은 2지구와 옥방 7지구, 9지구 등 남강유역 청동기시대 송국리형 주거지유적을 중심으로 최근 많이 발견되고 있어 주목하고 있다.[20]

다음 2호 주거지는 부분적으로 훼손되었다. 그러나 바닥 중앙에 위치한 타원형 수혈과 그 주위에 4주식 주혈이 배치된 점 등을 감안하면 이 주거지도 송국리형이 분명해 보인다. 평면 타원형으로 직경 607㎝, 잔존깊이 25㎝ 크기이다. 유구 내부에서 삼각형 석도편과 무문토기 저부편이 수습되었다. 그 중 무문토기 저부는 평저이고 적갈색 조질粗質의 것으로 전기한 1호 주거지에서 수습된

---

20) 동아대학교박물관 · 경상남도, 『남강유역 문화유적발굴도록』, 1999.

발형토기와 동일 특징의 것이다. 삼각형 석도는 남쪽 벽면 근처에서 수습되었다. 점판암제로 전·후면과 배면에 마연흔이 뚜렷하다. 배부와 인부는 직선이며 상호 교인交刃으로 편인片刃 몸체에 끈을 매달기 위한 구멍이 양쪽에 있는데 천공穿孔은 양쪽에서 행해졌다. 그리고 구멍 상단에 직선상의 홈이 한줄 있는데 전·후면이 동일하다. 잔존길이 7.3㎝, 폭 4.3㎝, 두께 0.6㎝이다.

3호 주거지도 부분적으로 훼손되었다. 바닥 중앙에 타원형 수혈이 있고 그 주위에 13주의 주혈이 배치되어있다. 대부분의 주혈은 정형성이 인정되지만 일부는 무질서하게 배치되어 용도 판단이 어렵다. 내부 칸막이 시설이나 기존 목주의 보강을 위한 장치일 가능성을 배제할 수 없다. 평면 원형으로 직경 375㎝, 잔존깊이 12㎝의 송국리형에 해당하는 것이다. 내부에서 단도마연토기 저부편과 무문토기편 3점이 수습되었다. 당시 수습된 무문토기편은 모두 태토는 정선된 점토를 사용하고 기벽이 얇으며 내벽은 회색, 외벽은 단도마연 또는 적갈색 특징의 것이다. 자세하지 않지만 동일체분이 파손된 것으로 추측된다. 남강유역에서 청동기시대 후기에 유행하는 홍도 또는 단도마연토기와 흡사한 특징이다.

4호 주거지는 평면 말각형으로 잔존 최대경 386㎝ 깊이 8㎝ 정도이다. 대부분 훼손되고 일부 남은 것인데 바닥 중앙의 타원형 수혈과 그 주위 주혈 일부가 확인되었다. 그러나 전체 구조 확인이 어려웠고 내부에서 유물은 수습되지 않았다.

함께 조사된 수혈 5기는 구근식물 저장혈이거나 구상유구의 말미부분으로 추정되는 것으로서 자세한 용도는 알 수 없으나 주거지와 관계되는 유구는 분명해 보인다.

이상으로 무선리유적에서 확인된 송국리형 주거지와 유구 내부에서 수습된 유물을 참고하여 사용시기를 추정해 보면 다음과 같다. 주로 검토대상이 되는 것은 송국리형 주거지 평면과 여기에서 수습된 유물이다. 유물은 무문의 옹형토기와 발형토기, 단도마연토기편 등의 토기와 삼각형석도, 부리형석기, 미완성

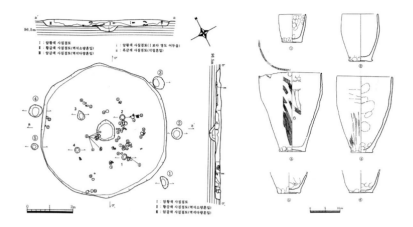

그림 1 무선리 1호 주거지 및 출토유물

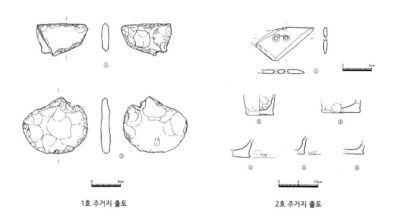

1호 주거지 출토   2호 주거지 출토

그림 2 무선리 1호 · 2호 주거지 출토유물

석기 등이다. 평면 원형의 4주식 송국리형 주거지는 인접한 사천 이금동 유적[21]

을 비롯해서 진주 대평리유적[22] 등 남강유역 청동기시대 대부분의 유적에서 확

---

21) 경남고고학연구소, 『사천 이금동유적』, 2003.
22) 동아대학교박물관 · 경상남도, 『남강유역 문화유적발굴도록』, 1999.

인되고 있다. 그리고 부리형석기나 삼각형석도, 무문의 옹형 또는 발형토기, 단도마연토기도 전기한 유적에서 흔히 수습되는 유물과 동일 특징을 가진 것이다. 특히 청동기시대 마제석기 가운데 비교적 늦은 시기로 편년되는 삼각형석도의 출토와 평면 원형의 4주식 송국리형 주거지, 그리고 주변에 분포한 기반식과 개석식지석묘 등의 특징을 고려한다면 그 사용시기는 대략 청동기시대 후기 후반정도로 편년 가능할 것이라 판단된다.

2) 거류 신용리유적[23]

유적은 거류면巨流面 신용리新龍里 147번지 일대를 (주)성광에서 계획한 마동농공단지 조성공사과정에서 확인된 것이다. 분포 범위가 방대하여 I, II, III지구로 나누어 2007년 발굴조사를 실시하였다. 청동기시대 주거지는 I지구에서 2기가 확인되었다. 그리고 주변과 나머지 지구에서 청동기시대 석관묘 4기, 삼국시대 석곽묘 및 석실묘 18기, 고려·조선시대 민묘 53기가 확인되었다.

그 중 청동기시대 주거지 2기는 문암산門岩山 남쪽으로 뻗어 내린 구릉 말단부 사면에 위치하고 있다. 그중 1호 주거지는 I구역 북쪽 경계부근 해발 45.8m 지점에 위치하고 동쪽으로 청동기시대 석관묘 1기가 있다. 주거지가 경사면에 위치하여 아래쪽 절반정도 바닥이 유실되었는데 조사과정에서 확인된 잔존부위는 평면 원형으로 직경 475㎝, 깊이 43㎝ 크기이고 내부 바닥 중앙에 원형 수혈이 있으나 주위에서 주혈은 확인되지 않았다. 유물은 일반 석재와 함께 발형 무문토기편 4점과 납작한 숫돌이 수습되었다. 바닥 중앙에 위치한 원형 수혈을 참고하면 주거지의 형태가 송국리형이라는 것을 짐작할 수 있지만 중앙의 수혈 주위에서 주혈이 확인되지 않아 자신있게 말할 수 없다. 송국리형 주거지 가운데

---

23) 동서문물연구원, 『고성 신용리유적』, 2009.

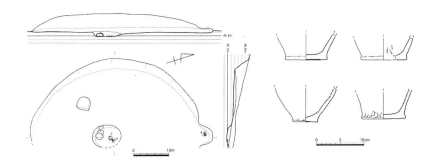

그림 3 신용리 1호 주거지 및 출토유물

는 주혈이 확인되지 않는 경우도 없지 않다.[24] 여기에서 수습된 무문토기 저부편 4점은 모두 평저의 발형 토기편으로 추측된다. 공통적으로 태토에는 사립과 석영이 혼재하고 바닥 외면에는 성형시 생긴 지두흔指頭痕이 있으며 황갈색을 띠는 보통 소성의 것이다. 표면 산화로 자세한 특징 파악이 어려우나 당시 다른 지역에서 수습되는 무문토기의 일반적인 특징과 대동소이한 것이라고 할 수 있다. 함께 수습된 지석砥石은 길이 45cm, 폭 40cm, 두께 18cm의 편평한 사암질이다.

2호 주거지는 남쪽 경사면 말단부의 해발 41.3m 지점에서 확인되었으며 남동쪽 바닥부분이 후대에 대부분 유실되었다. 평면 타원형으로 추정되며 직경 465cm, 깊이 43cm 크기이다. 내부에서 유물은 수습되지 않았다. 이상과 같이 여기에서 확인된 주거지 2기는 모두 원상이 훼손되어 정확한 형태와 구조를 설명하기 어렵지만 1호 주거지 바닥 중앙에서 타원형 수혈이 확인되고 수습된 무문토기편의 특징을 감안하면 역시 송국리형 주거지가 훼손된 것이라고 할 수 있다. 따라서 그 사용시기도 전기한 무선리 주거지와 대동소이한 것으로 추측된다.

---

24) 배덕환, 『영남지역 청동기시대 주거지연구』, 동아대학교 대학원 박사학위논문, 2008.

3) 고성 율대리유적[25]

고성읍固城邑 율대리栗岱里 산 55번지 일원에 조성중인 고성 율대산업단지 부지 내에서 주거지, 지석묘, 석관묘, 환호 등 청동기시대 유구가 확인되어 2015년 2월부터 6월까지 경상문화재 연구원에서 발굴조사를 실시하였다. 그 가운데 주거지는 모두 21기가 조사되었는데 2기는 중기에 해당하는 것이고 나머지 19기는 후기에 해당되는 것이었다. 그중 중기에 해당하는 주거지(8호, 10호)는 남서쪽 구릉 상단에 위치하며 평면 장방형이다. 파손으로 내부시설은 확인되지 않았으나 무문토기 저부편, 마제석검편, 반월형석도편, 지석 등이 바닥면에서 수습되었다. 후기 주거지는 중앙에 타원형 수혈과 그 양쪽에 원형 주혈을 가진 전형적인 송국리형으로 남서쪽 구릉 상단부와 북서쪽 사면 말단부에 집중해서 분포하였다. 표 1에 나타난 것과 같이 평면 방형 또는 말각형이 11기이고 평면 원형이 8기이다. 평면이 상이한 것에서 시기적인 차이는 없다고 한다. 내부에서 작업공, 주혈, 저장혈 등의 시설흔적이 있으며 무문토기편, 편인석부, 삼각형석도편, 석촉, 지석, 옥류 등이 수습되었다.

지금까지 고성에서 발굴조사를 통해 확인된 청동기시대 주거지는 대부분 소위 송국리형으로 분류하는 4주식 수혈주거지이다. 그러나 율대리의 경우 전기 또는 중기로 편년 가능한 장방형의 유구도 확인되어 앞으로 주목하고 있다. 송국리 주거지의 경우 그 사용시기는 대부분 청동기시대 후기로 편년되는 것으로 인접한 진주 대평리를 비롯한 상촌리, 내촌리 등 남강댐수몰지구조사에서도 동일 특징의 주거지가 확인되었다. 이들 자료를 함께 참고하면 고성지역 청동기시대 문화내용을 보다 분명히 할 수 있다고 생각된다.

---

25) 경상문화재연구원,『고성 율대리 산 55번지 유적』, 2017.

표 1 청동기시대 율대리 주거지 속성표

유구명	평면형태	규모(㎝)			주축 방향	출토유물	비고
		길이	너비	깊이			
1호 주거지	말각방형	424	316(잔)	26	N-36°-E	무문토기저부편, 미완성석기	중기
2호 주거지	말각방형	453(잔)	305(잔)	11	N-28°-E	-	중기
3호 주거지	원형	462(잔)	424(잔)	11	N-30°-E	-	중기
4호 주거지	원형	370(잔)	236(잔)	22	N-34°-E	삼각형석도	중기
5호 주거지	원형	430(잔)	304(잔)	8	N-20°-E	-	중기
6호 주거지	말각방형	446	84(잔)	9	N-25°-E	-	중기
7호 주거지	말각방형	313(잔)	258(잔)	20	N-22°-E	무문토기저부편	중기
8호 주거지	장방형	1425(잔)	260(잔)	7	N-22°-E	무문토기동체편, 지석	전기
9호 주거지	말각방형	466(잔)	260(잔)	23	N-33°-E	무문토기동체편, 석창, 석부, 지석, 몸돌, 미완성석기편	중기
10호 주거지	장방형	816	237(잔)	24	N-49°-E	무문토기동체편, 무문토기저부편, 마제석검신부편, 반월형석도편, 지석, 미완성석기	전기
11호 주거지	원형	385(잔)	374(잔)	7	N-66°-E	무문토기동체편	중기
12호 주거지	말각방형	373	227(잔)	42	N-60°-E	무문토기동체편	중기
13호 주거지	말각방형	365(잔)	213(잔)	27	N-64°-E	무문토기동체편, 무문토기저부편	중기
14호 주거지	말각방형	320(잔)	56(잔)	36	N-7°-W	-	중기
15호 주거지	말각방형	315	138	36	N-7°-W	-	중기
16호 주거지	원형	362	232	19	N-46°-E	-	중기
17호 주거지	말각방형	525	470	8	N-44°-E	무문토기저부편, 관옥, 지석	중기
18호 주거지	말각방형	436	290(잔)	18	N-36°-E	방추차	중기
19호 주거지	원형	497	400(잔)	13	N-40°-E	-	중기
20호 주거지	말각방형	322	232	20	N-54°-E	무문토기저부편, 석부	중기
21호 주거지	원형	450(잔)	258(잔)	11	N-48°-E	무문토기동체편	중기

나. 지석묘

1) 지석묘 개요

우리나라 지석묘는 함경북도 일부를 제외하고 전국적으로 분포하며 남부지방의 경우 경상도는 물론 전라남북도 지역에서도 다양한 형태의 것이 발견되고 있다.[26]

한편 고성에는 경남에서 지석묘가 가장 많이 분포하는 지역이라고 해도 과언이 아닐 정도로 넓게 분포하고 있다. 즉 서쪽의 하이면을 비롯해서 하일면, 삼산면, 상리면 동쪽의 동해면, 구만면, 마암면, 거류면, 고성읍, 대가면, 영현면, 개천면, 회화면 등 군내 전역에서 68개소에 달하는 유적들이 분포하고 있다.[27]

분포상으로 본 우리나라 지석묘는 태백산맥을 척추로 하는 남서의 산맥 간에 끼여 있는 수많은 하천유역과 해안평야에 주로 분포하고 있다. 우리나라에 인접한 중국의 경우는 탁자식 형태를 석붕石棚이라고 하는데 중원에서는 아직까지 실례가 발견되지 않고 있다. 그러나 동북지방인 길림성과 요령성의 경우는 탁자식지석묘가 대부분이지만 절강성, 산동성의 경우는 기반식 지석묘가 많다는 것이 특징이다.[28] 그리고 절강성 이남의 경우는 아직까지 확인된 것이 없으며 근래 대만에서 발견되었다고 보고되고 있는 지석묘는 들리는 바에 의하면 근대의 것으로 추정되고 있다. 그리고 현해탄을 사이에 두고 인접한 일본의 경우 지리적으로 우리나라와 가장 가까운 서북 구주九州지방에만 분포하고 있으며 그 형식은 대부분 기반식이며 시기적으로는 죠몽繩文문화 말기, 야요이彌生문

---

26) 김선기, 「고창지역 주형지석을 가진 지석묘에 대하여」, 『호남고고학보』 5, 1997.

27) 동아대학교박물관 · 고성군, 『문화유적분포지도-고성군-』, 2004.

28) 三上次男, 『滿鮮原始墳墓の硏究』, 東京, 1961 ; 許玉林, 『遼東半島石棚』, 1994.

화 초기인 B.C.5세기 말에서 기원 전후 시기까지 사용되고 있어서 일본 지석묘의 후진성을 말해주고 있다.[29] 즉 우리나라 지석묘문화가 전파되어 야요이문화를 형성시킨 하나의 요소가 된 것은 주지하는 사실이다.[30] 참고적으로 우리나라 지석묘를 형태별로 분류하면 다음 표 2와 같다.

표 2 지석묘의 형식분류표

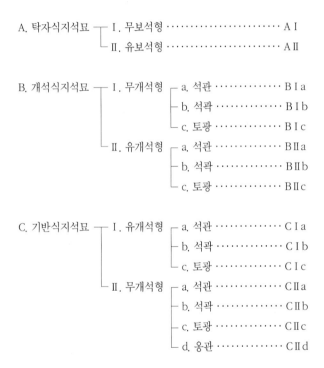

A. 탁자식지석묘 ┬ Ⅰ. 무보석형 ·························· A Ⅰ
　　　　　　　 └ Ⅱ. 유보석형 ·························· A Ⅱ

B. 개석식지석묘 ┬ Ⅰ. 무개석형 ┬ a. 석관 ············· B Ⅰ a
　　　　　　　 │　　　　　　 ├ b. 석곽 ············· B Ⅰ b
　　　　　　　 │　　　　　　 └ c. 토광 ············· B Ⅰ c
　　　　　　　 └ Ⅱ. 유개석형 ┬ a. 석관 ············· B Ⅱ a
　　　　　　　 　　　　　　　 ├ b. 석곽 ············· B Ⅱ b
　　　　　　　 　　　　　　　 └ c. 토광 ············· B Ⅱ c

C. 기반식지석묘 ┬ Ⅰ. 유개석형 ┬ a. 석관 ············· C Ⅰ a
　　　　　　　 │　　　　　　 ├ b. 석곽 ············· C Ⅰ b
　　　　　　　 │　　　　　　 └ c. 토광 ············· C Ⅰ c
　　　　　　　 └ Ⅱ. 무개석형 ┬ a. 석관 ············· C Ⅱ a
　　　　　　　 　　　　　　　 ├ b. 석곽 ············· C Ⅱ b
　　　　　　　 　　　　　　　 ├ c. 토광 ············· C Ⅱ c
　　　　　　　 　　　　　　　 └ d. 옹관 ············· C Ⅱ d

---

29) 심봉근, 「일본지석묘의 일고찰」, 『부산사학』 3, 1972.
30) 심봉근, 『한국에서 본 일본미생문화의 전개』, 학연문화사, 1999.

2) 고성지역 지석묘 분포와 특징

고성군 내에서 확인된 지석묘 분포는 다음 표4와 같이 고성읍 수남리를 비롯해서 동해면 양촌리, 마암면 석마리, 대가면 금산리, 하이면 석지리, 하일면 학림리, 오방리지석묘군 등 68개소나 된다.[31] 이들 지석묘는 한결같이 해안 평야나 계곡 평야 등 수변에 가까운 평지에 4~5기가 군집하고 있다. 그리고 그 형태는 대부분 기반식이고 간혹 개석식도 혼재하고 있다. 지석묘와 관련된 유구조사는 거류면 신용리와 최근 고성읍 율대리유적에서 부분적으로 실시되었다. 그중 신용리유적의 경우 3호 석관묘가 주목된다. 이미 주거지 부분에서 유적의 위치와 조사경위에 대해 소개한 바와 같다. 조사자가 석관묘를 소개하는 과정에서 3호 석관묘를 다음과 같이 소개하고 있다.[32] 3호 석관묘는 해발 35.7m 지점에 위치하며 북서쪽으로 7m정도 이격해서 2호 석관묘가 있다. 석관은 기반층인 풍화암반층 위에 퇴적된 적갈색사질점토층을 등고선과 평행하게 남-북 장축으로 장방형 묘광을 굴착하고 그 속에 할석으로 석곽형 묘실을 축조하고 있다. 석관묘의 개석은 장대석을 걸친 상태이다. 그 위에 다시 대형 할석들이 놓여 있는데 위에서 무거운 중압을 받은 상태였다. 바닥은 자연암반층 그대로이고 할석을 이용한 벽석은 2-3단 정도 남아있다. 석관은 길이 170㎝, 폭 50㎝, 깊이 20㎝ 정도이다. 유물은 내부 서장벽 남쪽에서 마제석검 1점과 석촉 2점이 출토되었다. 석검은 유병식으로 훼손된 것을 복원한 것이며 석촉도 단절된 것을 연결시킨 것이다. 모두 부장당시 파손시켜 매장한 것이 특징이다. 석검은 길이 11.3㎝, 신부 폭 1.4㎝, 신부 두께 0.7㎝, 석촉은 잔존길이 5.7㎝, 폭 1.0㎝, 두께 0.7㎝이다. 이 유구를 지석묘라고 추정해 보는 것은 보고문 가운데 장대석으로

---

31) 동아대학교박물관 · 고성군,『문화유적분포지도-고성군-』, 2004.
32) 동서문물연구원,『고성 신용리유적』, 2009.

걸쳐진 개석 위에 다시 대형 할석들이 놓여있는데 무거운 중압에 의해 눌러진 상태라는 점을 주목할 필요가 있다. 이 경우 개석 위에 놓였던 대형 할석들은 지석일 가능성이 많아 보이고 그 위에 올려놓은 상석의 중압으로 개석이 눌러진 상태였다고 할 수 있다. 또 할석으로 축조한 석곽형 묘실, 고의적으로 파손시켜 매납한 마제석검과 석촉 등의 매장풍습은 석관묘와 관련이 없다고 말 할 수는 없지만 오히려 동일시기 남부지방 지석묘 특징과 매우 관련이 깊다는 것을 알 수 있다. 따라서 3호 석관묘는 상석이 이동된 지석묘 하부구조일 가능성이 많다. 뿐만 아니라 신용리유적 주변의 용산리, 거산리, 가려리, 은월리, 월평리, 율대리 등 거류산 서쪽에 지석묘가 집중 분포한다는 점에서도 그 추정이 가능하다 할 수 있다. 만약 이 유구가 지석묘 묘실이 분명하다면 고성에서는 처음 조사에서 확인된 유구가 되는 셈이다.

다음 고성읍 율대리유적이다.[33] 전기한 주거지 부분에서 이미 소개된 것과 같이 공단조성 과정에서 주거지와 함께 조사되었다. 모두 20기가 조사되었는데 지석묘 상석은 경작으로 일부를 제외하고 대부분 유실되고 하부 묘실부분만 확인되었다. 묘실은 판석으로 조립한 상형의 소형석관이 일부 나타나고 대부분 할석으로 축조한 석곽형이다. 개중에는 장방형 토광에 개석을 걸친 석개토광형과 할석으로 구획된 부석층을 가진 석곽형 등 다양한 형태이지만 시기적으로는 늦은 단계의 것으로 파악된다. 개별적인 특징은 다음 표3에 나타난 것과 같다.

---

33) 경상문화재연구원, 『고성 율대리 산5번지 유적』, 2017.

표 3 청동기시대 율대리 매장유구 속성표

유구명	평면 형태	규모(㎝)			주축 방향	출토 유물	비고
		길이	너비	깊이			
1호 지석묘	장방형	241	106	53	N-23°-E	-	석곽묘
2호 지석묘	장방형	242	90	40	N-14°-E	단도마연토기	석곽묘
3호 지석묘	장방형	230	102	74	N-24°-E	단도마연토기, 마제석검	석곽묘
4호 지석묘	장방형	245	105	31	N-32°-E	곡옥	석곽묘
5호 지석묘	장방형	165	71	15	N-61°-E	-	석개토광묘
6호 지석묘	장방형	193	69	49	N-76°-E	무문토기편, 석촉	소형석관묘
7호 지석묘	장방형	189	57	47	N-73°-E	-	석개토광묘
8호 지석묘	장방형	286	112	26	N-62°-E	마제석검, 석촉	석개토광묘
9호 지석묘	장방형	242	108	34	N-56°-E	-	석개토광묘
10호 지석묘	장방형	238	92	10	N-68°-E	-	석곽묘
11호 지석묘	장방형	189	64	15	N-40°-E	방추차	석곽묘
12호 지석묘	장방형	218	92	34	N-55°-W	-	석개토광묘
13호 지석묘	장방형	216	79	43	N-56°-E	마제석검, 석촉	석개토광묘
14호 지석묘	장방형	344	204	24	N-6°-W	무문토기편, 마제석검, 석촉	석곽묘 (묘역식지석묘군)
15호 지석묘	장방형	274	154	15	N-73°-E	-	석곽묘 (묘역식지석묘군)
16호 지석묘	장방형	126	68	21	N-84°-E	-	소형석관묘 (묘역식지석묘군)
17호 지석묘	장방형	112	80	3	N-77°-E	-	석곽묘 (묘역식지석묘군)
18호 지석묘	장방형	238	120	5	N-56°-E	-	석곽묘 (묘역식지석묘군)
19호 지석묘	장방형	140	39	16	N-83°-E	-	석곽묘 (묘역식지석묘군)
20호 지석묘	장방형	134	86	40	N-7°-W	-	소형석관묘 (묘역식지석묘군)

표 4 고성지역 지석묘 · 입석 · 무문토기 산포지 지명표

연번	유적 · 유물명	지도번호	연번	유적 · 유물명	지도번호
1	固城 校社里 支石墓	통영003-22	41	固城 晨盆里 立石	진주079-11
2	固城 校社里 支石墓群	통영003-12	42	固城 晨盆里 遺物散布地 V	진주079-17
3	固城 校社里 先史時代墳墓	통영002-8	43	固城 禮城里 支石墓	함안061-1
4	固城 德仙里 支石墓	통영003-7	44	固城 清光里 立石	함안053-7
5	固城 武良里 遺物散布地 I	통영002-3	45	固城 廣德里 支石墓群 I	함안074-1
6	固城 水南里 支石墓	통영013, 통영014	46	固城 廣德里 支石墓群 II	함안064-15
7	固城 月坪里 칠성바위	통영014-21, 24, 30 통영015-11	47	固城 龍臥里 支石墓群	함안063-8
8	固城 米龍里 支石墓	통영021-1	48	固城 孝洛里 住居址	함안064-6
9	固城 長峙里 支石墓 I	사천020-1	49	固城 孝洛里 支石墓群 I	함안064-7
10	固城 長峙里 支石墓 II	사천020-3	50	固城 孝洛里 支石墓群 II	함안064-9
11	固城 洙陽里 支石墓	사천019-2	51	固城 孝洛里 支石墓群 III	함안064-10
12	梧芳里 支石墓	삼천포028-14	52	固城 孝洛里 支石墓 I	함안064-14
13	固城 梧芳里 支石墓群	삼천포028-7	53	固城 孝洛里 支石墓 II	함안064-13
14	鶴林里 支石墓	삼천포028-5	54	固城 鹿鳴里 住居址	함안075-5
15	固城 鶴林里 遺物散布地	삼천포028-9	55	固城 鳳東里 先史遺蹟 I	함안077-1
16	固城 德湖里 支石墓	사천025-1	56	固城 鳳東里 先史遺蹟 II	함안076-5
17	固城 沙谷里 支石墓群	사천026-12	57	固城 語新里 支石墓群	함안077-2
18	固城 石芝里 住居址	사천026-4	58	固城 寶田里 支石墓群	함안084-4
19	石芝里 支石墓	사천026-10	59	固城 石馬里 支石墓群	함안073-11
20	石芝里 支石墓 I	사천026-2	60	固城 新里 支石墓	함안073-7
21	石芝里 支石墓 II	사천026-3	61	固城 內山里 支石墓	함안089-4
22	石芝里 支石墓群	사천026-8	62	固城 陽村里 支石墓群 I	함안088-2, 함안089-5
23	固城 月興里 支石墓群	사천036-3	63	固城 陽村里 支石墓群 II	함안088-6
24	固城 月興里 遺物散布地 II	사천036-2	64	固城 陽村里 支石墓群 III	함안088-7
25	固城 武仙里 住居址	사천009-4	65	固城 陽村里 支石墓群 IV	함안088-8
26	固城 武仙里 支石墓群	사천009-5	66	固城 佳麗里 支石墓 I	통영005-2
27	固城 滌煩亭里 支石墓群	사천008-4	67	固城 佳麗里 支石墓 II	통영005-3
28	固城 琴山里 支石墓群 I	함안094-2	68	固城 甘西里 支石墓	함안096-6
29	固城 琴山里 支石墓群 II	함안093-6	69	固城 巨山里 遺物散布地	함안095-9
30	固城 琴山里 支石墓群 III	함안093-3	70	固城 巨山里 支石墓 I	함안095-3

연번	유적·유물명	지도번호	연번	유적·유물명	지도번호
31	固城 琴山里 支石墓	함안093-2	71	固城 巨山里 支石墓 II	함안095-14
32	固城 岩田里 支石墓群	함안093-12	72	固城 巨山里 支石墓 III	함안095-10
33	固城 柳興里 支石墓 I	함안093-8	73	固城 巨山里 支石墓 IV	함안095-11
34	固城 柳興里 支石墓 II	함안093-11	74	固城 巨山里 石棺墓 I	함안095-13
35	固城 柳興里 支石墓 III	함안092-8	75	固城 巨山里 石棺墓 II	함안095-15
36	固城 柳興里 支石墓 IV	함안092-9	76	固城 松山里 칠성바위	통영005-8~14
37	固城 柳興里 支石墓 V	함안092-10	77	固城 龍山里 支石墓群	통영015-4
38	固城 柳興里 支石墓群 I	함안093-10	78	固城 銀月里 支石墓	통영015-6
39	固城 柳興里 支石墓群 II	함안092-11	79	固城 銀月里 支石墓群 I	통영015-5
40	固城 晨盆里 支石墓	진주079-12	80	固城 銀月里 支石墓群 II	통영015-1, 통영016-3

다. 석관묘

청동기시대에는 전기한 지석묘 뿐만 아니라 함께 석관묘도 사용되었다. 석관묘란 매장주체인 피장자의 매납을 위해 오늘날 장례행위에서 사용되는 목관을 대신해서 판석을 조립하거나 할석을 쌓아 관으로 이용하는 묘제이다. 석관묘는 재료는 다르지만 청동기시대 초기부터 시작하여 지금까지도 사용되고 있다. 전기한 지석묘는 묘 표지석에 해당하는 상석이 지상에 노출되어 쉽게 그 판별이 가능하지만 석관묘는 봉분없이 지하에 위치하여 식별이 용이하지 않아 발견 예가 드물다. 그러나 최근 도시개발과 도로공사 등 국토에 대한 형질변경이 자주 이루어지면서 구제발굴과 같은 학술조사 등으로 새로운 자료들이 증가되고 있다. 고성지역에서는 1970년대에 하일면 송천리 솔섬에서 석관묘가 처음 발굴조사 되어 국내는 물론 일본에서도 주목을 끌었다.[34] 그러나 송천리 석관묘는 청

---

34) 동아대학교박물관, 『고성 송천리솔섬석관묘』, 1977.

동기시대 유구가 아니고 삼한시대의 것이었다.

한편 청동기시대에 해당하는 석관묘는 최근에 들어와서 확인되기 시작하였다. 마암면 두호리유적을 비롯해서 고성읍 교사리유적, 거류면 신용리유적, 회화면 봉동리유적이 그 대표적인 예이다.

1) 마암 두호리유적[35]

유적은 마암면馬岩面 두호리頭湖里 214번지 일대에 위치하였다. 유적조사는 대전-통영간 고속도로건설구간 부지내 발굴조사에서 확인되었다. 두호리유적은 당항만 서쪽 사월산의 남쪽 구릉 말단부 지역으로 그 완사면에서 3기의 석관묘가 발견되었다.

그 중 1호 석관묘는 해발 42m의 구릉정상에 위치했다. 석관은 자연암반을 남동-북서 장축으로 굴착해서 묘광을 먼저 설치하고 다시 그 속에 장방형 석관을 조립하였으나 뒷날 관재로 사용된 판석 대분이 유실되고 단벽 일부만 겨우 남아 있었다. 묘광 길이 220cm, 폭 72cm, 깊이 15cm 정도 크기였다. 주목되는 것은 남쪽 단벽 외측에 별도로 공간을 마련하여 채문토기 2점을 부장한 점이다. 2점 모두 파손된 것을 도면 복원하였더니 저부가 둥근 단경호 형태로서 외반하는 구연부에 둥근 동부를 가진 것이며 최대경은 약간 하위에 있다. 비교적 정선된 점토를 사용한 태토에 기벽이 얇고 전체 기면이 흑갈색을 띠는데 U자형 채문은 더욱 진한 흑색으로 견부에만 배치하고 있다. 그중 비교적 상태가 양호한 1점은 높이 19.3cm, 구경 9.8cm, 지부직경 7.0cm, 동부 최대경 18.3cm 크기이다.

2호는 해발 40m의 전기한 1호묘 아래에 위치하며 자연암반층을 남-북·장축

---

35) 경남고고학연구소, 『고성 두호리유적』, 2000.

으로 굴착해서 먼저 장방형 묘광을 만들고 그 속에 다시 점판암제 판석을 이용하여 바닥과 양장·단벽을 상자형으로 조립한 형태이다. 유물 부장 공간인 남쪽 단벽 바깥은 계단상으로 굴절되어 있고 개석은 없었다. 유물은 부장 공간에서 채문토기로 보이는 토기편이 수습되었으나 특징 파악이 어려운 것이었다. 추정컨대 전기한 1호 석관묘에서 출토된 토기와 동일한 채문토기라고 생각된다. 그리고 석관 내부 북쪽 단벽 가까운 서쪽 장벽 아래에서 천하석제 식옥飾玉 1점이 수습되었다. 석관 내부 크기는 길이 88㎝, 폭 21㎝, 깊이 13㎝정도의 소형이었고 수습된 식옥은 직경 1.2㎝, 두께 0.6㎝ 크기이다.

3호는 2호 석관 아래 표고 39m에서 확인되었다. 자연암반을 동-서 장축으로 굴착해서 장타원형 묘광을 먼저 설치하고 그 속에 판석을 이용해서 상자형 석관을 다시 조립한 형태이다. 당시 사용된 판석은 일정 규격을 가진 것이 아닌 다양한 크기이며 석관 형태도 상자와 같이 장방형의 정형성을 가진 것은 아니었다. 서쪽 단벽부분에 부장 공간을 마련했던 것이 예상되지만 형태 파악이 어

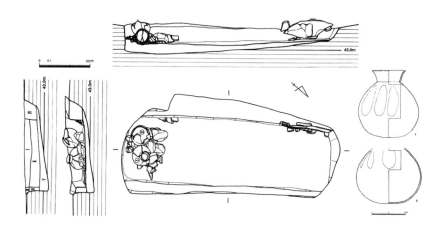

그림 4 두호리 1호묘 및 출토유물

려웠고 유물도 수습되지 않았다. 석관 내부 크기는 길이 77cm, 폭 33cm, 깊이 20cm 정도의 소형으로 분류되는 것이었다.

이상과 같은 형태의 석관묘는 그 구조와 내부에서 수습된 유물의 특징을 참고하면 청동기시대 전기에 축조된 것으로 파악된다.

2) 고성 교사리유적[36]

유적은 고성읍固城邑 교사리校社里 산31-6번지 일대에 위치하였으나 부산지방국토관리청에서 시행한 고성-자은간 국도확포장공사구역 부지내에 이 유적이 포함되어 발굴조사를 실시하였는데 그 과정에서 석관묘 2기가 확인되었다.

그중 1호 석관묘는 풍화암반층을 동-서 장축으로 굴착해서 장방형 묘광을 구축하고 그 속에 판석으로 상자형 석관을 조립한 형태이며 바닥은 암반층 그대로를 이용하고 있다. 개석과 남쪽장벽 일부가 유실되어 전체 특징은 파악하기 어려웠으나 잔존부위를 참조하면 개석을 가진 상자형 석관묘라고 생각되었다. 석관 길이 214cm, 폭 55cm, 깊이 80cm의 비교적 대형에 속하는 것이다. 유물은 동쪽 단벽 아래 판석을 별도로 깔고 그 위에 채문토기 2점을 부장하였다. 파손이 심해서 원상 파악이 어려운 것이지만 전기한 두호리 석관묘에서 수습된 채문토기와 그 특징이 대동소이한 것으로 판단되었다. 잔존높이 11.5cm, 두께 0.4cm 정도이다.

2호 석관묘는 해발 36m의 구릉 정상부에서 확인되었다. 전기한 1호와 같이 풍화암반층을 동-서 장축으로 굴착하여 상방형 묘광을 구축하고 그 속에 짐판암제 판석을 세워 상자형 석관을 조립하였다. 그러나 동쪽·서쪽 단벽과 북쪽 장벽 일부가 유실되어 정확한 형태 파악이 어려웠으나 판석 4매를 일정 간격으로 바

---

36) 경남고고학연구소, 『고성 교사리유적』, 2000.

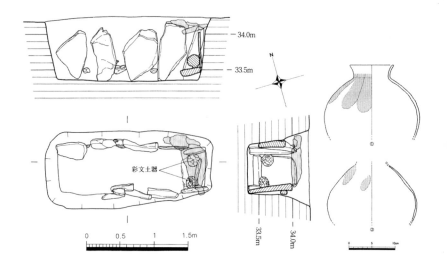

그림 5 교사리 제1호 석관묘 및 출토유물

닥에 깔아둔 것이 1호 석관과의 차이점이라 할 수 있다. 석관의 크기는 길이 230
㎝, 폭 50㎝, 깊이 75㎝의 비교적 대형에 속하는 것이다. 여기서는 유물이 수습되
지 않았으나 석관의 규모가 보다 대형이라는 점이 두호리와 차이가 있다. 나머지
입지, 구조, 출토유물, 축조시기 등은 역시 대동소이 할 것으로 추측된다.

3) 거류 신용리유적[37]

신용리유적은 전장에서 이미 설명한 것과 같이 거류면 신용리 147번지 일대
를 (주)성광에서 계획한 마동농공단지 조성과정에서 확인된 것이다. 그중 Ⅰ지
구에서 청동기시대 주거지 2기와 함께 주변에서 석관묘 4기가 확인되었다.

---

37) 동서문물연구원, 『고성 신용리유적』, 2009.

그 중 1호 석관묘는 해발 40m 지점으로 서쪽으로 9m 정도 이격해서 1호 주거지가 위치하고 있다. 조사당시 석관의 절반정도가 유실된 상태였는데 유구는 기반층인 풍화암반층 위에 퇴적된 적갈색사질점토층을 등고선과 직교하게 동-서 장축의 장방형 묘광을 먼저 굴착하고 그 속에 다시 판석을 이용하여 상자형 석관을 조립한 것이었다. 유구 서쪽부분 유실로 개석이나 장·단벽의 축조방법을 알 수 없지만 잔존부위에 의하면 바닥에는 판석편을 전면에 깔고 장·단벽은 판석을 세워서 조립한 것으로 판단되었다. 석관의 잔존길이 156㎝, 폭 47㎝, 깊이 8㎝ 정도이다. 내부에서 유물은 수습되지 않았다.

　2호 석관묘는 해발 35.5m 지점에서 확인되었으며 동남쪽으로 7m 정도 떨어져 3호 석관묘가 위치하고 있었다. 유구 대부분이 유실되고 겨우 기단석과 바닥면 일부만 확인될 정도였다. 석관은 기반층인 풍화암반층 위에 퇴적된 적갈색사질점토층을 등고선과 나란한 남-북 장축의 장방형 묘광을 먼저 굴착하고 그 속에 다시 할석을 이용하여 석곽형 묘실을 축조하였다. 심한 훼손으로 개석이나 장·단벽의 축조방법 등의 특징은 자세히 파악할 수 없었는데 바닥의 경우 풍화암반층 그대로를 이용한 느낌이 들었다. 석관의 길이 165㎝, 폭 54㎝, 깊이 40㎝ 정도이다. 내부에서 유물은 수습되지 않았다.

　3호 석관묘는 해발 35.7m 지점에서 확인되었으며 북서쪽으로 7m 정도 이격해서 2호 석관묘가 위치하고 있다. 석관은 기반층인 풍화암반층 위에 퇴적된 적갈색사질점토층을 등고선과 평행하게 남-북 장축의 장방형 묘광을 먼저 굴착하고 그 속에 다시 할석을 이용하여 식곽형 묘실을 축조하였다. 석관의 개석은 장대석을 걸친 상태인데 그 위에 다시 대형 할석들이 놓여있고 위에서 무거운 중압을 받은 상태였다. 바닥은 자연암반층 그대로이고 할석을 이용한 벽석은 2단~3단정도 남아 있었다. 조사자는 의식하지 못했지만 유구의 잔존 상태로 미

루어보아 앞에서 언급한 것과 같이 지석묘의 상석이 이동되고 그 하부 구조만
남은 것이라는 판단이 들어 주목된다. 석관 길이 170㎝, 폭 50㎝, 깊이 20㎝ 정
도이다. 유물은 내부 서쪽 장벽 남쪽에서 마제석검 1점과 석촉 2점이 수습되었
다. 그중 석검은 유병식으로 훼손된 것을 복원한 것이고 석촉도 단절된 것을 연
결시킨 것이다. 모두 부장당시 고의적으로 파손시켜 매장한 것이 특징이다. 석
검 복원길이 11.3㎝, 신부폭 1.4㎝, 신부두께 0.7㎝, 석촉 잔존길이 5.7㎝, 폭 1.0
㎝, 두께 0.7㎝이다.

4호 석관묘는 해발 36.2m 지점에서 확인되었으며 북쪽으로 19m 정도 이격
해서 3호 석관묘가 위치하고 있다. 석관은 기반층인 풍화암반층을 등고선과 평
행하게 남서-북동 장축의 장방형 묘광을 먼저 굴착하고 그 속에 다시 할석을 이

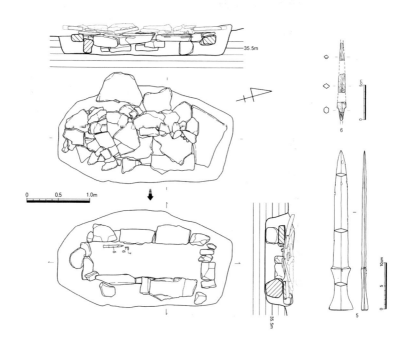

그림 6 신용리 3호 석관묘 및 출토유물

용하여 석곽형 묘실을 축조하였다. 석관의 개석으로 사용된 장대석이 석관 내부에 쌓여있는 것으로 보아 후대에 교란을 입은 듯 했다. 개석은 장대석을 걸쳤던 것으로 추정되며 바닥은 자연암반층 그대로를 이용하였다. 벽석은 2~3단 정도 할석을 쌓은 형태이다. 석관 길이 160㎝, 폭 45㎝, 깊이 42㎝ 정도 크기이다. 내부에서 유물은 수습되지 않았다.

신용리유적 석관묘 4기는 대부분 훼손되었으나 어느 정도 형태파악이 가능하여 다행스럽게 생각된다. 1호는 판석으로 조립한 석관 형태이지만 나머지 3기는 모두 할석으로 축조한 석곽형태의 것이다. 유구간의 연대적 차이는 자세하지 않지만 3호 석관의 경우 지석묘의 상석이 이동된 지석묘 하부구조일 가능성이 매우 크며 내부에서 수습된 유물 또한 마찬가지이다. 석곽형 묘실이 많고 3호에서 출토된 유물의 특징을 참조하면 그 축조시기는 역시 청동기시대 후기로 편년 가능하며 전기한 주거지유적과 동일한 사람들의 분묘라고 할 수 있을 것이다.

4) 회화 봉동리유적[38]

회화면會華面 봉동리鳳東里 114-1번지 일대의 야산을 고성 노벨칸츠리클럽에서 부지확장공사를 실시하던 중 확인된 유적이다. 유적은 남쪽으로 당항만을 조망할 수 있는 한밭안산(해발 125.9m) 남단의 설상구릉(해발 25m)에 위치했다. 조사지역 평면은 남-북으로 길게 뻗은 세장형에 가깝고 길이 150m 폭 20m 규모이다. 지질은 표토 바로 아래에 풍화암빈토기 니더날 정도로 표토층이 얕았다. 조사과정에서 청동기시대 석관묘 1기를 비롯해서 조선시대 토광묘, 회곽

---

38) 부경문물연구원, 『고성 봉동리 동촌유적』, 2016.

묘, 방형묘, 석곽묘 등 모두 11기의 분묘가 확인되었다. 그중 청동기시대 석관
묘는 조사지역의 남쪽에 위치하고 있었다. 묘광은 풍화암반층을 길이 210㎝,
폭 116㎝, 깊이 56㎝ 크기로 굴착해서 장방형 수혈을 먼저 구축하고 그 속에
다시 점판암제 판석을 이용하여 양 장벽과 단벽 그리고 바닥을 상자형으로 조
립하였다. 이때 양 장벽과 바닥은 2매 판석을 연결시킨 상태이고 양 단벽은 1
매 판석을 이용하였다. 또 개석도 길이 190㎝, 폭 70㎝, 크기의 1매 판석을 이
용하였다. 석관 길이 184㎝, 폭 56㎝, 깊이 56㎝ 크기이다. 유물은 북쪽 단벽
바깥 충진토 속에서 적갈색 단도마연 호형토기와 회갈색 호형채문토기가 파손
된 채 수습되었다. 조사자는 청동기시대 중기 후반으로 편년되는 특징을 가진
것이라고 추정하고 있다. 봉동리유적 근처에서도 과거 유병식 마제석검이 수습
되어 신고된 바 있다.

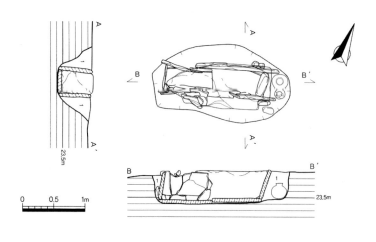

그림 7 봉동리 석관묘

라. 마제석검

1) 출토유적과 유물의 특징

고성군 내에서 출토되어 알려진 마제석검은 모두 4점이다. 그리고 최근 율대리지석묘에서 수점 출토된 것으로 약식보고서에 소개하고 있으나 도면이나 사진을 제시하지 않아 여기서 설명하기 어렵다. 다음 기회에 소개할 예정이다. 이미 알려진 4점 가운데 1점은 1971년 4월 지석묘가 집중 분포하는 대가면 금산리에서 출토되어 신고 된 것이고, 1점은 1972년 1월 회화면 봉동리 유물산포지에서 출토되어 신고 된 것이다. 그리고 나머지 2점은 최근 발굴조사에서 석촉과 함께 거류면 신용리유적과 고성읍 율대리유적에서 각각 수습된 것이다. 먼저 금산리유적은 전기한 바와 같이 지석묘가 분포하고 있어서 여기서 출토된 석검은 지석묘와 관련이 많을 것이 예상된다. 그러나 주민신고로 알려진 유물이므로 출토경위는 알 수 없다. 지석묘를 비롯한 청동기시대 유적이 주변에 밀집 분포하는 것을 감안하면 유물이 출토된 유구를 구체적으로 지적하기 어렵다. 석검은 점판석제로 무단무절無段無節의 유병식이다. 소형으로 검신이 짧고 그 단면은 능형菱形을 이루며 봉부와 인부가 부분적으로 파손되었으나 날카롭다. 심부鐔部는 두출斗出이 적고 짧은 평부 단면은 렌즈형이며 병두도 심부 폭과 동일한 직선상의 것이다. 형태상으로는 Ⅲb단계에 해당하는 것으로 생각되며 금산리지석묘가 개석식과 기반식이 혼재하고 있는 것과 시기적으로 잘 어울린다 할 수 있다. 전체길이 19㎝, 검신길이 11.4㎝, 자루길이 7.4㎝, 검신폭 3.2㎝이다. 다음 회화면 봉동리 출토 마제석검도 신고 된 유물이어서 출토경위와 유구가 자세하지 않다. 고성군내 문화유적에 대한 지표조사과정에서 회화면 봉동리 506~539번지 일대와 1212~1221번지 일대 2곳에 청동기시대 유물산포지가 발견되어 주위에 석검과 관련된 유구가 분포할 가능성이 많은 것으로 파악된다.[39] 석검은 점판암제로 표면에 석질유문石質流文이 있는 유단의 유병식이다. 검신은 짧고 얇으며 그 단면은 편육각형이다. 봉부는 예리하고 날카로운 느낌을 주고 인부는 재생한 것인지 양인의 폭이 넓고 역시 날카로우나 한쪽에 파손된 흔적이 있다. 심부는 두출이 확연하지만 두출부분을 제외하면 병부와의 구분 없이 그저 납작한 형태를 하고 있다. 병부의 유단은 양 가장자리에 홈을 파놓은 정도로 생략된 상태이며 단면은 렌즈형이고 병두는 심부보다 미발전된 것이다. 소형이지만 표면의 마연상태로 미루어보아 장기간 사용하면서 재생하였을 가능성이 많아 보인다. 심부를 제외하면 형태상으로 고식에 속한다고 생각되지만 우선 그 마지막 사용시기는 Ⅲb단계로 편년함이 옳을 듯 싶다. 전체길이 21.4㎝, 검신길이 12.4㎝, 자루길이 8.5㎝, 검신폭 5.0㎝, 자루폭 3.4㎝이다. 마지막 전기한 신용리 3호 석관묘에서 수습된 석검은 점판암제로 표면 산화가 심하며 인부도 산화로 마멸이 심한 느낌이 든다. 검신부가 절단된 것을 복원한 것이며 무단무절의 유병식으로 병부에 비해 검신이 길고 타원형에 가까운 둥근 봉부에서 병부 끝까지 능선이 뚜렷하다. 검신, 병부 모두 단면은 능형이며 심부는 돌출이 미약한 시작단계이다. 석질 탓인지 표면 산화가 막심하여 장시간 사용된 듯한 느낌을 주고 있다. 김해 부원동[40] 출토 석검과 매우 유사하며 Ⅲb단계로 편년 가능할 것이 예상된다. 함께 수습된 석촉도 단절된 것을 연결시킨 것인데 유엽형의 유경촉으로 촉신이 길고 그 단면은 능형이다. 경부는 끝이 뾰족하고 단면 육각형의 것이다. 모두 부장당시 고의적으로 파손시켜 매장한 것이 특징이다. 석검 복원길이 11.3㎝, 신부폭 1.4㎝, 신부두께 0.7㎝, 석촉잔존길이 5.7

---

39) 동아대학교박물관 · 고성군, 『문화유적분포지도-고성군-』, 2004.
40) 동아대학교박물관, 『김해 부원동유적』, 1981.

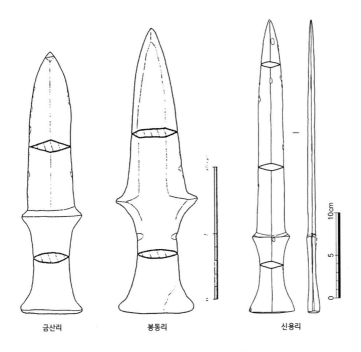

그림 8 고성군 내 출토 마제석검

금산리   봉동리   신용리

㎝, 폭 1.0㎝, 두께 0.7㎝이다. 율대리 지석묘 출토품은 조사보고서 미간행으로 그 특징을 자세히 알 수 없다. 다만 사진으로는 전기한 신용리 출토품과 형태가 유사한 것으로 보인다.

2) 고성 출토 석검의 편년적 위치

이상과 같이 고성군 내에서는 제Ⅲ단계에 해당하는 특징을 가진 석검이 출토되고 있다는 것을 알 수 있다. 우리나라의 마제석검은 크게 제Ⅰ~Ⅴ단계로 그 시기구분이 가능하고 각 단계는 다시 A, B로 세분할 수도 있다. 그 중 제Ⅰ단계는 유병식석검과 유경식석검의 두 종류가 있다. 모두 신부가 짧고 양 인부는 등

근 맛이 있으며 중앙에는 피홈을 갖고 있는 것이 대부분이다. 그리고 유경식석검은 경부가 비교적 긴 것과 짧은 것의 두 종류가 있으며 추측컨대 경부에는 유병식석검의 병부형태와 동일한 나무자루가 부착되어 있었던 것으로 짐작된다. 그런데 I단계 석검 가운데 유경식과 유병식 중 가장 고식으로 알려진 것은 모두 팽이형토기 유적에서 출토되고 있다는 점을 감안하면 유병식석검은 유경식석검을 조형으로 삼아 제작되었을 가능성을 암시하는 것 같아 주목된다. 그러나 단언하기는 어려우며 제I단계 석검의 사용 시기는 파주 옥석리 주거지에서 출토된 석검[41] 연대를 참고하면 B.C.8세기경으로 추정 가능하게 한다.

다음 제II단계 역시 유경식석검과 유병식석검 두 종류가 있다. 그러나 그 특징은 전기한 제I단계와 큰 차이는 없다. 다만 병부의 유단 폭이 좁아지면서 피홈이 없어진 것이 특징이라 지적할 수 있다. 그리고 제II단계의 사용 시기는 경기도 여주 흔암리 2호 주거지에서 출토된 석검[42]을 참고하여 B.C.7세기경으로 추정할 수 있다.

다음 제III단계는 유병식석검의 병부가 다양하게 나타나는 시기로서 전단계의 두 종류 이외에도 유절식이나 무단무절식의 것이 첨가되어 나타난다. 그 중 유경식석검은 길어진 경부 끝 양측에 홈을 새겨 착병시着柄時 편리하도록 노력한 흔적이 보인다. 또 유병식은 검신과 병부가 모두 길어지나 이에 비례해서 폭이 좁아지는 경향을 띤다. 이 단계에 유절식과 무단무절식이 나타나는데 유절식의 경우 중국의 도씨검[43]과 접촉하는 과정에서 생성된 것이 아닌가 싶기도 하다. 제III단계의 사용 시기는 제천 황석리 지석묘 연대와 춘추 종말 도씨동검

---

41) 국립중앙박물관, 『한국 지석묘연구』, 1967.
42) 서울대학교박물관, 『흔암리주거4』, 1978.
43) 전영래, 「완주 상림리 출토 중국식 동검에 관하여」, 『전북유적조사보고』 6, 1976.

연대도 참고하면 B.C.6세기경으로 편년 가능할 것이 예상되며 고성 금산리를 비롯한 봉동리, 신용리 출토 석검들은 모두 여기에 해당된다고 하겠다.

그 다음 제IV단계는 그 특징이 다양한 시기이며 유경식석검은 경부가 짧아지면서 검신은 더욱 길어진다. 또 유병식석검은 심부와 병부의 돌기가 심해지고 봉선은 이등변삼각형을 띌 정도로 날카로워진다. 그리고 검신은 세장해지며 양인부는 일직선상을 띈다. 동반된 석촉은 유엽유경의 장대형석촉이며 전남 운대리,[44]

그림 9 경남지방 출토 마제석검 분포도

---

44) 有光敎一, 『朝鮮磨製石劍の硏究』, 『考古學 叢書』 2, 京都大學 文學部, 1959.

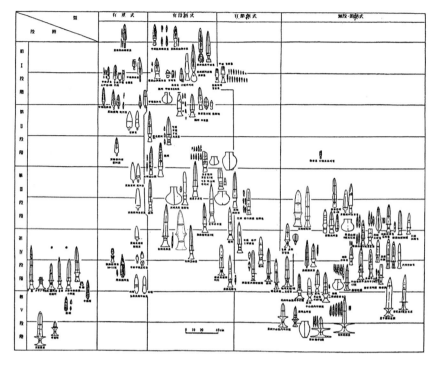

그림 10 우리나라 마제석검 편년도

충남 송국리,[45] 경남 진동리에서는 고조선식동검도 함께 출토되어 주목되고 있으나 진동리 출토품[46] 이외에는 일단 전세품으로 간주하고 B.C.5세기로 추정하였다. 제IV단계의 것이 일본 야요이문화 초기에 출현[47]한다는 사실도 참고가 될 것이다. 제V단계는 유경식과 무단무절의 유병식석검 2종류가 있다. 그 중 유경식석검 경부가 짧아지고 검신은 장타원형을 띠는 단면 렌즈형이 된다. 유병식석검

---

45) 국립중앙박물관,『송국리III』, 1978.
46) 심봉근,「경남지방 출토 청동유물의 신례」,『부산사학』4, 1980.
47) 심봉근,『한국에서 본 일본미생문화의 전개』, 학연문화사, 1999.

은 검신이 짧아지고 병부는 과장되어 마치 의기처럼 퇴화된 현상을 나타내고 있는데 이 시기 철기의 유입으로 전형적인 마제석검은 그 제작 또는 사용이 마감되는 단계라고 할 수 있다. 제V단계의 사용 시기는 김해 무계리와 부산 괴정동에서 출토된 단도마연토기와 청동촉, 석촉 등을[48] 참고로 하여 B.C.4세기로 편년할 수 있다.

지금까지 설명된 마제석검 분류와 편년을 참고한다면 고성지역에서 출토된 마제석검은 B.C.6세기 후반에서 B.C.5세기경으로 편년 가능하게 된다. 따라서 석검을 사용한 시기가 고성지역에서는 청동기문화가 왕성한 때였다고 생각된다. 그것은 앞에서 이미 설명된 지석묘를 비롯한 석관묘 특징과도 시기적으로 상호 연계되는 내용이어서 고성의 청동기문화 이해에 도움이 되는 자료이다.

마. 환호

고성읍 율대리산업단지 남쪽 경계부분에 해당하는 구릉의 8부 능선상에서 확인되었다. 구릉 정상부에는 도굴된 대형석실분이 위치하고 북쪽으로 얼마 안되는 지점에 대형 상석을 가진 지석묘가 있다. 표본조사당시 석렬 일부가 노출되어 정상부에 있는 고분의 호석이나 배묘와 같은 소형석관묘가 파괴된 것으로 추정하였다. 그러나 정식발굴조사 과정에서 환호의 일부라는 것이 밝혀졌다. 당시 조사에서 확인된 환호의 크기는 길이 78m, 폭 3~3.5m, 깊이 0.5~1.5m 정도이고 상부에 놓였던 대형 할석들이 환호 내부로 유입된 상태였다. 단면 U자

---

48) 김정학, 『韓國の考古學』, 河出書房新社, 1972.

형으로 내부에는 흑갈색 부식토가 퇴적되고 바닥과 퇴적토 속에서 적갈색 무
문토기편들이 수습되었다. 이 토기편들을 참고하여 조사자는 청동기시대 후기
후반에 축조된 것으로 짐작하고 있다. 환호의 동쪽부분에 해당하는 곳을 부분
조사한 결과에 지나지 않아 정확한 규모와 형태는 알 수 없다. 그러나 비교적
규모가 큰 것으로 판단되며 창원 남산[49]을 비롯해서 남해읍 봉황산[50] 등 청동
기시대 취락유적에서 환호가 나타나고 있다.[51]

3. 청동기시대 전말과 고자미동국 태동

우리나라 청동기시대 편년은 주로 무문토기를 중심으로 조기, 전기, 중기, 후
기 등 4분법이나[52] 전기, 중기, 후기의 3분법을 자주 이용하고 있다.[53] 조기는 돌
대문토기(미사리형토기), 전기는 이중구연에 단사선문, 구순각목, 공렬문토기(가락
식, 흔암리식, 역삼동식), 중기는 무문, 공렬토기(송국리식토기) 후기는 점토대구연토
기로 구분하는 것이 4분법이다.[54] 필자는 평소 3분법이 현재의 단계로서는 용
이하다고 판단하여 전, 중, 후기로 각각 구분하고 대신 점토대구연토기는 초기
철기시대로 편년하는 것이 타당하다고 생각한다. 따라서 송국리식토기는 후기
로 편년하되 그 하한을 B.C.4세기 전반대로 예상하고 있다.

49) 창원대학교 박물관, 「창원 남산동 유적 현지 설명회자료」, 1997.
50) 부경문물연구원, 「남해봉황산 나래숲 조성부지내 유적 발굴조사 자문회의자료」, 2015.
51) 배덕환, 「청동기시대 환호취락의 전개양상」, 『석당논총』 30, 2007.
52) 안재호, 「청동기시대 취락연구」, 부산대학교 대학원 박사학위논문, 2006.
53) 송만영, 「한반도 중부지역취락의 발전과 정치체의 형성」, 숭실대학교 대학원 박사학위논문, 2010.
54) 박영구, 「동해안지역 청동기시대 취락 연구」, 영남대학교 대학원 박사학위논문, 2015.

지금까지 고성지역에서 확인된 청동기시대 주거지, 지석묘, 석관묘, 마제석검, 환호 등의 유구와 유물의 특징을 살펴보았다. 이를 다시 정리하면서 삼한시대 고자미동국 태동기의 상황을 살펴보기로 한다.

먼저 고성지역 청동기시대 주거지이다. 주거지는 상리면 무선리와 거류면 신용리, 고성읍 율대리유적에서 발굴조사 되었다. 조사 자료에 의하면 내부 중앙에 타원형 수혈과 주혈을 가진 평면 방형과 원형의 송국리형이 대부분인 것으로 파악되고 있다. 지금까지 송국리형 주거지의 경우 평면 원형보다 방형이 선행하는 것으로 편년하는 것이 일반적이지만 율대리 조사자는 시기적인 차이는 없다고 소개하고 있다. 앞에서 구체적으로 소개된 무선리와 신용리 양 유적에서 확인된 주거지의 공통점은 평면 원형의 수혈주거지이며 내부에 주혈과 타원형 수혈을 갖는 4주식 또는 무주식의 소위 송국리형이라는 것이다. 그리고 내부에서 수습된 유물은 무문토기와 마제석기이다. 상리면 무선리 1호 출토 옹형 무문토기의 경우 구연이나 구순부에 공열이나 새김문이 없는 조질의 무문이라는 특징을 감안하면 후기 가운데 비교적 늦은 시기로 편년되는 것임은 시사하고 있다. 즉 전기의 새김돌대문토기, 중기의 이중구연에 새김문, 공렬문토기, 후기의 단순공렬문, 점렬문, 무문의 특징을 참고하면 무선리의 무문 옹형토기는 가장 늦은 단계로 편년 가능하다고 할 수 있다. 그리고 2호 주거지에서 수습된 삼각형석도는 반월형석도가 변형된 것으로서 비교적 늦은 신식으로 편년되는 것이다. 따라서 상리 무선리의 송국리형 주거지는 시기적으로 청동기시대 후기후반으로도 편년될 가능성이 많아 보인다. 예를 들면 송국리형은 아니지만 강원도 고성 송현리,[55] 초도리,[56] 강릉 방동리유적[57]에서는 수혈주거지 또

---

55) 강원문화재연구소, 『고성 송현리유적』, 2007.
56) 강원문화재연구소, 『고성 초도리유적』, 2007 ; 同연구소, 『고성 초도리Ⅱ-화포리유적』, 2010.

는 수혈 내부에서 원형점토대구연토기와 함께 유구석부가 출토되었다. 삼각형석도나 유구석부, 삼각형석촉, 석착, 검파두식 등의 마제석기는 비교적 늦은 시기로 편년되는 것으로서 원형점토대토기, 한국식동검 등과 함께 출토되는 경우도 있어서 삼한시대와 과도기적인 성격을 나타낸다고 할 수 있다. 특히 강원도 고성 송현리 C취락 11호는 평면 방형의 송국리식으로 내부에서 원형점토대토기가 출토되는 과도기적인 성격을 나타내고 있어 전기한 율대리유적에서 방형이 원형과 동일시기라고 추정하는 조사자 의견도 수긍된다고 할 수 있다. 그리고 진주 내촌리유적에서는 삼한시대 후기에 해당하는 40여기의 평면 원형의 수혈주거지가 조사되었다.[58] 그 중 29호만 청동기시대 송국리형이고 나머지는 삼한시대의 것인데 29호 내부에서 무문토기편과 함께 석착이 출토되어 석착이 비교적 늦은 시기의 것임을 시사하고 있다. 또 인접한 28호는 삼한시대 주거지인데 회청색계통 토기편들과 함께 사천 늑도[59]와 방지리유적[60]에서 삼각형점토대토기 또는 그 다음단계로 분류되는 지두문을 가진 이중구연토기가 출토되어 송국리형 주거지와 무문토기의 과도기적 변화과정을 엿 볼 수 있어 주목된다. 이런 현상은 삼각형점토대구연토기가 출토되는 고성읍 성내리유적[61]과 지두문이 새겨진 이중구연토기가 출토된 송학리유적[62]들과도 연계되는 것이다. 따라서 고성지역의 송국리형 주거지 가운데도 일부는 고자미동국 태동기에 해당할 가능성이 있다고 판단되지만 원형점토대토기가 출토되는 방형주거지[63]와

57) 강원문화재연구소, 『강릉 방동리유적』, 2007.
58) 동아대학교박물관, 『진주 내촌리유적』, 2007.
59) 동아대학교박물관, 『사천늑도C』, 2005.
60) 경남발전연구원 역사문화센터, 『사천 방지리유적1-3』, 2005-2007.
61) 동아대학교박물관, 『고성읍성지』, 2006.
62) 한겨레문화재연구원, 『고성 송학리309-1번지 유적』, 2012.
63) 원형점토대토기 사용기의 전형적인 주거지는 사천늑도나 방지리유적 그리고 강원도 송현리

는 이질성을 가진 것은 분명하다 할 수 있다. 또 고성읍 율대리유적에서 확인된 주거지 가운데는 보통 전기에서 중기로 편년하는 장방형 수혈주거지 일부가 나타나서 고성지역에서 청동기시대의 시작이 소위 송국리형 주거지 이전단계라는 것도 짐작 가능하게 하고 있다. 그러나 고성에서 아직까지 원형점토대토기를 동반하는 방형 또는 원형의 주거지가 아직까지 미발견이라는 사실은 고자미동국 초기에 일정기간 공백기가 있는 것처럼 느껴지지만 향후 조사결과를 기다릴 수밖에 없다.

다음은 지석묘이다. 앞에서도 언급한 것처럼 고성에는 전역에 걸쳐 지석묘가 분포하고 있다. 내륙산간지대의 협곡, 해안평야와 구릉 등 5~7기가 군집하는 경우가 대부분이다. 분포지형을 감안하면 삼본삼애三本三愛의 일본 구주지방 해수면 변동곡선과 같이 청동기시대 해수면은 지금과 크게 다를 바 없었을 것이 예상되며,[64] 기후도 마찬가지였다고 생각된다. 현재 고성평야가 벼농사를 중심으로하는 곡창지대인 것을 감안하면 청동기시대도 마찬가지로 재지주민들은 농경이 중심산업이었다고 할 수 있다. 그리고 대형 상석을 이용한 지석묘의 축조는 사회적으로 계층관계가 지역에 따라 어느 정도 실행되었던 것으로 짐작된다. 여기서 꼭 계층관계를 논의한다면 지석묘, 석관묘, 옹관묘, 목관묘, 토광묘 등의 개별적 피장자 사이에도 일정한 계층이 예상되지만 아예 분묘 자체가 없는 경우는 분명히 차이가 있었을 것이라고 생각된다. 특히 고성읍 율대리에 위치하는 지석묘의 경우 인접해서 당시의 환호유구를 비롯한 수혈식 주거지, 석관묘, 지석묘 등 문헌상에 나타나는 삼한시대 읍락의 소별읍이나 소도와 같은 공

유적의 사례와 같이 평면 방형으로 판단되며 곧 이어 원형으로 바뀌어진 것으로 파악된다. 부산대학교박물관, 『늑도주거지』, 1989 ; 경남발전연구원 역사문화센터, 『사천 방지리유적 1-3』, 2005-2007 ; 강원문화재연구소, 『고성 송현리유적』, 2007.

64) 三本愛三, 「鷹島海底遺蹟の自然科學的な調査」, 『鷹島海底遺蹟Ⅱ』, 1994.

간의 느낌을 주고 있어 더욱 주목된다. 그리고 거류면 신용리유적이나 고성읍 율대리유적에서 확인된 유구의 구조는 기반식과 개석식이 대부분인 것으로 파악되어 시기적으로는 청동기시대 중기에서 후기에 걸쳐 주로 축조된 것으로 생각된다. 그것은 신용리유적과 율대리유적에서 출토된 마제석검과 석촉의 특징을 비롯해서 일본 야요이시대 구주九州지방 지석묘와도 형태나 규모, 사용시기 등이 상통하기 때문이다. 그리고 신용리나 율대리지석묘가 송국리형 주거지 주변에서 조사된 것도 축조시기에 참고 되는 부분이다. 이런 사실을 감안하면 우리나라 남부지방에 분포하는 개석식이나 기반식 지석묘는 주로 송국리형 주거지 단계에서 유행하다가 함께 소멸한 것으로 판단된다.

다음 석관묘이다. 마암면 두호리, 회화면 봉동리, 거류면 신용리, 고성읍 율대리, 교사리유적에서 각각 발견되었다. 신용리와 율대리 일부 유구를 제외하면 대부분 판석으로 조립한 상형으로 동쪽 단벽 근처에 별도의 유구를 설치하고 그 속에 채문의 호형토기를 부장한 것이 특징이다. 이 시기 채문의 호형토기는 고성지역 외에 사천, 밀양, 진해지역에서도 발견되고 있다. 그러나 이곳처럼 집중하는 것은 드문 예이다. 그리고 남강유역 지석묘 하부묘실에서 홍도가 빈번하게 출토되는 것과는 대조적이다. 묘제 차이를 비롯해서 지역성, 시기성에 주목할 필요가 있다고 생각된다. 전기한 지석묘도 마찬가지지만 판석으로 조립한 상형석관묘의 기원을 중국 동북지방에 둔다면 그 전파과정에서 고조선식동검이나 양익형동촉과 같은 청동기의 유입도 가능 할 것이 예상되나 이런 현상이 석관묘에서는 나타나고 있지 않다. 지석묘 하부묘실이기는 하지만 창원 진동리[65]와 덕산리,[66] 거

65) 심봉근, 「경남지방 출토 청동유물의 신례」, 『부산사학』 4, 1980.
66) 이상길, 「한국 창원 덕천리유적 발굴조사개보」, 『고문화담총』 32, 1997.

제 아주동,[67] 김해 무계리유적[68] 등 남부지방 분묘유구에서 확인된 고조선식동
검과 동촉은 모두 할석으로 축조한 석곽형 묘실이라는 차이를 보이고 있다. 이
것은 지역성보다 시기성이 중요한 것으로 파악된다. 즉 청동기 입수나 생산단계
보다 상형석관묘가 먼저 축조된 것에 기인한 것으로 해석된다. 지역에 따라 차
이는 있겠지만 최소한 고성의 경우 판석으로 조립한 것이 할석 축조의 것보다
선행하는 것이 분명해 보인다. 다만 삼한시대의 하일면 송천리 석관묘가 모두
판석으로 조립한 것을 감안하면 장기간에 걸쳐 그 전통이 전세되었음을 알 수
있다. 그러나 채문의 호형토기와 판석조립의 상형석관묘의 조합이 청동기시대
전기 고성지역 석관묘의 특징이라는 것은 분명하다. 최근 조사된 진해 마천동
[69] 청동기시대 주거지와 목관묘에서도 채문토기와 함께 석기, 토기 등 다양한
청동기시대 전기 유물이 출토되어 고성지역 석관묘 시기성 확인에 참고 되고 있
다. 따라서 신용리를 제외한 채문토기가 출토된 두호리와 교사리, 봉동리 석관
묘는 청동기시대 전기로 편년 가능할 뿐만 아니라 고성지역에서는 가장 이른
시기의 유적으로 평가된다.

　　다음 마제석검과 석촉이다. 석검은 거류면 신용리, 고성읍 율대리에서는 지
석묘 하부 묘실에서 출토되고 대가면 금산리, 회화면 봉동리의 것은 신고유물
이다. 석검은 유병식이며 Ⅲb 또는 Ⅳa단계로 편년 가능한 점판암제이다. 봉동
리 신고품의 경우 손잡이 부분에 얕은 홈이 있고 검신이 장기간 사용된 느낌을
주는 것이다. 신용리와 율대리에서 출토된 것은 지석묘 하부묘실에서 출토되어
상호 연대 추정에 도움이 되는 것이 분명하다. 함께 출토된 유경식석촉도 단면

---

67) 심봉근, 「거제 아주동 지석묘 출토 청동족」, 『한국사와 고고학』, 2000.
68) 김원룡, 「김해 무계리지석묘와 그 부장품-청동기를 반출하는 신례-」, 『동아문화』 1, 1963.
69) 동아세아문화재연구원, 『진해 마천동유적』, 2011.

능형으로 촉신도 비교적 짧은 것이어서 동반 출토된 석검과 대차가 없는 특징이다. 따라서 그 사용시기도 필자 편년표의 IIIb단계정도로 B.C.6세기 이상을 오르지 않을 것이 예상된다.

마지막 청동기시대 환호이다. 환호는 제사를 지내는 신성한 장소나 마을 주변에 설치하여 외부와의 접촉을 차단시키는 경계나 성곽과 같은 기능으로 축조된 것으로 파악되고 있다.[70] 청동기시대 전기에서 후기에 걸쳐 나타나며 주로 구릉이나 야산 정상부 주위에 설치되지만 진주 대평리[71]와 같이 평지 취락지 주위에도 설치된다. 경남지역에서는 창원 남산유적,[72] 덕천리유적[73]을 비롯해서 남해 봉황산[74] 등 청동기시대 유적과 양산 다방동,[75] 평산리,[76] 사천 방지리[77] 등 삼한시대 유적에서도 확인되고 있다. 대부분 청동기시대 송국리문화 단계에 유행하여 삼한시대로 이어지는 느낌을 주고 있다. 인접한 울산지역의 경우 검단리,[78] 명산리,[79] 송정리[80] 등 청동기시대 취락유적과 교동리,[81] 달천리[82]와 같이 원형점토대토기단계의 삼한시대의 것도 확인되어 상호 연계성이 인정되고 있다. 일본은 야요이彌生초기의 후쿠오카껜福岡縣 이다쯔게板付유적을 비롯

70) 배덕환, 「청동기시대 환호취락의 전개양상」, 『석당논총』 30, 2007.
71) 배덕환, 「영남지방 청동기시대 환호취락연구」, 동아대학교 대학원 석사학위논문, 2000.
72) 창원대학교박물관, 「창원 남산동 유적 현지 설명회자료」, 1997.
73) 이상길, 「무문토기시대의 생활의례」, 『환호취락과 농경사회형성』, 1998.
74) 부경문물연구원, 「남해봉황산 나래숲 조성부지내유적발굴조사 자문회의자료」, 2015.
75) 국립중앙박물관, 「양산 다방리패총 발굴조사보고」, 『청당동』, 1994.
76) 동아대학교박물관, 『양산 평산리유적』, 1998.
77) 경남발전연구원 역사문화센터, 『사천 방지리유적1-3』, 2005-2007.
78) 부산대학교박물관, 『울산 검단리마을 遺蹟』, 1995.
79) 울산문화재연구원, 『울산 명산리유적』, 2011.
80) 박영구, 「동해안지역 청동기시대 취락 연구」, 영남대학교 대학원 박사학위논문, 2015.
81) 울산문화재연구원, 『울산 교동리192-37유적』, 2009.
82) 울산문화재연구원, 『울산 달천유적 제1차발굴조사』 2008 ; 同연구원 『울산 달천유적 제3차 발굴조사』, 2010.

해서 사가껜佐賀縣 요시노가리吉野ヶ里, 나가사끼껜長岐縣 이끼壹岐 하루노쯔찌原の 辻유적 등 후기까지 유행하고 있다.[83] 따라서 율대리유적에서 확인된 환호는 일본 야요이문화의 환호와도 깊은 관련이 있을 것으로 생각된다.

지금까지 논의된 고성지역의 주거지, 지석묘, 석관묘, 마제석검, 환호, 마제석축, 무문토기, 삼각형석도 등 청동기시대 유구와 유물의 특징을 종합하고 인접지역과 대비해서 편년도로 나타낸 것이 그림 11이다. 이 그림을 참고하면 고성의 청동기시대는 B.C.8세기에서 B.C.4세기 사이가 중심이 되는 문화내용이라 할 수 있고 가장 활발했던 시기는 B.C.5세기 정도가 된다고 생각된다. 또한 당시 주민들은 지석묘 분포권과 같이 벼농사와 어로를 중심으로 고성읍을 비롯해서 각 면面 또는 리里 단위 지역까지 넓은 범위에서 생활한 것으로 파악된다. 그러나 그들이 청동기시대를 마감하고 곧 삼국지에 나타나는 고자미동국으로 발전시켜 나갔다고는 여기서 자신있게 설명할 수 없다. 다만 청동기시대 유적의 분포상태나 유물의 특징상에서 당시 재지세력을 제압할 능력을 가진 외부세력의 잠입이나 침략과 같은 급박한 환경에 노출되지는 않았다는 장점에서 그 연계성 예측은 가능하다 할 수 있다. 그러나 원형점토대토기를 사용하고 방형주거지에서 생활하던 초기 삼한시대에 해당하는 유적이 지금까지 발견되지 않은 현실에 대해서는 또 다른 해석의 필요성이 있다고 하겠다. 그것은 먼저 문화환경의 변화이다. 송국리형 주거지와 무문토기, 마제석기의 소멸과 함께 방형주거지, 원형점토대토기, 한국식동검, 철기 등 이질적 문화의 출현에 대한 해석이다. 외지인 또는 선진문화 유입에 따른 분화충격의 대비책이 필요했던 것이 예상된다.

다음은 자연환경의 변화이다. 청동기시대에는 보이지 않던 패총유적이 삼한

---

83) 심봉근, 『한국에서 본 일본미생문화의 전개』, 학연문화사, 1999.

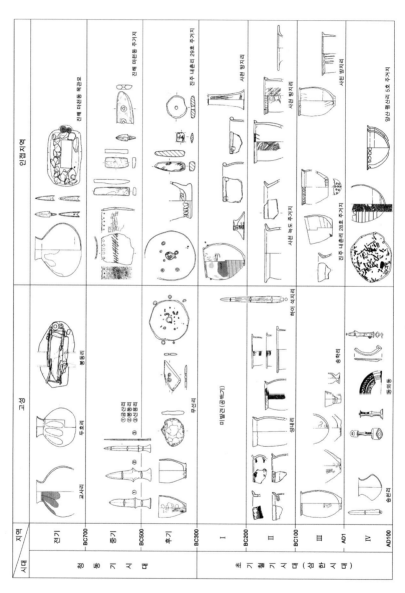

그림 11 고성과 인접지역 출토유물 편년안

시대에는 고성을 비롯해서 부산, 김해, 양산, 진해, 거제, 사천, 남해 등 해안구릉지에서 발견되는 점이다. 이는 곧 삼한시대 기후 변화에 따른 해수면 상승이 상당한 수준에 달했던 것을 짐작케 하며 해수면 상승은 청동기시대와는 판이하게 다른 곡선을 나타내고 있다.[84] 따라서 고자미동국 태동기 주민들은 농경지 상실과 함께 주거지 이동 등 생활 터전을 상실하게 되고 생활환경의 급격한 변화에 대응할 대책이 필요하게 되었다고 판단된다.[85] 그 결과가 고성읍 동외동 패총과 성내리유적에서 발견된 중국, 일본 등 외국과 관련되는 유물이며 고자미동국 전성기의 단상이라고 이해 할 수도 있을 것이다. 이런 갑작스런 문화충격과 자연환경의 변화가 오늘날 삼한시대 초기 흔적 확인을 어렵게 하는 이유

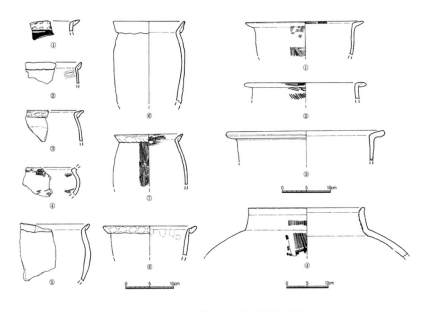

그림 12 성내리 III지구 1호 수혈유구 출토유물

---

84) 三本愛三, 「鷹島海底遺蹟の自然科學的な調査」, 『鷹島海底遺蹟 II』, 1994.
85) 경상문화재연구원, 『고성 율대리 산55번지 유적』, 2017.

가 될 수도 있을 것이다. 양산 평산리, 다방리, 진주 내촌리, 평거동, 거창 임불리, 함양 화목리유적 등 삼한시대 후기 중요유적들이 내륙지역에 넓게 분포하는 현상도 자연환경과 더불어 검토 대상이라 할 수 있다.

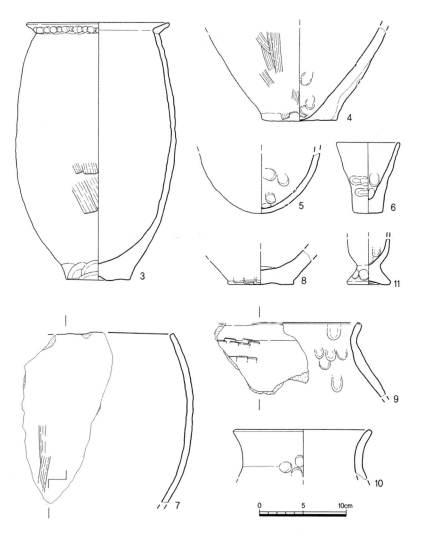

그림 13 송학리 수혈 1호 출토유물 및 수습유물

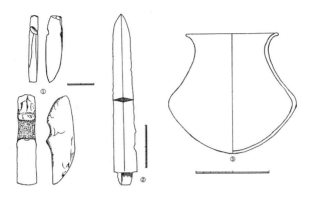

그림 14 하일면 솔섬석관묘 출토유물
(①유구석부 ②철검 ③회백색 연질 주머니호)

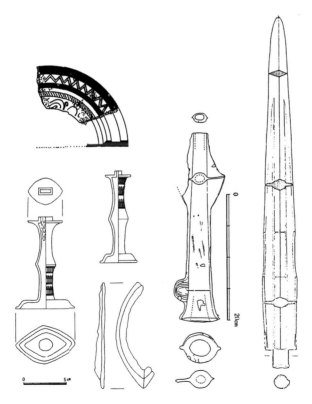

그림 15 동외동패총 출토 청동기와 하이면 석지리 출토 동검

4. 끝맺는 말

삼국지에 등재된 고자미동국의 영역이 지금의 고성지역에 국한된 것인지 아니면 소가야영역과 같이 사천, 진주, 하동, 산청 등 서부 경남일대를 포함한 것인지는 자세하지 않다. 다만 삼한시대 전기로 갈수록 그 범위가 좁아졌다는 사실은 분명해 보인다. 예를 들면 삼국유사 기사의 고자국(고성), 사물국(사천) 등의 포상팔국 분포와 명칭에서 이를 짐작케 한다. 특히 사천의 늑도와 방지리유적은 주거지, 환호, 분묘 등의 유구와 거기서 출토된 토기, 청동기, 철기 등의 다양한 유물은 삼한시대 전기 문화내용 파악은 물론 고자미동국 이해에도 매우 도움이 되는 유적으로 평가된다.

한편 고성은 삼한시대 고자미동국이 위치했던 곳으로 알려져 있다. 고자미동국 태동기 문화는 고성지역 청동기시대 후기와 삼한시대 초기의 고고학 자료를 통해서만 그 확인이 가능하다. 그리고 시기적으로는 B.C.300년경 전후로 추정된다. 청동기시대는 송국리형 주거지 단계의 주거지, 지석묘, 환호, 마제석기 등이 주목되며 무선리와 율대리 주거지와 환호, 함께 출토된 무문토기와 삼각형석도가 대표적인 후기후반 자료로 평가된다. 석관묘는 고성에서는 가장 이른 시기에 사용된 묘제 중의 하나로서 선행하는 문화요소이고 마제석검은 청동기시대 해석에 도움이 되는 자료이지만 전세기간이나 재생해서 사용하는 경우 절대연대 추정에 장애가 되는 단점을 가지고 있다. 주지하다시피 삼한시대 초창기를 대표하는 유물은 한국식동검과 다뉴경, 원형점토대구연토기, 흑색장경호 등이다. 고성에서는 고성읍 성내리와 송학리 수혈에서 삼각형점토대토기와 함께 일본에서 중기전반으로 편년하는 야요이식토기가 출토되어 원형점토대토기 보다는 한 단계 늦은 시기의 것으로 확인되었다. 따라서 고성에서는 고자미동국

초창기에 해당하는 원형점토대토기가 출토되는 유적이 지금까지 확인되지 않고 있는 것이 하나의 극복 과제라고 할 수 있다. 앞으로의 자료 증가를 기다릴 수밖에 없지만 청동기시대 무선리의 송국리 단계와 삼한시대 성내리 삼각형점토대구연토기 사이에는 원형점토대토기 존속기간 정도의 일정 공백기가 있다는 것을 알 수 있다. 인접한 사천 방지리에서는 원형점토대토기 단계, 원형점토대와 삼각형점토대토기 중복단계 그리고 삼각형점토대토기 단계로 시기 구분이 가능한 복합생활유적이 최근 발견되었다.[86] 고자미동국의 태동기에도 방지리유적과 마찬가지 단계를 거친 해당유적이 위치할 것으로 판단된다. 또한 중심지도 청동기시대 율대리에서 삼한시대에는 성내리나 송학리가 있는 현재의 고성읍내로 옮긴 것으로 짐작된다. 하이면 석지리 출토 동검과 하일면 송천리 솔섬석관묘와 철검, 무문토기, 회백색연질 주머니호는 삼한시대 전기에도 외곽지역에서 청동기시대에 이어 재지주민들이 정착하고 있었다는 것을 말해주는 자료이고 고성읍 동외동패총에서 수습된 청동기와 토기 등 국제성을 가진 유물은 신문화 충격에 대한 흡수나 기온변화에 따른 재지주민들의 대응책을 반영한 결과물로 해석된다.

「경남고성지역 청동기시대문화와 고자미동국 태동」,『문물연구』 제29호, 2016.

---

86) 경남발전연구원 역사문화센터,『사천 방지리유적1-3』, 2005-2007.

보라국保羅國과 문화랑현蚊火良縣

1. 머리말

 『삼국유사』물계자전勿稽子傳에만 입전하는 보라국保羅國이 영산강유역의 나주지역[1]이라는 것에 대부분 의문을 가지면서도 뚜렷한 대안없이 지금도 그대로 인용되고 있다. 그리고『삼국사기』지리지에 고성군 영현領縣인 문화량현蚊火良縣은 미상이라 하고 있으나 조선시대 김정호金正浩는 『대동지지大東地志』와 지도에서 고성군 상리면 오산奧山에 문화文和와 함께 문화량을 표시하고 있는데 여기에 대해서도 마찬가지이다.

 필자는 최근 경남 고성지역에 분포하는 고대성지의 축조목적을 검토하는 과정에서 우연히 보라국과 문화량현이 명칭부터 유관하다는 사실을 파악하게 되었다. 즉, 음운音韻상 보라국의 보라는 모라毛羅와 동음同音이고 모라는 문벌蚊伐또는 문라蚊羅와 동의어同意語라는 것이다. 그리고 고고학적으로도 음운과 일치하는 지역에 관계유적이 분포하여 지금까지 인용되고 있는 나주와 오산지역이 아닌 다른 지역이라는 것을 확인할 수 있었다. 따라서 여기서는 새롭게 확인된 보라국과 문화량현에 대한 위치 검증을 관계 문헌과 고고학 자료를 중심으로 논의해 보도록 하겠다. 전개과정에서 고어古語에 대한 음운 해석과 고고학 자료의 지표조사 내용 등이 포함되어 비약이라는 지적이 적지 않을 것이 예상된다. 선학동배의 질정을 기대는 바이다.

---

1)『三國遺事』물계자전의 補註에서 나주로 추측하고 있다.

그림 1 고성 문화량과 문화 위치도(『大東輿地圖』부분, 1861년, 서울대학교 규장각한국학연구원 소장)

2. 문헌자료

가. 보라국保羅國

　자료1은 『삼국유사』 물계자전에 보이는 포상팔국의 기사이다. 보라국保羅國, 고자국古自國은 지금의 고성이고 사물국史勿國은 지금의 사주泗州라는 내용이다. 현재까지 보라국은 나주이고 고자국만 고성으로 해석하였다. 보라의 보주補註에 아마도 발라瀺羅인 듯하고 발라는 지금의 나주羅州라고 하여 이것이 통설처럼 되었으나 반대 의견도 없지 않았다.[2] 그리고 보라국과 고자국은 당시 고성영역으로 인접한 사물국과 함께 포상팔국 전쟁에 참가하였다는 것이다. 또 포상팔국이라는 의미에서 보라국은 고성에 가까운 어느 해변에 위치했던 것으로 추측할 수 있다.

표 1 보라국 관련 자료

자료	내 용
1	第十奈解王 卽位 十七年 壬辰 保羅國 古自國(今固城) 史勿國(今泗州) 等八國 倂力來侵邊境 王命太子奈音 將軍一伐 等 率兵拒之 八國皆降 …夫保羅(疑瀺羅今羅州)竭火地域 盛是國之難 君之危[3]
2	秋七月 浦上八國謀侵加羅 加羅國王子來請救 王命太子于老與伊伐飡利音 將六部兵往救之 激殺八國將軍 奪所虜六千人還之[4]
3	奈解王 尼師今時人 家勢平微 鳥人偶儻 少有壯志 時浦上八國 同謀阿羅國 阿羅使來請救 尼師今使王孫奈音率近郡及六部軍往救 遂敗八國兵 是役也 于稽有大功 以見忌於王孫 故不記其功 後三年 骨浦 柒浦 古史浦 三國人 來攻竭火城 王率兵出救 大敗三國之師[5]
4	倭寇 慶尙道仇羅島 萬戶李興仁 擊破之 獲戰艦以獻 賜米二十石 是臣之獨力耶 盡爲酒以飮士卒[6]
5	南海縣 長串, 赤梁等處近差萬戶 而無所屬軍人兵船 乃以仇羅梁露梁軍船 分屬兩處 兵勢孤弱 防禦虛疏 不緊長串 乞依舊使 仇羅梁露梁萬戶兼領 其赤梁萬戶革去[7]
6	夫我十方施主各自勤 修仇良梁水處 龍頭初地丁酉二月 十五日戊戌二月十五日當水陸無遮大會 至此沈香浦聚香木(等)沈香 然後與諸比丘十方 施主具列于後 大施主前判事金壽山 同0鳳晉江郡夫人姜氏 仇良梁萬戶尹聰 前司直金存尙 大禪師良旭 前司護鄭吉祥 前副判正任慶 金元 前司正 鄭妣 金戌 姜洛東 李貴 朴逢 信仙 覺荘 朴万 信成 信淡 陳尤 海心 慧根 庵金 志宣 海志 惠洪 信桓 0臣 志成 大化主 信寬[8]
7	泗川 越境處 晉州己鄕末文角山 越入縣南村 仇良島 水路一里三百四十步 人民來往農作[9]
8	仇羅梁 在州南六十里海也 入興善島者由此[10]
9	仇羅梁廢營 在角山舊有水軍萬戶今移固城地蛇梁[11]
10	跪村部曲 在縣西五十里, 保寧鄕 在縣西四十里[12]

2) 이병도 譯註, 『三國遺事』, 1956. 물계자전의 保羅 註에서 보라는 위의 것과 같은데 주에 나주로 비정한 것은 잘못된 것이라 지적하고 있다.
3) 『三國遺事』권5, 避隱, 勿稽子.
4) 『三國史記』권2, 신라본기2, 奈解尼師今 14년.
5) 『三國史記』권48, 신라본기48, 勿稽子傳.
6) 『高麗史』권46, 공양왕 2년 4월.
7) 『太宗實錄』권14, 태종 7년 7월 무인.

자료2는 정사인 『삼국사기』 신라본기에도 포상팔국 전쟁기사를 싣고 있어 삼국유사 내용을 사료적으로 뒷받침하고 있다.

　자료3은 『삼국사기』 열전에 보이는 물계자의 포상팔국 전쟁기사이다. 여기서 새롭게 등장하는 국명은 골포骨浦, 칠포漆浦, 고사포古史浦 등 삼국이다. 보라국, 고자국, 사물국과 함께 8국 중 6국의 명칭을 주지하게 하며 모두 남해안지역에 위치한다. 지금까지 골포는 마산, 칠포는 칠원, 고사포는 고성으로 각각 비정하고 있다.[13] 칠원은 해변이 아니고 고사포의 경우 고성은 이미 고자국으로 파악되어 장차 위치비정에 재론의 여지를 남기고 있다.[14] 그런데 주목되는 것은 포상팔국으로 거명되는 중심지에는 대부분 삼한시대 관련유적이 분포하고 있다는 점이다. 고자국의 동외동패총,[15] 사물국의 방지리유적,[16] 골포국의 성산패총[17] 등 소국의 중심지에 패총이나 주거지 등 삼한시대 생활유적이 분포하고 있는 것이 특징 중의 하나이다.

---

8)「三千浦埋香岩刻(香村洞)」, 永樂戊戌二月日碑.

9)『世宗實錄』권150, 지리지, 경상도 昆南·固城·巨濟·泗川.

10)『新增東國輿地勝覽』권30, 慶尙道 晉州牧 山川.

11)『新增東國輿地勝覽』권30, 慶尙道 晉州牧 古跡.

12)『新增東國輿地勝覽』권32, 慶尙道 晉州牧固城縣 古跡.

13) 고성군지편찬위원회,「고성의 역사」,『고성군지』 1, 2015. p.283의 위치비정표에 대한 대표적인 연구자는 이병도선생이다.

14) 관계유적을 참고하고 고성지역으로 추정할 경우 고성군 동해면 내산리와 양촌리가 유력한 후보지로 생각된다. 여기에는 삼국시대 내산리고분군과 양촌리성지가 위치하여 주목하고 있다. 동아대학교박물관·고성군,『문화유적분포지도-고성군-』, 2004.

15) 동아대학교박물관,『상노대도 부록 : 고성 동외동패총』, 1984.

16) 경남발전연구원 역사문화센터,『사천 방지리유적 1-3』, 2005-2007.

17) 문화재관리국,『마산 성산패총 발굴조사보고서』, 1974.

표 2 포상팔국에 대한 연구자들의 견해

연구자 구분	백승충	이현혜	권주현	김태식	백승옥	남재우	필자
전쟁 시기	3세기 초반	3세기 초반	3세기 초반	4세기 전반	3세기 후반	3세기 말	3세기 초
전쟁 대상	김해	김해	김해	김해	김해와 함안	함안	김해
전쟁 목적	구야국의 쇠퇴로 인한 교역권을 둘러싼 대립	교역권을 둘러싼 대립	변한 제소국의 주도권 쟁탈전	해상 교역권을 둘러싼 가야세력권의 내분	교역권쟁탈과 농경지 확보를 위한 내륙지역 진출	농경지의 확보를 위한 내륙지역으로의 진출	교역권을 둘러싼 대립

표 3 포상팔국에 대한 연구자들의 위치비정

연구자 국명	삼국 유사	김정호	정약용	이병도	三品 彰英	김정학	백승충	남재우	필자
골포 (骨浦)	합포	창원	창원	창원	마산	창원	함안	창원	창원
칠포 (漆浦)	-	흥해?	칠원	칠원	칠원	칠원	칠원	칠원	칠원
고사포 (古史浦)	-	경산	고성	고성	고성	고성	진해	고성	고성 (내산리)
고자국 (古自國)	고성	고성	-	고성	고성	고성	고성	고성	고성
사물국 (史勿國)	사주	사천	-	사천	사천	사천	사천	사천	사천
보라국 (保羅國)	나주	-	-	고성 부근?	-	-	-	-	사천· 고성 (늑도· 모라동· 모라실)
예정지역	-	-	웅천, 함안, 진해, 사천 곤양	-	-	-	-	웅천, 거제, 삼천포, 진동만 일대	거제, 웅천, 진동

자료4는『고려사』공양왕 2년 4월조에 왜구가 경상도 구라도仇羅島에 침입한 것을 만호萬戶 이홍인李興仁이 격파시키고 노획한 전함을 나라에 바치니 왕은 쌀 20석을 상으로 내렸다. 그러나 만호는 혼자의 공이 아니므로 술을 제조해서 사졸과 함께 마셨다는 내용이다. 처음으로 구라도라는 지명이 보인다.

자료5는 경상도병마절제사 강사덕姜思德이 각 포구의 문제를 가지고 올린 글 가운데 "요사이 남해현의 장곶, 적량 등지에도 만호를 보내기는 하였지만 그들에게 전속된 군인과 병선은 없습니다. 구라량仇羅梁과 노량에 있는 군사와 군선을 두 곳에 소속시켰으나 형세가 외롭고 병력이 약해 방어가 허술하게 됩니다. 장곶은 요긴하지 않은 만큼 이전대로 구라량과 노량의 만호가 관할하게 하고 적량의 만호는 없앨 것입니다" 라는 내용으로 구라량 만호가 보인다.

자료6은 조선 태종 18년 새긴 암각이다.[18] 태종 17년 시작해서 1년간 실행한 수륙무차대회水陸無遮大會 매향행사埋香行事에 직접 참여한 시주자와 관리, 스님 등의 명단을 새겨 놓고 있다. 구량양仇良梁 수처와 구량양 만호 윤담尹瞻이 보인다. 현재 암각이 위치한 향촌동이 구라량 근방이라는 것을 알려주고 있다. 또 구라량仇羅梁을 구량양仇良梁으로 표기하여 良이 羅와 동음인 것을 설명해 주는 사례라고 할 수 있다.

자료7은『세종실록』지리지의 내용으로, 경상도 사천현의 월경처越境處에 구량도仇良島가 보인다. 역시 구라도仇羅島로 읽는다. 나라奈良를 나라로 읽는 것과 마찬가지이다. 지금은 구라를 굴레의 의미로 늑도勒島라고 개명해서 사용하고 있다.

자료8은 구라량은 진주에서 남쪽 60리 지점에 있는 바다로 흥선도興善島 출

---

18) 사천시 향촌동 하향마을에 위치하는 암벽에 23행 174자가 새겨져 있다. 문화재지정명칭은 삼천포매향암각(경상남도기념물 제288호)이다.

입자는 이곳을 경유한다고 하여 삼천포항과 창선도 사이의 바다를 의미하는 것으로 설명하고 있다.

자료9는 『동국여지승람』 진주목 고적조인데 구라량 폐영廢營은 각산角山에 있었으나 고성 사량도蛇梁島로 이설하였다고 한다.[19] 현재 각산에는 고려시대 축조로 알려진 각산성[20]이 있고 그 아래 대방동에 굴항[21]이 위치하여 구라량 폐영의 유력한 후보지로 알려지고 있다.

자료10은 『동국여지승람』 고성현 고적조에 보령향保寧鄉이 현 서쪽 40리 지점에 위치한다 하고 있다. 고적조에 나타나는 것을 감안하면 신라 또는 고려시대 즉 조선 이전에 사용된 명칭이다. 보라와 보령은 비슷한 음운이어서 주목되며 거리나 방향을 고려하면[22] 고성 사곡리沙谷里(毛羅室)에 해당하는 것으로 생각된다.

---

19) 통영시 사량면 금평리 진촌마을 북동쪽에 위치한다. 『성종실록』 권245, 성종 21년(1490) 윤9월 무신조에 "이달에 쌓은 경상도의 적량성은 1582척이고 지세포성은 1605척이며 사량성은 둘레가 1252척이다…모두 높이는 13척이었다"라 하여 성종 21년에 축조되었음을 알 수 있다.

20) 사천시 大芳洞 산40번지 일대에 분포한 바른층쌓기 석축성이다. 야산 8부능선상에 평면 타원형으로 축조된 테뫼식이며 길이 242m이다. 백제 무왕 때(605년) 축조로전하고 있으나 자세하지 않다. 『고려사』의 角山戍 기록을 참고하면 고려시대 축조 가능성도 없지 않다. 경상남도 지정문화재자료 제95호이다.

21) 사천시 대방동 250, 251번지 해안에 위치하며 경상남도 지정문화재자료 제93호이다. 위의 각산성과 함께 조선초기 구라량 수군진으로 함께 이용된 것이며 현재의 掘港은 조선시대말기 순조 때 개보수한 것으로 전해지고 있다(삼천포시사편찬위원회, 『삼천포시지』, 1994).

22) 『新增東國輿地勝覽』 권32, 경상도 진주목 固城縣, 山川에는 佐耳山 在縣西南三十里라 하여 이를 참조하면 서쪽 40리는 사곡리에 해당한다.

나. 문화량현蚊火良縣

자료11은『삼국사기』지리지에 문화량현은 지금 미상이라 하고 있다.

자료12는『삼국사기』지리지에 임관군臨關郡은 본래 모화(문벌 : 毛火 一作蚊伐)군이었고 성덕왕 때 성을 축조하여 일본 침입을 차단시켰으며 경덕왕 때 개명하여 경주에 합속시켰다는 내용이다. 여기 주목되는 것은 모毛가 문蚊으로, 그리고 화火가 벌伐의 동의운으로 사용되고 있다. 이점을 참조하고 량良이 라羅로 발음되는 것을 감안하면 문화량蚊火良은 모화라毛火羅 또는 모벌라毛伐羅, 문벌라蚊伐羅 등의 동의운으로도 사용 가능하여 문벌라가 곧 문화량으로도 음독 가능하게 된다.

표 4 문화량현 관련 자료

자료	내용
11	固城郡 本古自郡 景德王改名 今因之 領縣三 蚊火良縣 今未詳 泗水縣 本史勿縣 景德王改名 今泗州 尙善縣 本一善縣 景德王改名 今永善縣23
12	臨關郡 本毛火(一作蚊伐)郡 聖德王築城 以遮日本賊路 景德王改名 今合屬慶州24
13	春止月 中侍文林夲 伊湌宣宗爲中侍 二月 京都地震 秋八月 始給百姓正田 冬十月 遣大奈麻 金仁壹 入唐賀正 并獻方物 築(毛伐郡)城 以遮日本賊路25
14	夏四月 物部連於 帶沙江 停住六日 伴跛興師往伐 逼脫衣裳 劫掠所齎 盡燒帷幕 物部連等怖畏逃遁 僅存身命 泊 汶慕羅(汶慕羅 嶋也)26
15	文和驛 在州南六十里, 仇羅梁院 在仇羅梁27
16	欖古介里, 臥龍洞, 君之里, 新德里, 君之浦並末浦, 毛羅谷里 薪田里, 德面里, 月牙谷28

---

23)『三國史記』권34, 雜志3, 지리지1, 康州.

24)『三國史記』권34, 雜志3, 지리지1, 良州·慶州.

25)『三國史記』권21, 신라본기21, 성덕왕 21년.

26)『日本書紀』권17, 繼體 5년 4월.

27)『新增東國輿地勝覽』권31, 경상도 晉州牧 驛院.

28)『戶口總數』8책, 경상도 固城 下二運面.

자료13은 『삼국사기』 신라본기에 모벌군毛伐郡에 성을 축조하여 일본 적의 통로를 차단했다는 내용으로 모화군毛火郡, 모벌군毛伐郡, 문벌군蚊伐郡이 동의운으로 명칭된 것을 알 수 있다. 현재 모화부락에서 월성 앞을 거쳐 경주 시내로 흐르는 냇물을 문천蚊川이라 하고 있다. 문벌천蚊伐川으로 명칭해야 마땅하지만 이 경우 벌伐을 생략하고 문천이라 한 것이 주목된다. 생략된 화火와 벌伐, 부리夫里는 신라지명 어미語尾에서 국國, 원原을 의미한다 하고 있다.[29]

자료14는 『일본서기』 계체기 기사로 일본이 백제의 가야지역 영토 확장을 돕기 위해 대사강帶沙江(현 섬진강) 깊숙이 진입하여 천막을 설치하고 휴식을 취하는 도중 대가야군의 급습으로 도망쳐 문모라汶慕羅에 도착, 겨우 목숨을 구했다는 내용이다. 그리고 문모라는 섬이라고 했다. 문모라를 남해에 비정하는 연구자도 있으나[30] 음운상으로 '모'의 경우 일본에서는 '보'로도 음독하는 것을 감안하면 모라, 보라, 문보라와 음운이 상근하여 모라와 유관함을 시사하고 있다. 또한 모라의 어원이 촌村이나 성城과 관계된다는 문헌 연구자의 논리대로라면[31] 과거 소국의 중심지가 뒷날 성, 촌으로 바뀌었다는 의미로 해석할 수 있어 더욱 주목된다.

자료15는 『동국여지승람』 진주목 역원조에 남쪽 60리지점에 문화文和역이 있고 구라량원仇羅梁院은 구라량에 있다하고 있다. 자료8에서 구라량은 남쪽 60리 지점에 있다고 하여 방향이나 거리상으로 상호 가까운 곳을 짐작할 수 있다. 문

---

29) 井上秀雄, 『新羅史基礎研究』, 東出版, 1974.

30) 고성군지편찬위원회, 「고성의 역사」, 『고성군지』 1, 2015. 제2장 삼국시대 고성/ 제3항 고자 국영역 pp. 278~289에 남해도를 지목하고 있다.

31) 毛羅는 村을 의미하는 무라의 어원이며 우리말의 마을이라는 어원과 같다고 한다. 연민수 외, 『역주 일본서기』 2, 동북아역사재단, 2013, p. 282.
    그리고 일본서기 계체왕조 23년 춘 3월조에 나타나는 布那牟羅에 대한 설명에서 梁書 新羅傳에 "其俗 城을 健牟羅라고 하는데 健은 大(크다), 牟羅는 村을 의미한다"고 하였다. 小島憲之 外, 『日本書紀』 2, 小學館, 1996, p. 316.

화는 문화량의 마지막 글자 량이 생략된 상태로 김정호는 『대동지지』와 지도에서는 문화량蚊火良과 문화文和를 동일한 지점 오산奧山으로 표시하고 있다.

자료16은 조선후기 호구총수의 자료이다. 고성군 하이면의 부락명칭 가운데 모라곡리毛羅谷里가 보인다. 모라곡리는 현재 사곡리로 개칭되었으나 전기한 보령향으로 비정된 위치이다. 보통 사곡이라는 지명은 모래가 많은 지역이거나 도자기 가마터가 있던 곳을 명칭하는 경우가 대부분이지만 이곳은 전혀 그런 사유에 해당되지 않는 곳이다.

3. 고고학자료

앞장에서 소개한 문헌자료에 대비되는 고고학적 유적은 사천지역 가운데 과

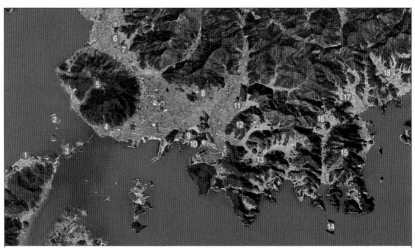

1. 소초도 2. 마도 3. 늑도 4. 대방동 5. 각산 봉수대 6. 즉림동 지석묘 7.즉림동 문화역지 8. 이금동 유적 9. 향촌동 유적 10. 사등산성
11. 석지리 지석묘 12. 사곡산성 13. 월흥리 지석묘 14. 안장섬(모라섬) 15. 좌이산 봉수대 16. 오방리 지석묘 17. 학림리 지석묘 18. 수양리 지석묘

그림 2 유적분포도(카카오맵 편집)

거 삼천포시의 동쪽지역과 현재 고성군 서쪽 하이·하일면지역이다. 사천군에 편입된 삼천포시 권역은 행정구역 통폐합으로 지명 변경도 없지 않으나 여기서는 학술용어로 주로 사용된 지명을 그대로 이용토록 하겠다. 주지하다시피 이지역은 신라시대 고성군 권역으로 구석기, 신석기, 청동기시대 등 선사시대부터 조선시대에 이르는 사이에 형성된 다양한 유적과 유물들이 광범위하게 분포하여 고고학적으로도 주목받고 있다.[32] 그러나 여기서는 주제와 관련된 삼한, 삼국, 신라시대 유적만 검토해 보기로 하겠다.

가. 삼한시대(초기철기시대)

1) 사천 늑도유적勒島遺蹟

사천시 늑도동에 위치하는 삼한시대 초기의 생활유적이다. 지리적으로 늑도는 삼천포항에서 서남쪽으로 3㎞ 정도 떨어진 섬이며 남해군 창선면을 연결하는 대교의 중간지점으로 길이 970m, 폭 720m, 넓이 0.322㎢ 규모이다. 주위에는 초양도를 비롯해서 신섬, 학섬, 모개섬, 마도, 딱섬, 솔섬, 씨앗섬, 신수도 등의 사천시 소속 도서와 창선도, 초도 등 남해군 소속 대소 도서島嶼가 군집하고 있다. 유적은 1979년 학계에 알려지고 1985년 경상남도 문화재기념물 제75호로 지정되었다. 그리고 1985·1986년 2차에 걸쳐 부산대학교박물관의 시굴조사가 있었는데 당시 삼한시대 패각층과 주거지, 분묘 등의 생활유구와 석기, 토기, 골각기, 청동기, 곡물류 등의 유물이 출토되어 주목되었다.[33]

---

32) 경남문화재연구원 · 사천시, 『문화유적분포지도-사천시-』, 2003.
   동아대학교박물관 · 고성군, 『문화유적분포지도-고성군-』, 2004.
33) 부산대학교박물관, 『늑도패총과 고분군』, 2004.
   동아대학교박물관, 『사천늑도C』, 2005.

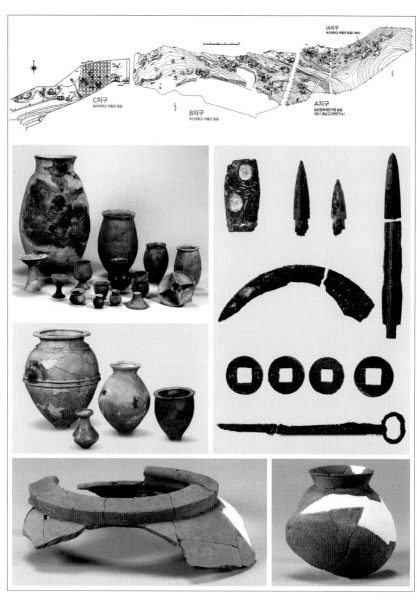

그림 3 사천 늑도유적 유구배치도 및 출토유물

경남고고학연구소, 『늑도A패총』, 2006.
동아세아문화재연구원, 『사천늑도 진입로개설구간내 문화유적발굴조사보고서』, 2006.

본격적인 조사는 1998년 남해 창선도와 사천 삼천포항을 연결하는 국도 3호선 신설도로부지 내에 늑도유적 일부가 포함되어 동아대학교박물관을 비롯한 부산대학교박물관, 경남고고학연구소가 구역을 나누어 발굴조사를 실시하였다. 조사과정에서 패총을 비롯해서 주거지, 토광묘, 토취장, 소토층 등의 유구와 삼각형점토대토기가 중심이 된 옹, 호, 잔, 고배 등의 토기와 석기, 골각기, 철기, 방추차, 복골, 탄화곡물, 인골人骨, 견골犬骨 등 다양한 내용의 유물이 출토되어 삼한시대 사회와 문화를 파악하는 좋은 자료로 평가를 받았다. 특히 주거지 내부에 설치된 판석조립 터널식 온돌시설과 오수전, 반량전, 낙랑토기, 삼각형동촉, 상감관옥 등 러시아·중국 등 북방계 유물과 옹, 호, 발, 등 일본 야요이계 토기도 함께 출토되어 해로를 이용한 국제 교류관계를 예상하게 하였다. 이 조사결과를 바탕으로 2003년 6월 도기념물에서 국가사적 제450호로 승격 지정해서 나머지 지역은 보존하고 있다.[34]

2) 사천 마도馬島와 남해南海 소초도小草島 출토유물

늑도에 인접한 마도는 뚱섬이라고도 하는데 삼천포에서 남해 창선도를 연결하는 전기공사를 위해 전봇대를 세우는 과정에서 무문토기편을 비롯해서 한국식동검, 한국식동모, 청동제고리, 동제이형금구, 유리구슬 등이 수습되었다. 유물의 특징은 시기적으로 1~2세기로 편년 가능하며 일본 대마도에서 같은 특징의 유물들이 출토되고 있어서 당시의 한일간 교류관계를 짐작하게 하는 자료가 되었다.[35] 그리고 남해 소초도 수습 속립문粟粒文십자형 검파두식은 1974년 여름 폭우로 산사태가 발생하면서 섬 정상부에서 무문토기편과 함께 휩쓸려 내

---

34) 문화재청,『문화재대관 -사적-』, 2010.
35) 심봉근,「동아대학교박물관 소장 청동유물신례」『고문화』20, 1982.

린 것으로 특별한 유구는 확인하지 못했다.[36] 주목하는 것은 동형의 유물이 평양지방[37]과 대마도[38]에서도 출토되고 있다는 것과 인접한 마도나 늑도에서 출토되는 유물과도 시기적으로 대등하다는 사실이다. 대마도에서 야요이시대 후기로 편년하는 광봉동모와 함께 출토된 것을 감안하면 전기한 마도 출토 청동기와 큰 차이가 없을 것으로 파악되며 용도는 산정에 위치했던 제사유적에서 흘러내린 것으로 이해하고 있다.

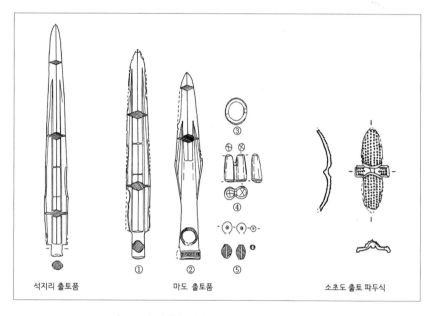

그림 4 고성 석지리, 사천 마도, 남해 소초도 출토 청동기

---

36) 심봉근, 「동아대학교 소장 청동유물신례」, 『고문화』 20, 1982.
37) 梅原末治 外, 『朝鮮古文化綜鑑』 1, 1946.
38) 長崎縣敎育委員會, 『對馬』, 1974.

3) 고성固城 석지리石芝里 출토유물

석지리 양촌부락 주민이 밭갈이를 하다가 쟁기 끝에 걸려 수습된 것이며 보관하는 과정에서 표면을 심하게 마연하여 구리색을 띠고 있다. 백동질의 한국식동검으로 인부 마멸을 제외하면 비교적 상태는 양호한 편이다. 등대의 호선은 기부까지 이르고 결입부에는 상하 마디가 분명하며 봉부는 약간 길고 선단 부분에 홈이 있으며 기부는 경부에 수직한다. 경부 상하에 거푸집 연결자국은 제작과정에서 지운 것으로 생각된다. 한국식동검 III기로 편년될 수 있는 특징의 것이다.[39]

時期 / 區分		銅劍과 同伴遺物 內容	出土地名
古朝鮮式銅劍期	第 I 期		1,7,12 新今縣雙房石棺墓 2 永吉縣星硝石棺墓 3 遼陽二道河子 4 淸原縣門瞼石棺墓 5,6,11 義州美松里 8,9 寧興邑 10 撫順大伙房石棺墓 13 龍川新岩里下層 14 永吉縣남기소단산무덤
	第 II 期		1,6,9,15,16 旅大市崗上 2,10,12,13 十二臺營子 14 傳 平壤 17 雙陀子3期 18 寧邊細竹里2層
古朝鮮式銅劍期	第 III 期		1,12,13,14,16 貞家窪子1地點 2,3,4,10,11,15,18,19 旅大市上 5,9 牛山里 6,7,8 鑛東里 17 丹東市趙家堡 20 貞家窪子2號墓 21 寧邊細竹里2層

39) 심봉근, 「동아대학교박물관 소장 청동유물신례」, 『고문화』 20, 1982.

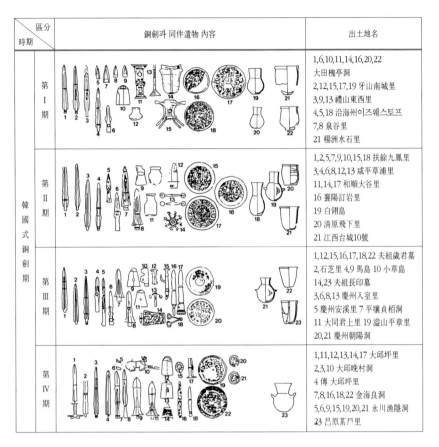

區分 時期		銅劍과 同伴遺物 內容	出土地名
韓國式銅劍期	第I期		1,6,10,11,14,16,20,22 大田槐亭洞 2,12,15,17,19 牙山南城里 3,9,13 禮山東西里 4,5,18 沿海州이즈웨스토프 7,8 泉谷里 21 楊洲水石里
	第II期		1,2,5,7,9,10,15,18 扶餘九鳳里 3,4,6,8,12,13 咸平草浦里 11,14,17 和順大谷里 16 襄陽訂岩里 19 白翎島 20 淸原飛下里 21 江西台城10號
	第III期		1,12,15,16,17,18,22 夫組歲君墓 2,石芝里 4,9 馬島 10 小草島 14,23 夫組長印墓 3,6,8,13 慶州入室里 5 慶州安溪里 7 平壤貞栢洞 11 大同君上里 19 澄山平章里 20,21 慶州朝陽洞
	第IV期		1,11,12,13,14,17 大邱坪里 2,3,10 大邱晩村洞 4 傳 大邱坪里 7,8,16,18,22 金海良洞 5,6,9,15,19,20,21 永川漁隱洞 23 昌原茶戶里

그림 5 우리나라 청동검과 동반유물 계보도

나. 삼국·신라시대

1) 사천 향촌동유적香村洞遺蹟

향촌동 666번지의 고분군과 66-1번지의 생활유적이 있다. 향촌동농공단지 조성부지 내에 위치하며 고분군은 2008·2009년 그리고 주거지, 수혈 등 생활유적은 2011년에 각각 조사되었다.[40] 이곳은 고성군과 사천시의 경계지점에 해당하는 삼천포항의 동쪽 해안 만입부이다. 과거 모래골로 알려진 해안의 북쪽 곡간 구릉 남사면에 고분군이 위치하며 그 서쪽 사면 말단부에 생활유적이 있다. 고분은 석실묘 11기, 석곽묘 4기가 확인되었다. 석실묘 가운데 유구나 부장유물의 특징에서 신라병합 이전에 축조된 소위 소가야계(II-3호)와 왜계(II-1호) 석실묘가 일부 혼재하고 있다. 소가야계로 파악되는 II-3호는 가야고분 특징인 석벽 기단 석부터 할석을 이용하고 바닥에 소석의 편편석과 자갈돌을 전면에 깔아 두고 있으며 외부 주구에서 소가야식 토기가 다수 수습되었다. 그리고 왜계의 II-1호는 평면 방형에 가까운 석실 입구에 문주석과 문지방이 설치되고 석실내부 장벽과 단벽 아래 각각 석관을 나란히 배치하고 있다. 이런 특징은 일본 구주지방 석실 묘[41]에서 자주 볼 수 있는 것으로 인접한 고성,[42] 거제,[43] 의령[44] 등지의 고분에서도 확인되어 고고학적으로 주목하고 있다. 나머지는 신라시대에 축조되거나 이전에 축조된 석실을 추가장한 것으로 파악하고 있다. 출토유물은 유대장경호, 단각유개고배, 녹유유개호, 금동제이식, 유리구슬, 곡옥 등이며 조사자는 6세기 중엽에서 7세기 후반에 걸쳐 축조된 고분으로 편년하고 있다.

한편 생활유적에서는 삼국시대 지상 건물지 2동, 수혈식 건물지 2동, 수혈 5기, 소성유구 1기, 우물 1기, 주혈 189기가 확인되었다. 시기적으로는 삼국시대가 중심이며 출토유물은 단경호, 발, 대부완, 병, 옹, 고배, 기대, 대각, 시루, 파

40) 우리문화재연구원, 『사천 향촌동유적』, 2011 ; 同연구원, 『사천 향촌동 61번지유적』, 2013.
41) 柳澤一男, 「5-6世紀의 韓半島 西南部와 九州」, 『加耶 洛東江에서 榮山江으로』, 제12회 加耶史 國際學術大會, 2006.
42) 동아대학교박물관, 『고성 송학동고분군』, 2005.
43) 경남발전연구원 역사문화센터, 『거제 장목고분』, 2006.
44) 경상대학교박물관, 『의령 경산리고분군』, 2004.

수부토기, 철제도자, 지석 등이다. 유구는 남쪽에 주거지 그리고 북쪽에 작업공간을 배치한 구분계획이 예상되었다. 이밖에도 향촌동 내에는 지표조사과정에서 확인된 삼국시대 유적도 비교적 많은 분포밀도를 보이고 있는 것으로 알려져 있다.[45]

2) 사천 사등산성沙嶝山城

사천시 사등동 산38-1번지 산성산에 위치하는 테뫼식 석축성이다.[46] 전기한 향촌동고분과는 근접한 지역으로 산정부에 성곽이 분포하고 곡부에 고분군이 위치하여 현재 행정구역 명칭은 다르지만 상호 관련유적으로 생각된다. 평면 타원형으로 석축 대부분이 외측으로 무너진 상태이며 남쪽 체성 일부가 기단부에서 2~3단 정도 석축이 남아 있다. 석축은 약간 치석한 장방형 석재를 이용하여 바른층쌓기 수법으로 지면에서 수직에 가깝게 쌓아 올렸는데 하단부는 내탁하고 상단부는 협축한 형태로 파악된다. 성내에 신라고분군이 위치하는 것으로 감안하면 성은 고분축조 이전 즉 전기한 향촌동 생활유적과 동일시기에 축조하여 이용되다가 이 지역의 신라편입과 함께 종료된 것으로 생각된다. 내부에서 수습된 원저호, 단각고배 등의 토기편과 단야구로 추정되는 철제집게는 전기한 향촌동고분군 조사에서 신라시대로 편년하는 유물과 동일하여 축조시기를 예측 가능하게 한다. 성의 둘레는 450m 정도이고 양호한 잔존부위의 높이는 1.5m 정도이다. 『동국여지승람』 고성현 산천조에 "城峴 在縣西六十里有古

---

45) 경남문화재연구원·사천시, 『문화유적분포지도-사천시-』, 2003.
46) 경남문화재연구원·사천시, 『문화유적분포지도-사천시-』, 2003. 에서는 조선시대 축조로 추측하고 있었으나 필자의 현지조사 중 확인된 유물과 남동쪽 체성 기단부의 축조수법에서 삼국시대 축조로 파악되었다.

城基址"라는 기록과 거리나 방향상 일치하는 것으로 생각된다.[47] 이곳은 남동 쪽 사량도에서 신수도, 창선도를 거쳐 서쪽 늑도에 이르기까지 삼천포항 연안

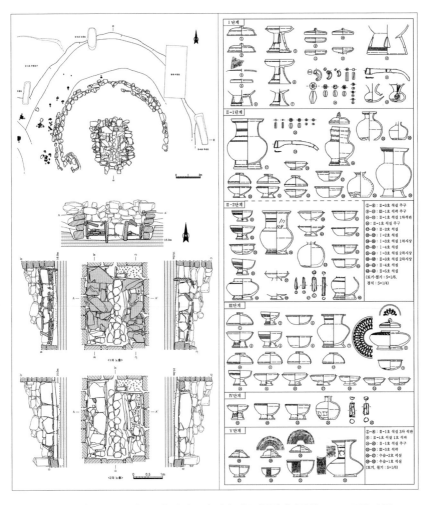

그림 6 사천 향촌동 유적 II-1호 석실묘 및 편년표(우리문화재연구원, 2011, 도면 인용)

---

47) 『東國輿地勝覽』, 卷第三十二 固城.

의 바다. 즉 구라량仇羅梁 전체를 조망하기 매우 편리한 지역인 반면, 성 아래에 위치하는 군호개, 모래개 등의 내만하는 해안지역은 외부로부터 노출되지 않아 군사기지로서의 훌륭한 장점을 가지고 있다. 현재 군호리의 삼천포화력발전소가 위치하는 것도 이런 장점을 충분이 고려한 입지 선택의 결과라 할 수 있다.

그림 7 사등산성

3) 고성 사곡산성沙谷山城

고성군 하이면 사곡리 산20번지 사당산(해발 220m) 정상부에 위치한 테뫼식 타원형 석축성이다.[48] 산정부가 남-북으로 장타원형을 이루는데 중간 부분에 축대를 설치하여 상하단으로 구분된 것은 남해 난포현蘭浦縣 치소인 비자당성과 유사하다. 북쪽 상단부가 높고 그 정상에는 현재 산불 감시초소가 있으며 남쪽 하단부는 지형이 약간 낮은데다가 석축 훼손이 심해 상부에서 하단부 석축 끝을 보기 힘들 정도이다. 석축의 축조수법이나 형태는 외형상 전기한 사등산성과 대동소이할 것이 예상되지만 규모는 약간 크다는 느낌이다. 성내 곳곳에 기와편과 토기편, 청자편이 수습되어 시기적으로 전기한 사등성 폐기와 동시에 이곳에 산성을 축조하여 신라시대에서 고려시대까지 이용한 것으로 생각된다. 다만 조심스러운 점은 이용된 자료가 지표조사 결과이기 때문에 자신있게 말할 수 없는 단점을 가지고 있다. 둘레 약 500m 정도이고 높이는 측정하기 어려웠다. 그러나 동쪽 체성의 경우 발굴조사가 이루어지면 상당한 높이를 가진 석축이 지하에서 확인 가능할 것이 예상된다. 전기한 사등산성과는 2km 정도 동쪽으로 떨어진 지점으로 그 중간에 위치하는 하이면 석지리와 사곡리는 물론 서쪽으로 전기한 사등산성을 비롯한 해안선 일대를 관망하기 편리한 지점이다. 그리고 북쪽에 인접한 석지리일대 야산과 들판에는 삼국시대의 고분군과 제철유적이 위치하여 청동기시대 지석묘에 이어 삼국과 신라시대까지 산성 주위에서 주민들의 왕성한 생산활동의 전개를 예상하게 한다.[49]

---

48) 동아대학교박물관 · 고성군, 『문화유적분포지도-고성군-』, 2004.
49) 동아대학교박물관 · 고성군, 『문화유적분포지도-고성군-』, 2004.

그림 8 사곡산성

4. 추정위치

가. 보라국

서부경남의 과거 삼천포시 동쪽지역에 해당하는 늑도동, 대방동, 선구동, 이금동, 향촌동, 사등동과 궁지동, 그리고 현재 고성군의 서쪽의 하일면과 하이면 지역에는 구석기시대[50]부터 신석기시대,[51] 청동기시대[52] 등 선사시대에 해당하는

---

50) 사천 이금동유적에서 지금부터 1만5천년 내지 3만년 전에 해당하는 몸돌, 격지, 박편 등 후기 구석기 36점이 출토되어 주목하고 있다. 국립진주박물관, 『사천』, 2015.

유적이 광범위하게 분포하고 있다. 따라서 인류의 정착도 비교적 일찍부터 시작된 것으로 파악되고 있다. 그것은 바다 교통을 이용한 편리한 접근성, 풍부한 어로자원과 따뜻한 해양성 기후 등 주변 자연환경이 작용한 결과라고도 볼 수 있다. 특히 농경생활이 본격적으로 시작된 청동기시대에는 사천, 삼천포, 고성 등 경남 서부지역의 좁은 해안평야를 중심으로 농업인구의 밀집현상을 지석묘유적 분포를 통해서 짐작을 가능하게 하고 있다. 또 사천 방지리와 늑도유적, 고성 동외동, 남해 도마리패총[53]을 비롯한 마도, 초도, 석지리 등지의 유적과 수습된 유물들은 청동기시대에 이어 초기철기시대 즉, 삼한시대로 전환되는 과도기와 그 발전기의 상황을 잘 나타내고 있다. 더욱이 삼한시대 초기 낙동강 서남해안(뒷날 소위 소가야지역으로 분류되는 지역)에는 전기한 사천 늑도를 비롯하여 인접한 방지리(史勿國) 그리고 남해 도마리, 고성 동외동(古資彌凍國), 거제 남산(瀆盧國)패총[54] 등이 분포하고 있다. 이들 유적은 대부분 『삼국지』 동이전이나 『삼국사기』, 『삼국유사』에 입전하는 사물국, 고자국, 독로국[55] 등의 소국으로 그 국명이 비정되고

---

51) 늑도동, 구평동, 용현면 선진리 등지 해안선에 근접한 지역에 신석기시대 전기에서 후기에 걸쳐 퇴적된 문화층에서 토기, 어구, 공구 등 각종 유물이 출토되고 있다. 국립진주박물관, 『사천』, 2015.

52) 지표조사에서 주로 확인된 유적은 지석묘이다. 산곡과 좁은 해안평야를 중심으로 넓게 분포하고 있다. 경남문화재연구원·사천시, 『문화유적분포지도-사천시-』, 2003 ; 동아대학교박물관·고성군, 『문화유적분포지도-고성군-』, 2004 ; 경남발전연구원 역사문화센터, 『문화유적분포지도-남해군-』, 2004.

53) 남해군 고현면 도마리에 위치하는 삼한시대 패총유적이다. 학술적인 발굴조사를 거치지 않아 자세하지 않지만 인접한 사천 늑도나 방지리유적과 그 성격이 동일한 것으로 추정된다. 경남발전연구원 역사문화센터, 『문화유적분포지도-남해군-』, 2004.

54) 거제시 거제면 남동리 29번지 주변에 위치하는 삼한시대패총이다. 강산문화재연구원·거제시, 『거제 남산패총유적 시굴조사 약보고서』, 2019 ; 동아대학교박물관, 『거제 거림리유적』, 1997.

55) 동아대학교박물관, 『거제 거림리유적』, 1997.

있다.[56] 그러나 사천 늑도, 남해 도마리패총의 경우는 아직까지 미상으로 남아 있다. 그리고 문헌상에 입전하는 소국 가운데 고사포국古史浦國(固城), 칠포국漆浦國(漆原), 보라국保羅國(羅州)은 뚜렷한 검증 없이 현재 지명을 중심으로 국명을 추정해 놓고 있는 실정이다. 고사포국의 경우 고자국과 중복되고 칠포국은 창원 다호리유적[57]을 지목하는 경우도 있으나 해안선과 동떨어진 지리적인 조건에서 부정적인 견해도 없지 않으며 보라국의 나주 역시 가라와 전쟁하기에는 너무 먼 곳에 위치한다는 단점이 지적되고 있다.[58] 여기서는 보라국을 제외한 다른 소국에 대한 검증은 생략하고 보라국에 대해서만 검토해 보기로 하겠다.

우선, 보라국은 이미 지적한 것처럼『삼국유사』물계자전 기사대로 고자국과 함께 고성영역에 해당한다는 해석이 옳다고 하겠다. 그리고 고자국, 사물국과 함께 포상팔국이라고 하여 당시 해안에 위치한 소국으로 추측할 수 있다. 고고학적으로 사물국은 청동기시대 후기의 사천 덕곡리,[59] 신벽동 지석묘유적[60]에 이어 삼한시대 방지리유적[61]에서 소국을 형성한 것으로 추정되고 고자국은 신

---

56) 고성군지 편찬위원회, 「고성의 역사」, 『고성군지』 1, 2015, p. 283의 위치 비정표에 대한 대표적인 연구자는 이병도선생이다.

57) 이건무 외, 「창원 다호리유적 발굴진전보고(1)」, 『고고학지』 1, 1989.

58) 삼국사의 補註에 실린 나주설은 대부분의 고대사 연구자가 부정적으로 생각하고 있다.

59) 사천시 용현면 덕곡리 일대에 분포한 청동기시대 지석묘 중심 유적이다. 사천시 신청사부지와 토지주택공사가 주관한 택지개발지역에 대부분의 유적이 포함되어 동아대학교 박물관을 비롯한 경남고고학연구소 등이 발굴조사를 실시하여 청동기시대 문화상을 파악할 수 있는 자료를 다수 수집하였다. 동아대학교 박물관, 『사천 용현유적』, 2008 ; 경남고고학연구소, 『사천 덕곡리유적1-2』, 2006 ; 한국문물연구원, 『사천 용현유적』, 2010.

60) 과거 삼천포시 신벽동 494번지에 위치한 기반식 지석묘이다. 경상남도 지정문화재 기념물 제39호로 7기가 지정 보존 중이다. 삼천포시지편찬위원회, 『삼천포시지』, 1994.

61) 사천시 사남면 방지리 556번지에 위치한 삼한시대 유적이다. 조사는 경남개발공사에서 실시한 서부경남 첨단 지방산업단지 조성사업부지 내에 본유적이 포함되어 사전구제발굴을 실시한 것이다. 당시조사에서 무덤 7기, 주거지 21기, 수혈 77기, 패총 4개소, 이중환호, 주혈군, 유물포함층 등이 확인되었다. 삼한시대 원형점토대토기단계에서 삼각형점토대토기

룡리,[62] 두호리,[63] 교사리[64] 등지의 지석묘와 석관묘의 청동기시대 사용집단이 삼한시대 동외동패총[65] 주변을 중심으로 소국을 형성하였다고 판단된다. 모두 해변에 위치하는 것이 특징이다. 이와 같이 삼한시대 남해연안에 위치하는 소국들이 대부분 패총유적을 동반하는 해변에서 시작되었다는 사실을 감안하면 보라국 역시 삼한시대에 해변에서 시작되었다는 예측이 가능해진다. 그리고 문헌자료에 보라국은 가야지역 가운데 서쪽에 위치하는 사물국, 고자국과 함께 동쪽의 가라加羅[66] 또는 아라阿羅[67]를 공격한 전쟁으로 설명하고 있다. 따라서 우선 보라국은 지리적으로 서쪽의 고성과 사천 사이 또는 그 주위에 위치했던 소국이라고 할 수 있으며 고고학적으로는 삼한시대 패총과 같은 생활유적이 분포한 곳이 유력한 후보지라고 하겠다. 이런 조건을 갖춘 장소는 현재까지 고고학적 자료에 의하면 사천 늑도가 가장 대표적이라고 할 수 있다. 물론 같은 서쪽 근거리에 위치하는 남해 도마리유적도 배제될 수 없지만 지리적인 환경에서 늑도가 더 유력해 보인다. 특히 늑도 주변 빠른 유속의 해류와 풍부한 어족자

단계까지 형성된 문화내용은 여기서 주로 논의하고 있는 늑도유적과 그 성격이 매우 유사하다. 필자는 방지리유적에서 사물국이 시작되고 삼국시대에는 성황단 산성쪽으로 치소가 이동된 것으로 추측하고 있다. 경남발전연구원 역사문화센터, 『사천 방지리유적1-3』, 2005-2007.

62) 동서문물연구원, 『고성 신룡리유적』, 2009.
63) 경남고고학연구소, 『고성 두호리유적』, 2000.
64) 경남문화재연구원, 『고성 교사리유적』, 2003.
65) 동아대학교박물관, 『상노대도 부록 : 고성 동외동패총』, 1984.
   국립중앙박물관, 『고성패총 발굴조사보고서』, 1992.
66) 고성군지 편찬위원회, 「고성의 역사」, 『고성군지』1, 2015. p.281의 표5 포상팔국전쟁에 대한 연구자들의 견해에서 대부분 가라를 공격한 것으로 생각하고 있다.
67) 고성군지편찬위원회, 「고성의 역사」, 『고성군지』1, 2015. p.281의 표5 포상팔국전쟁에 대한 연구자의 견해에서 남재우는 농경지 확보와 내륙 진출을 도모하기 위해 아라를 공격한 것이라는 견해이다.

원 등의 지리와 자연환경, 그리고 늑도에서 출토된 중국,[68] 일본[69] 등 국제성을 가진 유물, 인접한 마도, 초도에서 수습된 유물의 성격은 구야국狗倻國,[70] 고자미동국古資彌凍國,[71] 일기국—岐國[72] 등 『삼국지』 동이전에 입전하는 다른 소국도 같은 현상이어서 늑도 역시 소국의 중심지로서 손색이 없다고 하겠다.

한편 문헌상으로 보라국이라는 국명은 자료1에만 나타나고 있다. 시기적으로 삼국시대에 해당하는 기사이기 때문에 삼한시대의 보라국이 삼국시대까지 한곳에 위치하였다고 설명하기는 어렵다.[73] 자료2·3에서는 포상팔국 전쟁관련 기사와 함께 6국의 명칭이 확인되고 있으나 모두 삼국시대에 해당하는 것으로 늑도에 대한 기사는 없다. 그러나 자료4의 고려시대 기사에서 처음 늑도를 구라도仇羅島라 하고 있다. 이어서 조선초기 자료5에서도 구라도가 보인다. 그렇지만 자료6에서는 구량도仇良島로도 표기하고 있다. 량良이 라羅로 발음되는 것을 의미하는 대목이다. 추측컨대 모라도 또는 보라도가 뒷날 구라도로 그 명칭이 바뀐 것으로 생각되는 부분이다. 즉 모라와 동음인 보라의 경우 첫째 글자의 보保와 구仇의 차이이지만 다음 라羅자는 동일하다. 혹시 원문이 초서체 필사본으로 전해지면서 훗날 글자 자체의 유사성으로 오기의 가능성도 배제할 수 없다. 그러나 오히려 늑도가 모라(보라)국의 중심지였으므로 뒷날 성, 촌(현재 우리나라의 마을,

---

68) 낙랑토기, 오수전, 반량전, 삼각형 동촉, 상감 관옥 등이다.

69) 야요이계 토기 등이다.

70) 김해 회현리패총 출토 김해식 옹관은 일본에서 야요시대 전기 후반으로 편년하는 야요이계 토기로 분류하고 있으며 왕망의 신대에 주조된 화천은 중국제품이다.

71) 고성 동외동 패총출토 청동제 광봉동모는 일본 야요이시대 후기로 편년하는 의식구이며 함께 수습된 전한경편은 중국 제품이다.

72) 국립진주박물관, 『국제무역항늑도와 하루노쓰지』, 2016.

73) 남해안지역의 경우 삼한시대 초기의 소국들이 대부분 늑도 단계에서 국제무역을 중심으로 시작된 것으로 파악되지만 삼국시대에도 마찬가지였다고 할 수 없다. 특히 포상팔국 전쟁 당시에는 농업이 주된 산업이었으므로 넓은 경작지 주변으로 그 중심지가 이동되었을 가능성은 충분하다고 생각된다.

일본의 경우 무라)의 의미로 모라라고 명칭되었을 가능성이 더 높다고 하겠다. 고자국古自國을 남산신성비문에서 고생촌古生村이나 고생성古生城으로 명칭하고 있는 것을 참고하면 그 예측을 충분히 가능하게 하고 있다. 그리고 자료4·5와 같이 구라도에 대한 초기 기사가 왜구와의 전쟁 또는 왜구를 방비할 목적으로 사용되었는데 당시 늑도가 왜구의 소굴로 알려지면서 모毛 또는 보保의 글자를 대신해서 구仇(원수)자로 바꾸어 명칭한 것은 아닌지 하는 생각도 든다. 일본서기의 문모라汶慕羅라는 지역도 지금의 늑도로 추정되는데 문汶(더러운)의 글자 뜻은 구와 비슷한 나쁜 의미의 글자를 추가하고 있어 주목된다. 자료9의 보령향은 보라의 재(고개)에 위치하는 향이라는 의미로도 추측된다. 보령향은 뒷날 문화량현의 규모 축소에 따른 개편으로 현에서 향으로 바뀐 것으로 이해된다.[74] 그리고 보라保羅와 동음인 모라毛羅는 조선시대를 거쳐 지금까지도 사용되고 있다.[75]

따라서 보라국은 삼한시대 늑도에서 시작된 것으로 추측되지만 문헌상에 나타나는 포상팔국 전쟁을 전후한 시기 즉, 삼국시대 전기까지 계속해서 늑도에 위치하였다고 자신있게 말할 수 없다. 그것은 고고학적으로 3세기 전반 즉 삼국시대 전기 이후에 해당하는 유적과 유물이 늑도에서는 확인하기 어렵다는 점이다. 이 점을 감안하면 당시 보라국이 늑도에서는 소멸되었거나 다른 곳으로 이동하였을 것이 예상된다. 그리고 문헌상의 3세기 초반이라는 포상팔국 전쟁 기사와는 늑도유적 소멸시기가 상호 근접하여 주목되는 부분이다. 혹시 3세기 초반 포상팔국 전쟁에서 패배한 보라국이 중국, 일본 등 동북아시아지역 국제

---

74) 박종기, 「신라시대 향 부곡의 성격에 관한 시론」, 『한국학론총』 10, 1988.
75) 蚊이 毛의 동의어라는 것은 전기한 문헌에서 검증 가능하고 毛는 保와 동음인 것을 일본 발음에서 짐작 가능하다. 따라서 蚊火良은 毛羅 또는 毛羅의 동의어가 될 수 있고, 毛羅와 保羅는 동음이어서 상호 유관한 것으로 해석할 수 있다. 그러나 보라의 원명이 모라에서 시작된 것은 아닌지 하는 의문도 없지 않다는 것도 지적해 둔다.

무역에서 주도권을 상실하고 인접한 농경지 주변으로 이동하여 농업과 어업에
만 치중하는 생산체제로 전환한 것은 아닌지 하는 생각도 든다. 그것은 3세기
정도 공백기를 둔 다음 시기에 인접한 육지 사등동(모라등)과 향촌동에서 보라
국 흔적이 확인되기 때문이다.[76] 여기에 대한 구체적인 것은 다음 장에서 설명
토록 하겠지만 보라와 구라의 지명문제는 자획 구성으로부터 음운해석, 역사적
배경에 이르기까지 다양한 방면의 검토가 필요하다고 하겠다.

나. 문화량현

남해연안지역의 경우 『삼국사기』 지리지에 나타나는 군현의 치소治所로 추정
되는 곳에는 고고학적으로 대부분 당시의 고분이나 성곽이 위치하고 있다.[77]
거제군의 경우 상군裳郡(뒷날 거제군)에는 둔덕기성[78]과 방하리고분군,[79] 명진현

---

76) 고고학적으로 3세기에서 6세기 사이에는 목관묘나 목곽묘가 유행한 것으로 알려져 있다. 그
러나 늑도나 사등동에서 아직까지 이런 묘제가 발견되지 않고 있다. 목관묘나 목곽묘가 지
표조사로서 봉분이나 내부 유구 확인이 어렵다는 점을 감안하면 향후 양 지역에서 발견될
가능성도 없지 않다는 것에 주목하고 있다.

77) 관련 보고서 및 지표조사 자료는 아래와 같다.
동아세아문화재연구원, 『거제 폐왕성 집수지』, 2009 ; 동아세아문화재연구원, 「거제 방하리
고분군 발굴조사 자문회의 자료」, 2019 ; 동아세아문화재연구원, 『문화유적분포지도-거제
시-』, 2005 ; 경상문화재연구원 · 거제시, 『거제 옥산성지』, 2019 ; 동아대학교박물관, 『거제
시 성지조사보고서』, 1995 ; 동아대학교박물관, 『거제 아주동유적』, 1998 ; 동아대학교박물
관 · 고성군, 『문화유적분포지도-고성군-』, 2004 ; 동아대학교박물관, 『고성 송학동고분군』,
2005 ; 동아대학교박물관, 『진주—통영간고속도로예정구간 문화유적정밀지표조사보고』,
1997 ; 국립창원문화재연구소 · 경남대학교박물관, 『소가야문화권 유적정밀지표조사보고
서』, 1994 ; 경남고고학연구소, 『고성 거류산성 시굴조사보고서』, 2006 ; 경남대학교박물관,
『固城 연당리고분군』, 1994 ; 심봉근, 「사천 성황당산성」, 『한국남해연안성지의 고고학적 연
구』, 1995 ; 동아대학교박물관, 『사천 예수리고분군 발굴조사보고서』, 1978.

78) 여러 차례에 걸친 시 · 발굴조사에서 신라시대 상군 또는 거제군의 치소로 축조된 석축성으
로 파악되었다.

溟珍縣에는 수정봉성玉山金城[80]과 서상리 유물산포지, 송변현松邊縣에 다대산성,[81] 아주현鵝洲縣에는 아주동고분과 당산성등이 각각 분포하고 있다. 고성군도 거류산성과 송학동고분군, 상선현尙善縣에 연화리 당뫼산성과 신분리고분군,[82] 연당리고분군,[83] 사물현史勿縣의 성황당산성과 예수리고분군 등 당시의 유적이 분포하고 있다. 그리고 인접한 남해군도 마찬가지 현상이다.[84] 이렇게 문화량현에도 치소에 고분군이나 성곽과 같은 유적이 분포하는 것이 마땅한 일이다. 그런데 김정호가 비정한 고성군 상리면 오산리에는 아직 해당 유적이 발견된 사례가 없다. 따라서 고성군 내에서 삼국 또는 신라시대에 축조된 성곽이나 고분군이 분포하고 있는 지역이 문화량현의 유력한 후보지가 될 수 있다고 하겠다.

한편 문헌상으로는 『삼국사기』 기사인 자료11에서 문화량현의 위치를 모른다고 하였으나 김정호는 앞서 언급한 것처럼 〈그림1〉에서 상리면 오산에 문화량蚊火良과 문화文和를 동시에 표시하고 있다. 그런데 자료12와 자료13에서 모화군毛火郡을 문벌군蚊伐郡, 모벌군毛伐郡과 동의운으로 기록하고 있다. 이 경우 문화량현도 모화량, 모화라 또는 문벌라, 모벌라 등의 동음이나 동의어가 될 수 있고, 경주 모화천을 생략해서 문천으로 약칭한 것과 같이 모화라를 모라로 약칭

---

79) 2019년 발굴조사에서 통일신라시대 축조된 석실분이 다수 분포하고 있는 것으로 밝혀졌다.
80) 2019년 발굴조사에서 신라시대 명진현의 치소로 축조된 것으로 파악되고 있다.
81) 남부면 다대리산 88번지 일대에 분포하는 석축성으로 가라산 남쪽 기슭의 독립구릉 정상부에 테뫼식으로 축조되어있다. 내부에서 수습되는 유물과 바른층쌓기 석축수법은 신라시대 남수 또는 송변현 치소로 이용된 것으로 추정된다.
82) 연화리 당뫼성은 연화리 269번지 야산에 테뫼식 형태로 축조된 석축성이다. 내부에서 수습되는 유물과 바른층쌓기 축조수법은 신라시대 축성 특징을 가지고 있다. 인접한 신분리 103·109번지 일대에는 고분군이 분포하고 있어서 상호 관련성이 예측된다.
83) 영오면 연당리와 동호리 일대에는 대소고분군이 밀집분포하고 있다. 연당리고분의 경우 그 축조수법이나 출토유물이 고성 송학동고분과 유사하여 주목하고 있다.
84) 심봉근·전순신, 「고고학적으로 본 경남남해 군현의 치소」, 『문물연구』35, 2019.

할 수도 도 있다고 하겠다.

그리고 자료14의 『일본서기』 기사에 문모라 섬이 보인다. 문모라 또는 모라라는 지명이다. 기사대로라면 서쪽 백제지역으로 피신하지 않고 동쪽 일본으로 가는 첩경의 한려수로를 이용한 것으로 생각된다. 한려수로에 위치하는 문모라 섬이 가장 안전한 도피처라고 생각한 것이다. 『일본서기』 기년명을 참고하면 515년 즉 6세기 전반의 일이다. 우리나라의 삼국 또는 가야시기에 해당하고 지역적으로는 소가야영역에 속한다고 하겠다. 문모라가 일본 발음으로는 문보라 또는 분보라로 음독되는 것을 감안하면 보라국은 모라국으로도 명칭되었을 가능성이 있고 반대로 모라국을 보라국으로 표기하였을 가능성도 없지 않다는 생각이 든다. 앞서 설명한 것처럼 고고학적 자료에 의하면 삼국시대 보라국은 포상팔국 전쟁이후 한동안 공백기를 가진 다음의 6세기 전반에 인접 육지의 모라등(사천 사등산성)에서 그 흔적이 확인되고 있다. 6세기 전반은 일본인의 문모라 피신 시기와 동일하며 보라국은 모라등(사등산성)에 치소가 있을 때라 생각된다. 따라서 문모라는 모라라는 지명과 유관하고 모라등 주변의 모라골과 보라국 또는 모라국의 시작지인 늑도 중에서 어느 한곳이라고 하겠다 그 가운데 무라골에는 6세기 전반으로 편년되는 소가야계와 왜계 석실분이 함께 발견되고 7세기 후반까지 계속되는 신라 석실분과 6세기 전반에 해당하는 주거지와 산성이 위치하여 고분, 주거지, 산성이 동시에 공존했던 것을 알 수 있다. 또 여기에서 발견된 왜계 석실분은 거제, 고성 등 소위 소가야 문화권역에서 주로 나타나는 현상으로 당시 소가야와 일본 사이의 깊은 관계를 말해 주고 있다. 정치적 또는 지리적 현상인지 자세하지 않지만 6세기 전반 소가야지역과 일본 사이의 관계를 설명해 주는 자료는 분명해 보인다. 일본군이 백제 원군 임무를 띠고 도래하였다가 갑자기 당한 사건이라면 당연히 인접한 백제지역으로 도망가야 마땅하지만 원거리 문모라를 피신처로 택한 것은 보다 우호적인 응원집단이나 세력이 문모라 주변에 상주하거나 거처하고 있었기 때문이라고 생각된다. 그러므로 왜계 석실고분이 위치하는 모라골은 문모라와 관계가 깊은 곳으로 해석할 수도 있지만 섬이 아니라는 것이 단점으로 지적된다.[85] 그러나 늑도의 경우 삼한시대 보라국의 시작지이고 섬 내부의 유적에서 야요이토기 등 일본계 유물이 다수 출토되어 일찍부터 일본과의 교류가 빈번하던 곳으로 알려져 오고 있으며 고려말기~조선초기에는 왜구의 소굴로 알려질 정도로 일본과는 관계 깊은 곳이기도 하다. 뿐만 아니라 지리적으로 한려수로의 중간지점으로 왜계고분이 확인된 사등산성 입구에 위치하여 소가야의 보호가 용이한 장점을 가진 섬이라는데서 가장 유력한 후보지라 할 수 있다. 따라서 문모라는 보라국 또는 모라국이라는 명칭이 모라도나 모라골 등 모라라는 지명에서 연유되었음을 확인시켜 주는 자료가 된다고 하겠다.

그러나 가야멸망(562) 이전까지는 사등동과 향촌동의 모라골 집단은 보라국 또는 모라국으로 명칭되었을 것이 예상되지만 신라의 가야병합과 삼국통일 이후 보라국은 문화량현으로 개편되고 치소도 모라실(고성 사곡리) 사곡산성으로 다시 이동되었다고 생각된다. 통일 이후 당나라와 일본을 경계하고 주변 농경지의 효율적 관리를 위한 것으로 해석된다. 가야멸망 이전까지 이용된 사등산성 내부에 신라고분군 조영은 사곡산성 축조로 폐기되었음을 시사하는 부분이라고 하겠다. 사곡산성의 규모나 형태 등 그 특징은 전기한 사등산성과 대차를 보이지 않으나 내부에서 수집된 토기편, 기와편, 청자편 등의 유물은 향촌동고분에서 신라로 편년되는 유물부터 고려시대까지 이어지는 각종의 것이 포함되어 있다. 이렇게 사곡산성의 시작은 가야지역 통합과 신라의 삼국통일 이후 문화

---

85) 우리문화재연구원, 『사천 향촌동유적』, 2011.

량현 개편과 때를 같이하는 것으로 생각된다. 그리고 문화량이라는 명칭은 모라 또는 모화라에서 연유되었다고 할 수 있으며 자료15와 같이 지금까지 모라곡이라는 지명으로 남게 된 것이다. 또한 『삼국사기』에서 문화량현이 미상지역으로 분류한 것은 문화량현이 장기간 존속하지 못하고 비교적 이른 시기에 보령향으로 강등되어 『삼국사기』 편찬 당시에는 실상의 파악이 어려웠던 것이 원인으로 생각된다. 마지막으로 문화량현과 문화를 상리면 오산 표시는 모두 잘못된 기록이며 문화의 경우 자료14에 진주 남쪽 60리에 위치하는 문화역을 의미하는 것으로 현재 삼천포항(지금도 죽림동에 문화마을이 있음)[86] 근처임을 알 수 있기 때문이다.[87]

그림 9 치소 이동경로 추정도(카카오맵 편집)

---

86) 삼천포시지편찬위원회, 『삼천포시지』, 1994.
87) 그 밖에도 팔포, 벌리, 문선 등 포상팔국이나 문벌라와 관련된 것으로 추정되는 지명이 곳곳에 남아 있다.

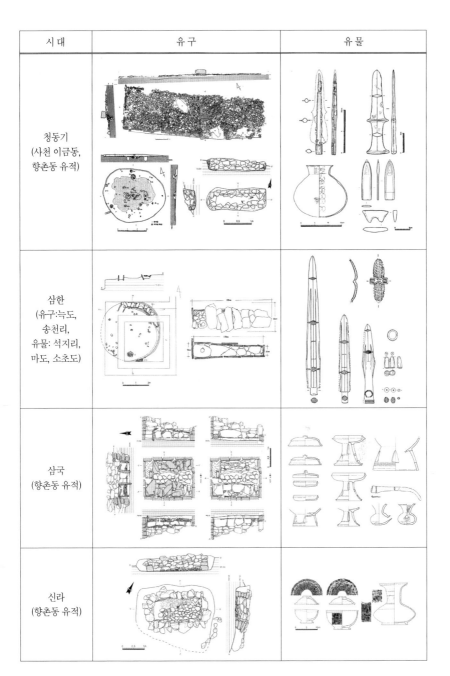

시 대	유 구	유 물
청동기 (사천 이금동, 향촌동 유적)		
삼한 (유구:늑도, 송천리, 유물: 석지리, 마도, 소초도)		
삼국 (향촌동 유적)		
신라 (향촌동 유적)		

그림 10 편년표

5. 끝맺는 말

보라국은 『삼국유사』 물계자전의 포상팔국 기사에서 고자국, 사물국과 함께 전쟁에 참가하여 패배하였다고 한다. 그런데 『삼국유사』 보라의 위치에 대한 지명 주석에서 보라국을 나주羅州로 비정하였고 현재까지도 그대로 알려져 왔다. 또 문화량현蚊火良縣은 『삼국사기』 지리지에 고성군의 영현領縣으로 미상이라 하였으나 조선후기 김정호는 『대동지지』와 지도에서 고성군 상리면 오산奧山에 문화文和와 함께 표시하여 큰 반론없이 통설처럼 되어 왔다. 그러나 필자는 기존 두 곳의 위치 비정이 잘못 되었다는 것을 파악하고 관계문헌과 고고학 자료를 분석하여 새로운 의견을 제시하게 되었다.

먼저 보라국은 삼한시대 사천 늑도에서 시작된다. 늑도의 배경에는 청동기시대 과거 삼천포시역과 오늘날 고성군의 하일·하이면에 집중해서 분포하는 지석묘 사용집단이 있었다고 하겠다. 보라국이라는 명칭은 고려사에 나타나는 구라도를 참고하면 모라도나 보라도에서 연유되었을 것이 예상된다. 3세기 후반경에 편찬된 『삼국지』에 보이는 변진구야국이나 변진고자미동국을 『삼국사기』나 『삼국유사』에서는 가락국, 가라, 고자국 등으로 명칭한 것을 고려하면 보라국도 삼한시대에는 동음의 모라국이었을 가능성이 있다. 즉, 보라국은 원래 모라도라는 어원에서 비롯되어 뒷날 모라국으로, 모라국은 다시 동음의 보라국으로 기록되었다는 생각이다. 그리고 삼한시대 보라국은 중국, 일본 등 동북아시아지역 대소국가를 상대하는 국제무역국으로서 기원 전후 1세기를 중심으로 전성기를 맞이하였다는 것은 고고학적 자료를 통해서 이미 검증된 사실이다. 그러나 그렇게 번성하던 보라국이 2세기 말엽에서 3세기 초반경에 갑자기 늑도에서 자취를 감춘 것으로 파악된다. 3세기 이후에 해당하는 유적이 늑도에서 확인되지 않고 있다는 것이다. 그런데 주목되는 것은 3세기 전반은 문헌자료에 나타나는 포상팔국의 전쟁시기이다. 이와 때를 같이 하여 행방이 묘연하게 된 셈이다. 혹시 가라와의 전쟁에서 패배한 보라국은 국제교역권을 상실하고 농경지 부근으로 이동한 것이 아닌가 싶기도 하다. 보다 후대의 일이지만 인접한 사등동(毛羅嶝)과 향촌동에서 6세기 전반으로 편년되는 주거지와 고분 그리고 산성 등 관계유적이 확인되어 주목하고 있다. 현재로서는 3세기 정도 공백기가 인정되는 것은 사실이지만 전기한 유적들이 모라등 또는 모라골에 위치한다는 점이다. 『삼국유사』에는 분명히 보라국으로 등재하고 있으나 이동된 곳은 과거부터 지금까지 동음운의 모라라는 지명을 계속해서 사용하고 있다는 점이며 일본서기의 문모라와도 상통하여 보라국의 이동으로 파악해도 무리하지 않다고 하겠다.

다음 문화량현이다. 신라는 가야지역 병합과 삼국통일 전쟁을 완성한 이후 지방군현을 개편한다. 소가야지역에 위치했던 보라국은 문화량현으로 편제되고 치소가 고성 사곡리(모라실)로 다시 이동한다. 문화량현이라는 명칭은 전대의 모라와 보라에서 차용한 것으로 생각되며 이동된 곳도 역시 모라실이다. 따라서 보라국은 삼한시대 늑도에서 시작하고 삼국시대에는 사천 사등동(사등산성)에 위치하였다가 신라시대에 문화량현으로 개편되어 고성 사곡리(사곡산성)에 치소를 두게 되었다고 하겠다. 그리고 보라와 모라라는 지명은 삼한이나 삼국시대부터 신라시대까지 함께 사용되고 고려시대에는 보령과 모라, 조선시대에는 모라로 통일해서 사용한 것으로 생각된다. 결국 문화량은 모라의 동의운同意韻을 차용해서 경덕왕 이후 신라시대 한때 사용한 것으로 추측되며 치소는 고성군 하이면 사곡리이다.

「보라국과 문화량현 위치 시고」, 『문물연구』 제39호, 2021.

고성송학동1호고분固城松鶴洞一號古墳

1. 머리말

    고성 송학동고분군은 『삼국지』 동이전의 변진 24국중 변진고자미동국弁辰古資彌凍國[1]과 『삼국사기』 및 『삼국유사』에 보이는 포상팔국浦上八國의 고사포古史浦,[2] 고자국古自國,[3] 소가야小加耶,[4] 『일본서기』의 구차久嵯,[5] 고차古嵯[6]로 나타나는 집단들의 분묘로 알려져 왔다. 그리고 그 가운데 제1호분은 주지하다시피 외형이 마치 일본 고분시대 수장首長급 무덤으로 알려진 전방후원분前方後圓墳과 매우

---

1) 『三國志』, 魏書, 東夷傳, 韓條에 "有已柢國不斯國弁辰彌離彌凍國弁辰接塗國勤耆國難彌離彌凍國弁辰古資彌凍國弁辰古淳是國冉奚國弁辰半路國弁辰樂奴國軍彌國弁辰彌烏邪馬國如湛國弁辰甘路國戶路國州鮮國馬延國弁辰狗邪國弁辰走漕馬國弁辰安邪國弁辰瀆盧國斯盧國優中國弁辰韓合二十四國"이라고 기록하고 있다.

2) 『三國史記』 권48, 열전8, 勿稽子傳에 "解勿子奈解尼師今時人也⋯⋯時浦上八國同謀伐阿羅國阿羅使來請救尼師今使王孫㮈音率近郡及六部軍往救遂敗八國兵⋯⋯ 後三年骨浦柒浦古史浦三國人來攻竭火城王率兵出救大敗三國之師"라하고 있다.

3) 『三國遺事』 권5, 勿稽子傳에 "第十奈解王卽位十七年壬辰保羅國古自國(今固城) 史勿國(今泗州) 等八國倂力來侵邊境王命太子㮈音將軍一伐等率兵拒之八國皆降"이라고 있다.
    백승옥, 『가야 각국사연구』, 도서출판 혜안, 2003.

4) 『三國遺事』 권1, 기이1, 五伽耶.

5) 『日本書紀』 권19, 欽明15년 11월조에 "日本吉備臣安羅下旱岐大不孫久取柔利加羅上首位古殿奚卒麻君斯二岐君散半奚君兒多羅二首位訖乾智子他旱岐久嵯旱岐仍赴百濟"라고 기록하고 있다.

6) 『日本書紀』 권9, 欽明23년 봄 정월조에 "新羅打滅任那官家〔一本云二十一年〕任那滅焉總言任那別言加羅國安羅國散二岐國多羅國卒麻國古嵯國子他國散半下國乞飡國稔禮國合十國"이라고 기록하고 있다.

고성송학동1호고분　105

유사하다는 견해가 일부 연구자에 의해 제기되어 한·일 고고학 관계자들의 비상한 관심의 대상이 되었다. 그런데 마침 지난 1999년 송학동고분군이 소재한 경상남도 고성군에서는 문화재청의 지원을 받아 고분군에 대한 대대적인 복원 정비계획을 수립하고 구체적인 자료수집 차원에서 제1호분을 포함한 주변 고분들에 대한 시굴조사를 실시키로 하였다. 당시 시굴조사는 과거 고성군 전역에 대한 지표조사 경험을 가진 동아대학교박물관 조사단이 담당하게 되었다.7 조사과정에서 국립문화재연구소 보존과학실과 일본나라현카시하라문화재연구소 日本奈良縣立橿原考古學研究所 전방후원분 연구자 등의 지원과 자문을 받는 등 조사에 최선을 다하였다.

한편 시굴조사과정에서 그 동안 전방후원분 여부를 두고 논란의 대상이 되어왔던 제1호분은 전방후원분이 아니고 3기의 대형원분이 중복하여 배치된 것이 확인되었다. 그러나 제1호분에 대한 고조된 주위 관심 때문에 시굴조사 결과로서 납득시키기 매우 어렵다는 지도위원들의 의견을 수용하여 다시 발굴조사로 전환해서 고분의 구조와 형태, 동반유물 등 그 특징을 파악하는 작업을 계속해서 실시키로 하였다. 발굴조사는 시굴조사 후 3차에 걸쳐 실시되었고 그 결과는 역시 전방후원분이 아닌 것이 판명되었다.

따라서 당시 조사에서 얻은 성과는 전방후원분에 대한 의문 해소는 물론 고성읍을 중심으로 주변 일대에 넓게 분포하고 있는 대형 고분군에 대한 성격규명과 함께 고성지역의 역사적 정체성을 파악하는 중요한 계기가 되었다.

---

7) 동아대학교박물관, 『가야문화권 유적정밀조사보고』, 1984.

2. 유적현황

『삼국사기』권 34, 지리지 1, 고성군조에는 "固城郡本古自郡景德王改名今因之
領縣三蚊火良縣今未詳泗水縣本史勿縣景德王改名今泗州尙善縣本一善縣景德王
改名今永善縣"이라고 하여 삼국시대의 고성군 연혁과 영역을 간략히 설명하고
있다. 그리고 조선시대의『동국여지승람』권 32, 고성현, 건치연혁조에도 "本加
耶國新羅取地置古自郡景德王改今名高麗成宗時爲固州刺史後降爲縣顯宗屬巨濟後
置縣令元宗陛…爲州忠烈王時倂于南海尋復舊恭愍王朝降爲縣令今本朝因之"라 하
여 삼국시대부터 조선시대에 걸친 고성군을 소개하고 있다. 즉 고성군은 삼국
시대에 고자국이었으나 신라가 이곳을 점령한(562년경) 다음 고자군을 두었다
가 경덕왕이 지금의 지명인 고성으로 개명한 것으로 되어 있다. 그러나 고자국
이 고자군으로 바꾸어진 구체적인 시기에 대해서는 자세하지 않다. 일각에서는
『삼국사기』지리지의 신라 경덕왕 16년(757) 고자군을 고성군으로 개명하였다는
기록을 참고하여 그 직전대인 효성왕 1년(737)에 고자국에서 고자군으로 개명
된 것으로 추정하고 있다. 그렇지만 주목해 볼만한 사실은 신라 진평왕 13년
(591)에 세운 경주 남산신성비 4비에 뒷날 고성군과 영선현尙善縣에 해당하는 지
명이라고 생각되는 고생촌古生村과 고생성古生城, 일선一善이라는 명칭이 나타나
고, 신문왕 5년(685)에 완산주, 청주 등 9주를 처음 설치하면서[8] 신라의 지방행
정제도를 촌村이나 성城에서 군·현으로 개편한 것으로 추정하고 있다.[9] 따라서
이것을 참조하면 신문왕 5년 신라 군·현 개편으로 고생촌에서 고자군으로 개

---

8) 『三國史記』권8, 神文王조에 "五年春復置完山州以龍元爲摠管. 挺居列州以置菁州始備九州以
   大阿湌福世爲摠管. 三月置西原小京以阿湌元泰爲仕臣. 置南原小京徙諸州郡民戸分居之."
9) 이수훈, 「신라 중고기 촌락지배연구」, 부산대 박사학위논문, 1995.

편된 것이라고 볼 수도 있을 것이다. 다시 말하면 고자국(가야)은 대가야의 멸망과 함께 신라의 고생촌으로 개편되었다가 신문왕 때에 고생촌에서 다시 고자군으로 확대개편 되었으며 경덕왕때에 지금의 명칭인 고성군으로 개명된 것으로 정리할 수 있다. 그리고 고려시대에는 고주固州 또는 철성鐵城이라는 별칭別稱을 사용하기도 하였으나 조선시대에서 오늘에 이르기까지는 거제·남해 등 일시 영역을 달리하였지만 고성이라는 지명은 계속 사용한 것으로 판단된다. 그러므로 고성이라는 명칭은 삼한시대 고자미동국에서 삼국시대 고자국(소가야)으로, 신라시대에는 고생촌에서 고자군으로, 다시 고자군에서 고성군으로 개명되고, 고려시대에는 한때 고주·철성으로 별칭되기도 하였으나 다시 고성으로 환원해서 오늘날까지 계속 사용된 것으로 요약될 수 있다.

한편 송학동고분군이 위치한 고성읍의 지리적 특성은 동쪽의 당항만堂項灣과 서남쪽 고성만이 내륙 깊숙이 만입灣入해 와서 서로 만나는 마치 제방堤防과 같은 소구릉의 반도지형을 이루고, 그 사이의 동쪽에는 거류산巨流山이 남해안을 막고 북서쪽에는 천왕산天旺山과 무량산無量山이 병풍처럼 둘러져 있다. 그리고 그 중앙에는 양쪽 해안에 연접한 넓은 고성평야가 자리하고 있는데 고성평야 역시 고성읍 내에 있는 동외동패총 등 주변유적의 분포상태를 감안하면 삼국시대까지는 대부분 바다에 해당하는 지역이었으나 뒷날 해수면의 후퇴로 육지로 변한 것이라고 추정된다. 따라서 당시 송학동고분군이 위치한 지금의 고성읍지역은 육로보다는 남해안을 이용한 해로가 전국 어느 지역보다도 발달된 곳이었다는 것을 짐작할 수 있다. 또한 삼국시대 가야의 중심지가 김해·함안·창녕·고령·성산·상주 등 모두 낙동강 연접지역에 분포하는 것과는 대조적으로 고성은 낙동강에서 멀리 떨어진 서남쪽 해안변에 위치하고 있는 것도 이색적인 특징이다. 이것을 뒷받침해주는 것이 동쪽 해안변의 동해면·거류면·회화면을 비롯해서 영현면·대가면과 서쪽 해안변의 고성읍·하일면·하이면 등지에 청동기시대의 유적들이 집중 분포하고, 고성읍 내에 동외동패총과 고분이 함께 분포하고 있다는 사실이다. 그리고 삼국시대에 해당하는 고성군 내의 고분군은 고성읍 내의 송학동·기월리·율대리고분군 외에도 동해면 내산리고분군, 영오면 연당리고분군과 같은 대형고분군이 동쪽과 서쪽으로 각각 분포권을 달리하면서 위치하고, 거류면 거산리·용산리·은월리와 하일면 학림리·오방리 및 마암면 화산리·석마리및 영현면 신분리 등지에는 소형고분군이 곳곳에 분포하고 있어서 당시 고성군 전역에 걸쳐서 고분군이 형성되어 있었던 것으로 파악되지만 중심지는 역시 대형분이 밀집해서 분포하는 고성읍 지역으로 판단된다.[10] 그러나 동해면 내산리와 영오면 연당리의 경우는 송학동고분군을 형성한 집단보다는 한단계 정도 낮은 차급의 별개집단 중심지로 추정되며 삼국사기에 보이는 군과 현의 행정단위와도 관련되고 있는 듯하다. 이들 대형고분이 위치한 율대리고분군[11]과 연당리고분군,[12] 내산리고분군[13]은 최근 부분적인 학술조사가 이루어지면서 어느 정도 그 성격파악이 가능하게 되었지만 송학동고분군의 경우는 일제시대 일부조사가 이루어진 뒤[14] 당시 조사가 처음있는 일이었으므로 학계에서 거는 기대 또한 매우 큰 것이었다.

우리들이 조사를 시작할 당시의 송학동고분군은 구릉정상부(해발 30m 정도)

---

10) 동아대학교박물관 · 고성군, 『문화유적분포지도-고성군-』, 2004.
11) 권상열, 「고성 율대리고분 발굴조사」, 『한국고고학보』 23, 1989.
　　 국립진주박물관 · 고성군, 『고성 율대리2호분』, 1990.
12) 경남대학교박물관, 『고성 연당리고분군』, 1994.
13) 신창수, 「고성 내산리 고분군 발굴조사와 성과」, 『고성 송학동고분군』, 2001.
　　 국립창원문화재연구소, 『고성 내산리고분군』, 2002.
14) 국립중앙박물관에 보관중인 유리원판필름 자료에 의하면 1916년 1A-1호분을 중심으로 조사된 것으로 추정된다.

에 위치한 제1호분(정상부 해발 35m)을 중심으로 사방 주위에는 민가와 경작지가 주로 자리하고 있었으나 제1호분에 인접한 동쪽과 서쪽 경사면 경작지 중앙에는 분구가 일부 유실된 대소형 고분들이 군집해서 잔존하고 있었는데 대부분 도굴이나 경작지 개간으로 파괴되고 원상을 유지하고 있는 것은 전무한 실정이었다. 그 가운데 비교적 양호한 상태로 잔존하고 있던 것이 제1호분이었다. 이 고분 역시 일제시대에 부분적으로 학술조사가 이루어졌으나 조사 후 곧장 도굴이 행해지면서 분구가 유실되고 내부 석실이 함몰되어 개석이 지상에 노출되는 등 날로 훼손이 극심해졌다. 그 결과 최근에는 전방후원분으로 오인 받을 정도로 외형이 크게 손상을 입는 변형을 가져오게 된 것이다. 그리고 제1호분 서쪽(해발 21~25m사이)에 동-서로 서로 근접해서 위치한 제2·3호분은 도굴흔적을 남긴 분구 정상부와 그 아래 가장자리부분이 경작지로 개간되면서 분구는 방대상方臺狀으로 변형되고, 동쪽(해발 20m)에 위치한 제4·5호분도 마찬가지 현상으로 도굴과 경작이 계속되어 분구 정상부와 주변이 삭평되고 유실되는 등 원상파악이 어려울 정도로 변해 있었다. 또 여기에 연접해서 위치한 제6호분(해발 18m)도 역시 분구 정상부는 계단상으로 개간해서 경작지로 이용하고, 남쪽으로 민가가 들어서면서 분구를 절단시켜 단애를 이루었다. 그밖에도 동쪽 민가 사이에는 제7·8·9·10호분이 등간격을 이루며 동-서 일렬로 각각 분포하고 있으나 역시 도굴과 주위에 도시가 형성되면서 대부분 훼손되었고 겨우 고분이라는 흔적만 남길 정도로 잔존상태가 매우 불량하다.

3. 조사개요

앞에서 언급하였듯이 당시 조사는 송학동고분군에 대한 복원정비사업을 위한 자료수집을 목적으로 구릉 정상에 위치한 제1호분과 그 주변지역에 분포하고 있는 대소형 고분들에 대한 시굴조사계획을 수립하고 이를 실시한 것이다. 그러나 시굴조사 지도위원회의에서 조사내용을 분석한 결과 제1호분에 한정해서 정밀발굴조사의 필요성이 제기되어 3차에 걸쳐 다시 발굴조사를 실시하게 되었다.

시굴조사는 1999년 11월 15일부터 이듬해인 2000년 3월 9일까지 약 3개월간에 걸쳐 실시되었는데 주로 구릉 정상부의 제1호분을 중심으로 동쪽과 서쪽에 각각 위치한 제2·3·4·5·6호분을 대상으로 분구의 축조수법, 도굴 및 훼손상태, 규모와 범위, 인접고분과의 중복관계 등을 파악하였다. 조사과정에서 각 고분의 분구는 물론 주변 공지空地에 대해서도 곳곳에 트렌치를 설치하여 유구 잔존여부와 고분 축조당시의 자연지형(舊 地表)을 파악하는데 노력하였다. 그런데 이곳 고분들이 공통적으로 2기씩 상·하 또는 좌·우로 나란히 짝을 지은 듯한 형태로 배치되어 있었고, 분구墳丘는 생토층 위에 다른 곳에서 운반해 온 점토와 산토를 이용하여 조산盛土한 다음 그 속을 다시 파서 석곽이나 석실을 배치하였다. 또 분구 가장자리에는 단절형의 잠형주구蠶形周溝와 주구 내부에 적갈색 연질토기를 일정 간격으로 배치하고 있었다. 특히 제1호분은 3기 이상의 원분이 남쪽에서부터 북쪽으로 중복하여 배치되어 있다는 것이 주목되었고 도굴되어 훼손은 되었지만 분구 내부의 유구들은 비교적 원래 위치를 크게 이탈하지 않고 잔존하여 그 성격파악에는 지장이 없었다. 이와 같은 사실은 2000년 2월 23일에 실시한 발굴조사단 지도위원회에서 소상히 설명되었다. 당시 지도위원들은 제1호분 주변에 위치한 제2·3·4·5·6호 고분에 대해서는 조사결과를 자료로 삼아 계획대로 복원정비작업을 진행시킬 것을 자문하였으나 제1호분에 대해서는 이번 기회에 정밀발굴조사를 실시하여 고분의 중복상태 및 선후관계를 분명히 파악하여 일부 연구자들이 제기하고 있는 전방후원분 문제를 명확히 해 둘 필요성이 있다는 의견을 제시하였다. 이에 조사단은 고성군 그리고 문화재청 당국과 먼저 협의하고, 지도위원들의 의견대로 1차 발굴조사를 실시하게 되었다. 1차 조사는 2000년 7월 10일부터 동년 10월 3일까지 3개월간에 걸쳐 제1호분에 한정해서 실시하였다. 조사과정에서 소위 후원부後圓部로 알려진 1A부분에서는 11기의 수혈식석곽유구가, 전방부前方部로 알려진 1B부분에서는 석실 내부를 붉게 채색彩色된 횡혈식석실橫穴式石室 유구가 2기의 수혈식석곽과 함께 확인되었다. 아울러 1A와 1B유구 중간부분에서는 다시 대형석실 1C호분의 유구도 각각 확인하였다.

특히 예상치도 않았던 채색석실인 1B유구의 발견으로 2000년 8월 28일 긴급 지도위원회를 개최하여 현장을 상세히 설명하였다. 당시 지도위원들은 1C유구 확인작업과 1A, 1B, 1C유구의 상호 중복 및 그 선후관계를 분명히 하는 2차 발굴조사를 실시할 것을 건의하고, 이를 관계당국과 협의하여 조사를 실시하였다. 2차 조사는 2001년 6월 7일부터 동년 10월 5일까지 4개월간에 걸쳐 실시되었는데 당시 조사에서는 1C유구가 대형의 횡혈식석실이면서 3기 중 가장 마지막 단계에 축조되었고 축조과정에서 1A와 1B유구의 분구를 일부 파손시키면서 축조되었다는 것도 확인할 수 있었다. 그리고 3기의 고분은 그 축조시기가 1A-1B-1C 유구 순서를 가지면서 각각 다른 원형분구를 구릉 위에 중복해서 배치하고 있다는 사실 등을 밝혀내고, 2001년 9월 26일 지도위원들과 다시 현장설명회를 개최하여 이를 자세히 밝혔다.

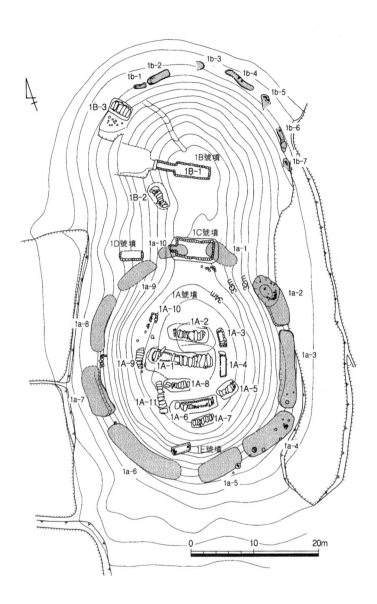

1b-3
1b-2
1b-1
1b-4
1b-5
1B-3
1b-6
1b-7
1B號墳
1B-1
1B-2
1C號墳
1D號墳
1a-10
1a-1
1a-9
1a-2
1A號墳
1A-10
34m
36m
1a-8
1A-2
1A-3
38m
1A-9
1A-1
1A-4
1A-8
1A-5
1a-3
1A-11
1a-7
1A-6
1A-7
1E號墳
1a-4
1a-6
1a-5

0   10   20m

그림 1 제1호분 유구배치도

당시 설명회에서 지도위원들은 C유구 상면床面에 나타나는 함몰흔적과 1A유구 성토층 하부에 나타나는 1E유구에 대한 추가조사를 실시하여 대형고분 축조 이전단계의 분묘성격을 파악할 것과 구릉상에 위치한 고분유구의 전반적인 분포상태와 범위, 규모 등을 밝히는 마무리작업으로서 3차 조사를 실시할 것이 논의되어, 다시 2002년 3월 20일부터 동년 6월 20일까지 3개월간 3차조사를 실시하였다. 당시 조사결과 1C유구 상면에 나타난 함몰흔적은 1A유구 분구 가장자리에 설치된 잠형주구 내부에 1B호분 분구의 가장자리부분 성토가 채워진 것으로 파악되었으며, 1C유구 서쪽 묘도부분에 보다 선행해서 축조된 수혈식석곽 1D유구가 일부 잔존하고 있는 것이 확인되었다. 그리고 1A유구 성토층 하부에 위치한 1E유구는 1A대형분이 축조되기 이전에 이미 축조되었던 목곽이었으며, 1A호분은 그 목곽분 위를 성토하고 축조된 것이었다. 따라서 이곳 구릉 위에서는 가장 선행해서 축조된 고분임을 짐작할 수 있었다. 그밖에도 1A호분 분구 가장자리 잠형주구에서 통일신라시대에 매납된 것으로 추정되는 골호骨壺와 와관瓦棺 등의 소형 유구들이 일부 남아있었다. 그리고 1B호분 봉토층에서도 소형 수혈식석곽 2기가 추가해서 배치되어 있었다. 그밖에 송학동 제1호분 주변에서 수형 석곽유구들이 일부 확인되었지만 조사과정에서는 제11호분으로 명명된 유구와 같이 보존이 어려운 것을 제외한 비교적 안정된 위치의 것은 조사하지 않고 원상대로 보존토록 조치하였다.

4. 분구축조와 내부구조

여기서는 분구의 축조수법과 유구구조·분포상태 등을 중심으로 그 특징을 정리키로 한다.

가. 분구 외형

제1호분은 고성평야의 서쪽 작은 구릉 정상부에 남-북으로 긴 형태를 하고 있었다. 조사당시까지 1기의 고분이 분포하고 있는 것으로 알려져 왔으나 막상 발굴조사를 실시한 결과 서로 구조와 시기를 달리하는 3기 이상의 원형고분이 중첩해서 연결 분포하고 있는 것으로 확인되었다. 즉 1A호분이 구릉 남쪽 정상부에 먼저 설치되고 다음 북쪽 구릉정상부에 1B호분이, 마지막으로 양 고분 중간에 1C호분이 각각 설치되어 있었다. 그리고 각 고분은 배장 또는 추가장으로 판단되는 소형 석곽들을 동일 분구 내에 설치하는 경우도 있었다. 즉 보다 선행하는 1E호분이 1A호분 분구 아래에 위치하고, 1C호분 축조과정에서 주위에 있던 역시 보다 선행하는 1D호분을 파괴시킨 것도 확인할 수 있었다. 다만 일부 연구자에 의해 제기되었던 전방후원분이라는 주장은[15] 조사결과 사실이 아닌 것으로 밝혀졌다. 다시 말하면 전방후원분이 아니라 구릉 정상부에 남-북으로 3기의 원형고분이 길게 중복해서 분포하고 있는 셈이었다. 인접한 신라 경주지역의 황남대총[16]과 같은 표형분들이 모두 중복상태인 것을 감안하면 상호관련성 여부가 주목된다.

나. 분구 축조수법

분구는 기본적으로 구릉 정상부의 자연지형을 부분적으로 삭평 후 정지하여 기반부로 삼았다. 그리고 그 위에 흑회색점토와 암갈색산토를 이용하여 분

---

15) 강인구, 『한국의 전방후원분무기산과 장고산 측량조사보고서』, 한국정신문화연구원, 1987.
16) 문화재관리국, 『황남대총(북분)』, 1987.

구를 조산盛土하고 조산된 분구 내에 석곽이나 석실을 배치하는 순서를 가지고 있었다. 여기서 부분적인 삭평이라는 것은 분구를 설치할 기반부에 해당하는 지역에 대한 평탄작업을 시도하는 것인데 전체를 정지하지 않고 구릉 정상부와 같이 자연지형이 볼록하게 솟은 돌출부만 일부 삭평하고 일반민묘의 봉분과 같은 인공구조물에 대해서는 그대로 남겨둔 채 곧바로 흙을 쌓았던 것으로 파악되었다. 이는 1A호분 분구 기반부에서 확인된 1E호분의 경우 둥근 봉분이 부분적으로 함몰되었지만 비교적 원상에 가까운 상태로 잔존하고 있어서 그 추정을 가능케 하였다. 물론 한 예에 불과한 것이어서 자신 있게 말할 수 없다. 다만 주목되었던 것은 당시 대형분 축조과정에서 이렇게 식별이 가능한 고분을 무시하고 그 위에 직접 분구를 축조할 수 있었던 사회적 환경에 대한 의심이다. 즉 이런 배경에는 피장자간의 친연이나 계층관계 그리고 당시의 매장풍속 등 다양한 사회상이 반영된 것으로 생각되었다. 김해 양동리[17]나 대성동,[18] 부산 지사동고분군[19]서도 중복 또는 파괴시킨 사례가 확인되고 있다. 그러나 조사과정에서 이런 자료들을 폭 넓게 수집하지 못한 것은 당시 조사가 고분을 복원정비하기 위한 자료수집에 불과하였으므로 가급적 원상을 최대한 보존한다는 입장에서 분구 아래층에 대한 전면조사는 사양한 한계성 때문이었다. 분구 축조에 사용된 토질은 흑갈색점토와 암갈색 또는 황갈색산토이었다. 그중 흑갈색점토는 인근 저습지나 논에서 운반해 온 입자가 고운 것이 대부분이다. 물론 그중에는 미세하게 색깔이나 점성의 강약, 세사의 정조도에 따라 약

---

17) 동의대학교박물관, 『김해 양동리 고분문화』, 2000.
18) 경성대학교박물관, 『김해 대성동고분 Ⅰ · Ⅱ』, 2000.
19) 동아대학교 박물관에서 지난 2003년도부터 2005년까지 조사한 부산 지사동 과학단지 내의 고분조사과정에서 목곽묘를 파괴하고 그 위에 중복해서 석곽묘를 설치한 유구들이 집중적으로 확인되었다(2005년 4월에 실시한 현장설명회 자료참조).

간의 차이를 보이고 있는 것은 사실이다. 암갈색산토는 고분이 위치한 구릉에서 직접 채취한 것인데 황갈색·갈색 등의 색조에 차이가 있었다. 그것은 토취장의 위치에 따른 토양의 차이에 불과하다고 말 할 수 있다. 분구축조는 전기한 바와 같이 먼저 구릉 정상부를 약간 삭평하여 평면 원형의 정지된 기반부를 형성하고 그 위에 원반상대지圓盤狀臺地를 축조하는 순서이다. 대지축조는 중앙에서부터 바깥쪽으로 수평하게 일정 높이씩 구획해서 퇴적하는 순서를 가졌고, 주로 암갈색 점토에 간혹 산토를 섞어가면서 유사판축형태로 다지면서 조산하였다. 그러나 전체구역을 이렇게 동일한 재료와 수법으로 축조하지는 않았다. 즉 대부분의 부위에서 동일 현상이 확인되었으나 1A호분의 경우 4Tr 동쪽 가장자리 부근에서는 이곳 기반층인 석비레를 적갈색사질토와 섞어서 쌓은 곳이 확인되어 부분적으로 구획축조가 행하여졌다는 것을 시사하고 있었다. 그리고 1B호분은 산토보다는 저습지에서 운반해온 점질토를 대부분 이용하였으며 그 범위도 상당히 넓었다. 또 1C호분은 석실설치를 위해 1A호분과 1B호분 분구를 굴착한 퇴적토로 다시 활용하였다. 따라서 동일 축조수법을 가진 것은 사실이지만 자료의 선택은 고분 간에 약간씩 차이를 두고 조산한 것이라 말 할 수 있다. 이렇게 분구의 중심부를 원반상으로 먼저 구축하면서 그 높이가 장차 설치 예정인 석실이나 석곽의 개석이 올려 놓아진 지점까지 이르면 일단 성토작업을 멈추고 이미 성토된 대지 속을 파서 유구를 설치하였다. 석실은 성토층에 설치하였으며 유구설치 후 개석 위에는 산토로 된 적갈색이나 황갈색밀봉토를 일정 두께로 덮었다. 그리고 다시 회갈색점질토를 쌓아 반구형을 이루도록 하였는데 이때 이미 축조된 원반상대지 주위 가장자리 부분까지 2~3겹으로 피복하였다. 이렇게 성토 후 그 속에 석실을 배치하는 예는 전남지방의 해남 장고봉고분[20]을 비롯해서 광주 월계동고분[21] 등 영산강유역의 원분이나 전방후원분에서 확인되고 있으며 전북 정읍 운학리,[22] 경남 고성 율대리2호,[23] 내산리고분[24] 등 해안지역인 전남지방과 경남 고성지방에서 확인되고 있다. 그리고 완성된 분구 가장자리에는 일정 간격으로 중간에 육교형태로 단절된 잠형鼈形 또는 장타원형 주구周溝를 배치하고 있다. 주구는 작업 공정상 분구와 거의 동시에 축조된 것으로 판단되었고, 설치목적은 자세하지 않으나 1A의 경우 축조 당시에는 오목한 공지空地상태였다고 생각된다. 이와 같이 주구가 설치된 고분 역시 광주 월계동 1·2호분, 명화동고분,[25] 함평 신덕고분,[26] 영암 자라봉고분,[27] 고성 율대리고분 등지에서 각양한 형태의 것이 확인되고 있다. 특히 1B호분의 경우는 분구 가장자리에 설치된 주구 내부에 적갈색 원통형토기를 눕히거나 세워 두었던 것이 파손된 채 확인되었다. 분구 주위에 원통형토기를 배치한 사례는 이미 전남지역의 나주 신촌리9호분,[28] 복암리2호분,[29] 덕산리9호분[30]을 비롯해서 광주 월계동 1·2호분, 명화동고분, 함평 중랑고분,[31] 해남 장고봉고분 등 소

20) 국립광주박물관 · 해남군,『해남 방산리 장고봉고분 시굴조사보고서』, 2001.
21) 임영진,「광주 월계동의 장고분2기」,『한국고고학보』31, 1994.
22) 전라북도박물관,『전북유적조사보고 제3집』, 1974.
23) 국립진주박물관,『고성 율대리2호분』, 1990.
24) 신창수,「고성 내산리 고분군 발굴조사와 성과」,『고자국(소가야)의 타임캡슐송학동고분군』, 제3회 국제심포지움 발표요지, 동아대학교박물관, 2001.
    국립창원문화재연구소,『고성 내산리고분군』, 2002.
25) 국립광주박물관,『광주 명화동고분』, 1996.
26) 성낙준,「함평 예덕리 신덕고분 긴급수습조사약보」,『韓國の前方後圓墳』, 日本雄山閣出版, 1992.
27) 강인구,『자라봉고분』, 한국정신문화연구원, 1992.
28) 국립문화재연구소,『나주 신촌리9호분 발굴조사보고』, 2001.
29) 전남대학교박물관,『복암리고분군』, 1996.
30) 有光教一,「昭和十三年度古蹟調査報告」, 朝鮮古蹟硏究會, 1940.
31) 최성락 외,「함평 중랑유적」, 제43회 한국 역사학대회 고고학부 발표자료집, 한국고고학회,

위 전방후원분으로 알려진 대부분의 고분과 원분에서 확인되고 있으며 일본 전방후원분 주위에서도 다양한 형태의 토기埴輪들이 배치되어 있다. 따라서 송학동고분 출토 원통형토기가 형태상으로 상호차이가 있는 것은 사실이지만 그 의미는 서로 관련성이 있는 것은 분명하다고 말할 수 있다. 특히 1A호분의 경우 오목한 공지상태가 일정기간 지속되다가 뒷날 내부에 퇴적토가 메워지고 그 속에 매납토기가 안치되는 등 후대에 이르기까지 분묘나 제사와 관련된 유구나 유물이 계속 배치되어 변형을 가져오기도 하였다. 이와 같은 잠형구의 설치도 송학동고분군을 이해하는 특징 중의 하나가 되는 것은 분명하다. 그리고 분구 축조과정에서 가야지역 특히 창녕[32]이나 성주지역 고분[33]에서 자주 볼 수 있는 영정주를 이용하여 축조하는 전형적인 분할축조수법[34]은 확인되지 않았다. 다만 전기한 1A호분에서와 같이 부분적으로 구역 축조과정은 확인할 수 있었다. 이와 같이 고분축조에 있어서 분구를 먼저 축조하고 그 속을 다시 파서 석곽이나 석실을 설치하는 수법은 인접한 다른 가야지역이나 신라지역에서는 지금까지 생소한 사례라고 할 수 있다. 그러므로 우선 고분 축조수법 상으로는 송학동고분군이 위치한 경남 고성지역이나 전남지역은 물론 일본지역과도 깊은 관련성이 있다는 것을 시사케 하고 있다.

2000.

32) 동아대학교박물관, 『창녕 교동고분군』, 1992.

33) 계명대학교박물관, 星州星山洞古墳特別展圖錄, 1988.

34) 조영현, 「고총분의 구조에서 보이는 왜계고분의 요소」, 『가야, 그리고 왜와 북방』, 김해시, 2004.

다. 유구배치와 형태

1) 1A호분

유구는 모두 조산된 분구 속에서 확인되었다. 그중 1A호분의 경우 피복토층 30㎝ 정도 깊이에서 대소 11기의 유구가 상호 장축을 달리하면서 나타났다. 석곽은 중앙에 위치한 동-서 장축의 1A-1호 유구를 중심으로 그 주위에 각각 분포하고 있었다. 그중 1A-1호 유구와 거의 나란한 장축을 가진 1A-2·5·6·7·8호가 그 좌우로 분포하고, 그 전후에 남-북 장축의 1A-3·4·9·10·11호 유구가 각각 분포하고 있었다. 각 유구의 분포상태는 1A-1호 유구를 기준 할 경우 분구 정상의 남쪽 편에 치우친 경향이었으나 장차 북쪽으로도 추가장할 계획을 세우고 공지로 남겨둔 듯하였다. 과거 일제시대에 부분적으로 조사가 이루어 졌던 곳은 1A-1호 유구로 추정되며 7·11호를 제외하면 모두 뒷날 도굴로 훼손되어 원상파악이 어려운 상태였다. 특히 1A호분 각 유구의 분포상태가 고령지역의 대가야고분과 같이 순장묘로 불러지는 동시 축조의 다곽식 유구가 아니고 유구 상호간 축조시기를 달리하면서 축조된 소위 추가장에 의해 설치되었다는 사실이다. 그것은 유구의 배치상태와 축조수법 그리고 내부에서 출토된 유물의 특징 등에서도 그 확인이 가능하였다. 즉 1A-1호 유구가 맨 먼저 설치되고 그 다음 1A-2, 1A-4·6호 유구 그리고 1A-3·5·7호 유구, 1A-8·9호 유구 마지막으로 1A-11·10호 유구 순서로 축조된 것으로 파악되었다. 그 중에서도 1A-1호와 10호는 장벽을 연장하면서 추가장을 행한 흔적이 장벽 축조수법이나 평면형태, 유물 배치상태와 유물의 특징에서 확인되어 매우 주목되고 있다. 그리고 1A-2호 유구를 비롯한 1A-3·8호 유구의 경우 상면에 상석을 배치하지 않고 점토로 채운데다가 양쪽 장벽 하단에 내부로 경사지게 괴임돌을 배치하여 구유형割竹形 목관 사용을 시사케 하고 있었다. 주지하는 바와 같이 수혈식석곽유구는 가야지역의 전형적인 묘제로서 횡혈·횡구식석실묘 중심의 백제지역이나 적석목곽분의 신라지역과는 차별성이 강조되어 왔다. 이렇게 수혈식석곽이 추가장에 의해 다곽식 구조를 갖는 것은 시기적으로 늦은 단계에 해당하는 것으로 이해되어 왔지만 송학동고분군의 경우 1B-1호 유구와 같은 횡혈식석실이나 그 이후에도 사용되었다는 것을 알 수 있었다. 그것은 유구의 활용측면이나 피장자의 친연관계에 따른 묘제의 변화도 상정될 수 있다. 그러나 그보다는 동일 묘역 내에 새로운 묘제가 수용되고 있다는 점에서 신묘제 속의 피장자 신문에 대한 어떤 의문을 가질 수밖에 없으나 여기서는 논의하는 것을 삼가토록 하겠다. 특히 수혈식 석곽의 동일 분구 내 추가설치, 수혈식석곽 자체의 연장흔적, 구유형 목관 사용흔적 등은 구조상으로도 주목해야할 점이라고 할 수 있다.

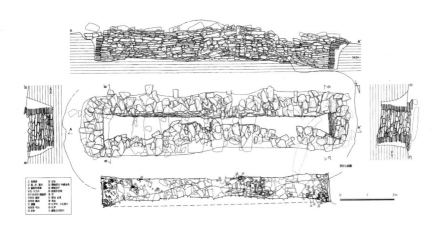

그림 2 1A-1호 유구 실측도 및 유물배치도

2) 1B호분

1B호분은 중앙에 위치한 대형 횡혈식석실(1B-1)을 중심으로 남쪽에 소형 수혈식석곽(1B-2)과 묘도 입구 북쪽에 인접해서 소형 수혈식석곽(1B-3) 등 3기가 확인되었다. 그리고 묘도 가장자리 동쪽에서 제사유적으로 판단되는 토기편 산포지가 있었다.

그중 분구 중앙에 위치한 1B-1호 유구는 동-서 장축을 가지고 서쪽에 연도와 묘도를 갖춘 횡혈식석실이었다. 석실의 개석은 잔디가 심어진 표토층에서 약 1.3m 정도의 깊이에서 확인되었으며 개석 위에 황회색점질토가 밀봉토로 얇게 퇴적되고, 그 위에 갈색과 회갈색점토가 교대로 퇴적되어 있었다. 묘도는 서쪽에 부채꼴 형태를 이루며 가장자리 쪽이 넓고 낮았다.

묘도와 연도가 연결되는 연도 입구에는 할석으로 된 폐쇄 보조석이 연도 쪽으로 향해 소복하게 쌓여 있었고 이 보조석 내측에는 대형 판석을 세로로 세우고 그 위에 장대석을 끼운 폐쇄석이 있었다. 전기한 바깥의 보조석은 폐쇄석이 바깥으로 전복되지 않도록 조치한 것이었다. 이 폐쇄석을 제거하니까 평면 장방형의 좁은 연도가 나타났다. 연도 좌우 측벽은 석실과 같이 판석편을 이용하여 지면에 수직하게 쌓은 터널형태였다. 현문玄門은 양수식兩袖式으로 서벽 중앙에 양쪽으로 입주석立柱石과 그 사이에 문지방석門地坊石, 판석으로 된 문비門扉가 배치되어 있었다. 이런 특징의 것도 장성 영천리고분,[35] 함평 신덕고분, 해남 조산고분,[36] 광주 월계동1호분, 나주 복암리3호분 등 전남지방에 주로 분포하고 있으며 최근 경남 거제시 장목면 농소리 간곡고분에서도 같은 구조의 것이 확인되었다.[37] 천

---

35) 전남대학교박물관, 『장성 영천리 횡혈식석실묘』, 1990.
36) 국립광주박물관, 『해남 월송리조산고분』, 1984.
37) 경남발전연구원 역사문화센터, 「부산-거제간 연결도로 민간투자사업 대상부지내 추정고분 발굴조사약보고서」, 2004.

정석은 장대석 5매를 양쪽 측벽 상단에 수평하게 걸친 평천정형태이며 조사 당시 측벽에 부분적인 균열이 있었다. 그렇지만 석실과 마찬가지로 벽면에 회백색 점토를 발라 정면하고 그 위에 천정과 함께 붉게 채색하였다. 상면床面에는 율석栗石을 깔았는데 서쪽으로 치우치게 몰려 있었다.

석실은 평면 장방형의 횡혈식이었다. 석실은 1단계 공정에서 축조된 원반형 분구를 동-서 장축의 묘도와 연도를 함께 계획하고 그 내부를 다시 파서 판석재를 이용하여 묘갱 내에 설치하였다. 상면은 구릉 정상을 정지한 생토층 지표면과 거의 일치하는 지점이었다. 석벽은 석비레층에서 생산된 판석편을 이용하여 사벽을 상면에 수직하게 바른쌓기 수법으로 쌓아올렸다. 그러나 세부적으로는 좌·우, 상·하, 종·횡적을 교대하는 것을 원칙으로 하고 종적부분에는 소석이 끼워지는 경우도 있었다. 석벽은 동시 축조가 아닌 선후가 인정되는 것으로 파악되었다. 그것은 남벽과 동벽은 모서리부분을 상호 교차되게 쌓아 동시 축조가 인정되었으나 북벽의 경우 모서리부분이 동쪽 단벽 위에 덧대어진 채 분리되어 있었으며, 입구 쪽인 서쪽 단벽 역시 양 장벽 끝에 단독으로 분리 축조되어 있었다. 따라서 동·남벽-북벽-서벽 순으로 축조 된 것으로 판단되었다. 그러나 석벽 자체에서 작업공정은 확인할 수 없었다. 왜냐하면 석재가 대부분 같은 높이를 가진 판석편을 이용하고 있는데다가 축조수법 또한 바른쌓기수법이며, 더욱이 분구의 점토가 채 굳어지기 전에 석실을 설치하여 분구 자체에도 균열이 생기면서 석벽도 같은 현상을 보이고 있었기 때문이다. 특히 평면은 장방형이지만 동쪽 단벽과 양 장벽이 만나는 모서리부분이 직각을 이루지 못하고 북쪽 장벽쪽으로 비틀어져서 북쪽 장벽이 남쪽 장벽보다 약간 짧아졌다. 이와 같은 현상은 당초부터 계획된 것이라기보다는 뒷날 분구 자체의 균열로 자연스럽게 일어난 현상으로 판단되었다.

이렇게 축조된 석벽 상단부에는 넓고 긴 판석 10매를 양 장벽 위에 수평하게 나란히 걸쳐서 천정석으로 삼은 평천정형태를 하고 있었다. 천정석은 중앙에서 동쪽으로는 넓은 판석을 주로 이용하고 입구 쪽에 해당하는 서쪽에는 운반하기 쉬운 좁은 장대석을 배치하고 있었다. 이는 천정석 설치가 동쪽에서부터 시작되었음을 시사하며 천정석의 수평을 유지하기 위해 장벽 상단 곳곳에 할석을 받쳐놓은 곳도 있었다. 천정석 상부의 틈새에는 소석을 끼우고 그 위에 다시 회백색점토로 된 밀봉토를 다져 분구의 봉토가 석실내부로 유입되는 것을 차단시키고 있었다.

석실 바닥은 도굴로 일부 훼손되었지만 처음에는 생토층 위에 회청색점토를 한 벌 다져 깔았으며 그 위에 편평석을 전면에 걸쳐 깔고 편평석 위에 다시 율석을 전면에 걸쳐 한 벌 더 깔았다. 이와 같이 편평석과 율석이 이중으로 깔린 현상이 뒷날 추가장에 의한 선후를 의미하는 것인지는 자세하지 않다. 이 유구의 경우 석실내부에 철못과 목재선반 흔적, 그리고 내면에 채색된 것이 지금까지 다른 고분에서는 확인되지 않은 새로운 사실이었다. 그 중 철못은 단면 방형으로 단조해서 끝이 뾰족한 것인데 남벽 상단부에만 일정간격으로 꽂혀 있었다. 즉 천정석에서 2단 정도 내려 온 돌 틈새에 원래 2매를 45㎝ 간격으로 3개소에 짝지어 설치하였다. 그러나 입구 쪽 1매는 꽂혀있지 않고 상면에 떨어져 있었고 개소간의 거리는 150㎝ 정도였다. 일부 철못과 함께 남벽 곳곳에 포목흔적이 남아있는 것을 감안하면 철못은 포목으로 된 휘장을 설치하기 위함이었다고 판단되었다. 그러나 대면하고 있는 북벽에서는 철못이나 포목흔이 확인되지 않아 휘장은 남벽 중앙부분을 중심으로 설치되었던 것으로 파악되었다. 이런 사실을 감안하면 휘장은 목관을 안치한 다음 그 위에 설치하였던 것이라고 할 수 있다. 고분내부에 설치된 철못은 최근 공주 무녕왕릉 묘실내부에서도 확인되었다고 한다. 다음 목재선반은 남벽과 북벽 동쪽 끝의 중간에 가로 36~40㎝, 세로 5~7㎝ 크기의 장방형 공간을 마련한 후 목재 판자를 끼워 동벽 쪽에 설치한 것으로 파악되었다. 고분내부의 선반설치는 일본 구주지방 고분에서 나타나는 석재선반과 상호 관련성이 있을 것이 예상되며 의령 운곡리1호분38에서도 석제선반이 오벽奧壁서 확인되었고 함안 도항리15, 54호분에서 추정가능한 흔적이 있었다고 한다.39 특히 의령지역의 운곡리, 경산리,40 천곡리고분41에서는 소위 소가야식토기라고 불러지는 고성지역 출토 토기와 닮은 특징을 가진 것이 출토되고 있어서 선반시설과 함께 연관성이 예상되기도 한다. 조사당시 목재는 확인되지 않았지만 남벽에 목재선반이 걸렸다가 부식된 검은 흔적이 뚜렷이 남아 있었다. 이 선반 윗부분 벽면에서도 포목흔이 일부 남아있었으나 철 못은 없었다. 선반 아래부분 바닥에도 피장자를 안치한 흔적이 남아있어 선반위에는 역시 피장자와 관련된 유물이 올려놓아졌을 가능성이 예상되기도 하였다. 다음 채색은 석실과 연도내부를 포함하여 전면에 걸쳐 도장되었지만 벽면의 것은 뒷날 도굴에 의해 습기가 석실 내에 차이면서 벽면에 선도된 점토와 함께 채색부분이 바닥으로 탈락되고 개석 내면 일부 벽면에만 잔존하고 있었다. 채색은 석벽 위에 황회색점토를 먼저 발라 벽면을 평평하게 고른 뒤 그 위에 다시 붉은 칠로 도장한 것으로 판단되는데 천정석에는 점토를 바르지 않고 석면에 그대로 직접 도장하였다. 이렇게 석실내부를 붉게 칠한 고분은 해남 장고봉고분, 함평 신덕고분 등 전남지방과 일본 고분에서 동일 사례가 확인되고 있으며 사용 목적은 제사의례와 관련이 있을 것으로 추정된다. 이 석실내부에

---

38) 경상대학교박물관, 『의령 운곡리고분군』, 1999.

39) 조영현, 「고총분의 구조에서 보이는 왜계고분의 요소」, 『가야, 그리고 왜와 북방』, 김해시, 2004.

40) 경상대학교박물관, 『의령 경산리고분군』, 2004.

41) 영남매장문화재연구원, 『의녕 천곡리고분군』, 1997.

는 묘도의 폐쇄흔적이나 상면상태 그리고 유물의 위치와 특징 등에서 2회 정도 추가장이 있었던 것으로 파악되었다. 즉 유물이 집중하는 남벽아래와 동벽아래 그리고 장신구와 치아가 보이는 북벽아래에 각각 피장자를 안치하였을 것으로 생각되었다. 특히 묘도, 연도, 양수식 현문의 입주석과 문비, 판석편 축조의 석실, 평천정, 철못, 목재선반, 패제운주, 유공광구소호 그리고 채색 등의 특징은 송학동고분이 가지는 재지적 요소 위에 외래적 요소가 심도 있게 작용한 것이라고 할 수 있고 제사의례가 보다 강조된 유구라고 할 수 있다. 그런 의미에서 이미 지적한 전남지방의 영천리·장고봉·복암리·신촌리·명화동·월계동·신덕고분을 비롯해서 경남지역의 고성 율대리·내산리·연당리,[42] 의령 운곡리고분 그리고 일본 전방후원분 등의 특징에서 그 관련성을 검토할 필요성이 있을 것으로 생각된다.[43] 그리고 1B-2호는 1B-1호 유구보다는 약간 늦은 시기에 설치

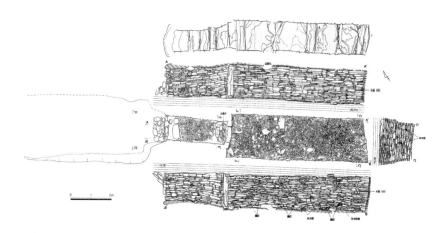

그림 3 1B-1호 유구 실측도

42) 경남대학교박물관, 『고성 연당리고분군』, 1994.

43) 柳澤一男, 「全南地方の榮山江型橫穴式石室の系譜と前方後圓墳」, 『前方後圓墳과 古代日朝關係』, 朝鮮學會編, 同成社, 2002.

된 수혈식석곽이며 1B-3호는 동일 분구 내에 위치하고 있으나 독립된 유구인지 뒷날 추가로 배치된 것인지 자신있게 말할 수 없다. 그것은 조사과정에서는 동일 분구 내에 축조된 것으로 파악하였으나 출토유물에서 약간 선행하는 요소를 지니고 있어서 신중한 검토를 필요로 하고 있는 것이다.

3) 1C호분

1C호분은 1A호분과 1B호분의 분구 가장자리가 겹쳐지는 중복 부분에 위치한 횡혈식석실분이었다. 자체 분구는 기존의 1A·1B호분 분구 위에 1C호분 석실 축조 때 파낸 흙을 이용하였다고 판단되지만 워낙 훼손이 심해서 사실여부조차 확인하기 어려웠다. 그러나 잔존 유구에서 묘도와 연도를 갖춘 횡혈식석실이라는 것은 분명히 확인할 수 있었다. 그 중 묘도는 연도가 위치하는 서쪽에 나팔모양으로 길고 끝이 넓은 형태이며 중간에 위치했던 1D호분을 파괴하고 설치하였는데 전체적으로는 인접한 1B-1호분과 같은 형태와 구조를 가지고 있었다. 연도는 평천정을 가진 터널식으로 묘도와 연결되는 부분에 상하 판석 2매를 세워 폐쇄시켰으나 아래 판석은 연도 바닥에 전복된 상태였고, 위의 1매는 연도 중간에 걸려 있었다. 연도는 석실에서 보면 양수형으로 서쪽 단벽 중앙에 위치하며 좌우 측벽은 판석편으로 상면에 수직하게 축조하고 그 위에 판석 3매를 나란히 걸친 상태였다. 그러나 기단부가 1B호분 분구 성토 층위에 설치되어 벽면에 굴곡 된 균열현상이 뚜렷했다. 주목되는 것은 전기한 1B-1유구와는 달리 현문에 입주석이나 문비를 설치하지 않았다. 의령 경산리1호분이나 중동리4호분, 고성 연당리18·20호분도 부분적으로 구비하지 않고 현문만 설치하는 경우도 있었다. 그리고 천정석 위에 다시 석축을 올려 쌓아 개석 높이까지 연장시키고 있었다. 이것은 석실 천정이 연도 천정보다 매우 높았다는 것을 의

미하는 것으로 파악되었다. 석실은 서쪽 단벽 중앙에 묘도와 연도를 갖춘 동-서 장축의 평면 장방형 횡혈식이었다. 바닥에는 1B호분 분구 성토 층이 10㎝ 정도 남은 상태였고 평면은 장방형이지만 길이에 비해 폭이 넓은 비교적 대형의 것이었다. 석벽은 석비레층에서 생산된 판석편과 일부 다른 곳에서 운반해 온 할석을 이용하여 처음에는 기단부가 바닥에 수직하도록 바른쌓기 수법으로 축조하였다. 그러나 중간부분부터 상단이 점차 내경하게 축조하고, 그 정상부에 판석 1-2매를 걸쳐 천정을 삼는 궁륭상 형태를 이루었을 것이 예상되었다. 벽면 축조과정에서 좌·우, 상·하, 종·횡적을 교대하는 것은 동일수법이지만 대소석 구별 없이 조잡하게 축조된 것은 차이점이라고 할 수 있다. 조사당시 바닥에는 나무상자가 안치되었던 곳으로 추정되는 부분을 제외하고 전면적으로 율석이 두껍게 깔려있었으나 동쪽 단벽 아래는 율석 밑에 다시 판석이 한 벌 더 깔려있었다. 조사당시 동·서 양쪽 단벽 아래 바닥에 오목하게 함몰된 현상이 나타나

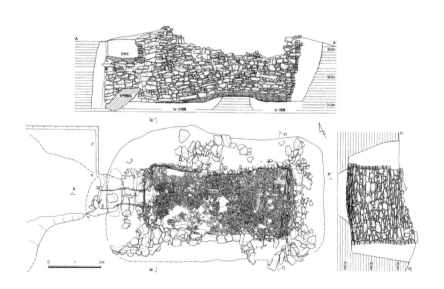

그림 4 1C호 유구 실측도

서 보다 선행하는 목관묘 유구로 추정하였지만 조사결과 1A호분 잠형유구 속에 1B호분 분구 성토가 가득 채워진 상태의 것임이 확인되었다. 따라서 여기서도 1A호분이 맨 먼저 축조되고 그다음 1B호분, 그리고 그 뒤에 1C호분이 각각 축조되는 순서를 갖는 것을 알 수 있었다. 바닥에서 수습된 유물을 참고하면 피장자는 북쪽 장벽과 동쪽 단벽 아래에 각각 1구씩 안치되었던 것으로 파악되었고, 북쪽 장벽 서쪽 끝부분과 중앙 바닥의 율석 없이 공지로 남아 있는 부분은 목제상자가 놓였던 곳으로 추정되었다. 이와 같이 1C호분은 이곳 구릉에서 가장 늦게 축조된 고분으로서 현문과 석실 천정 등 구조상으로도 전기한 고분들 보다 늦은 시기로 편년되는 것으로 파악되었다.

4) 기타

그밖에 1D호분은 파괴되었으나 단곽식의 수혈식석곽 구조를 가진 것으로서 전기한 1C호분보다는 먼저 축조된 것이 분명하였고 1E호분은 이곳에 대형 분구묘 설치이전에 축조된 고분으로서 목곽묘 형태를 가진 것이었다. 이 목곽묘는 주부곽 복합형식에서 단곽식으로 변화된 것으로서 수혈식석곽분 출현하기 이전에 유행한 것이다. 여기에서 출토유물 특징에 의하면 전기한 대형분들과는 2세기 정도 선행하는 고분이라고 할 수 있다. 그리고 가야지역 목곽묘 봉분 형태에 대해서는 많은 연구자들의 관심사가 되어 왔으나 이 자료를 통해서 지상에 봉토를 가진 원분이라는 것을 알 수 있었고, 유물은 목곽 상부에 대부분 부장하고 있었다. 최근 김해 대성동, 양동리, 부산 지사동 등지에서 같은 특징을 가진 목곽묘가 확인되고 있어 가야지역에서 한때 유행한 묘제임을 짐작할 수 있다.

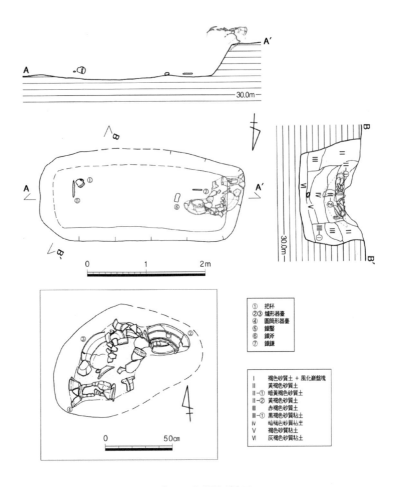

그림 5 1E호 유구 실측도

5. 끝맺는 말

지금까지 송학동1호분의 분구와 각 유구의 특징에 대해서 알아보았다. 여기서는 그 대략을 종합해서 요약하면 다음과 같다. 송학동고분의 분구는 구릉 위에 점질토와 산토를 이용하여 조산한 다음 그 속을 다시 파서 유구를 배치하고 가장자리에는 단절형 주구를 배치하는 공통적인 특징을 가지고 있었다. 그러나 유구의 형태나 구조에 있어서는 개별적인 차이를 보이고 있는 것이 사실이다. 즉 1A호분은 다곽식으로서 가야지역 고유의 전통묘제라고 할 수 있는 수혈식석곽 11기가 축조시기를 각각 달리하면서 설치되어 있는데 개중에는 장벽을 연장해서 추가장이 행해진 흔적을 남기기도 하고, 석곽 내부에 구유형 목관을 설치한 흔적도 있다. 따라서 1A호분은 가야지역 묘제전통을 비교적 잘 지킨 보수성이 강한 것이라고 평가될 수 있으며 동일 분구 내에 설치된 다곽식고분이라는 점에서 그 축조 시기는 대략 5세기 후반에서 6세기 전반에 해당할 것으로 추정된다. 물론 유구에 따라서 그 선후관계는 분명하게 나타나고 있다. 그리고 1B호분은 전기한 1A호분과 동일 구릉상의 묘역 내에 근접해서 위치하지만 묘제는 당시 가야지역에서는 생소한 새로운 묘제인 석실 서쪽에 묘도, 연도, 양수식 현문을 가진 횡혈식석실유구가 설치되어 있었다. 그리고 석실과 연도 내부는 붉게 도장되고 석실에는 목재선반과 휘장용 철못이 설치되는 등 재지적인 요소보다는 외래적인 요소가 강하게 작용된 듯한 느낌을 갖는 것이었다. 특히 분구 바깥의 가장자리 부분에 설치된 주구 속에 배치된 적갈색 원통형토기는 더욱 외래적임을 시사케 하고 있다. 이런 외래적인 요소는 인근한 전남지방과 일본 구주지방에서 그 원류를 찾을 수가 있어서 당시 남해연안을 통로를 삼아 상호 교류한 결과의 산물이라고 할 수 있으며 시기적으로는 5세기 말엽에서 6세기 초엽에 해당하는 것으로 추정된다. 그리고 분구 내에 추가장된 수혈식석곽도 시기적으로 대차가 없을 것으로 생각된다. 또 1C호분은 전기한 두 고분의 분구 속에 중복해서 설치된 것으로서 6세기 전반에서 중반대로 편년되는 고분이다. 역시 서쪽에 묘도, 연도, 양수식 현문을 가진 횡혈식석실이지만 현문에 문비를 비롯한 문주석, 문지방석을 갖추지 않은 신식으로 천정은 궁륭상으로 추정되며 바닥에 목제 상자를 배치하고 있는 것이 특징이다. 마지막 1E호분 3세기 말엽에서 4세기 초엽으로 그 축조시기가 추정되는 목곽분이다. 송학동 대형고분군 축조이전의 재지세력집단의 분묘로 생각되는데 상호간 약 2세기정도 공백기를 예상할 수 있는 것이다. 원형 봉토와 목곽 상부에 유물을 부장하는 방법이 주목된다.

이상의 결과를 종합하면 송학동 제1호분은(1E호 유구를 제외한 나머지 고분) 5세기 중반 이후부터 6세기 중반 사이 약 1세기간에 걸쳐 축조하여 사용된 고자국 또는 소가야의 왕이나 수장급에 해당하는 자의 무덤으로 추정되지만 각 유구의 특징에 따라 차이를 보이고 있는 것이 사실이다. 즉 1A호분과 1C호분은 재지적인 소가야의 정체성이 강조되는 요소가 대부분인 반면 1B호분은 재지적이라기 보다는 오히려 외래적인 요소가 강하다는 느낌이다. 따라서 1B-1호 유구의 경우 피장자의 신분이나 당시 장례절차 등에 대한 어떤 궁금증이 생기는 것은 당연하다. 그것은 이렇게 외래적인 요소가 농후한 고분이 재지적인 요소를 가진 고분군 속에 함께 포함되어 나타나게 된 배경을 당장 파악할 수 없기 때문이다. 그리고 송학동 제1호분이 형태상으로는 전방후원분이 아니지만 그 축조수법이나 유구의 구조와 내부에서 출토된 유물의 특징은 전방후원분이 분포하는 우리나라 전남 해안지방과 일본 구주지방의 고분들과 매우 유사함을 알 수있다. 따라서 앞으로 이런 의문점은 상호 유사한 특징을 가지고 있는 지역 즉 고성지역을 비롯해서 전남지방 그리고 일본 구주지방에 대한 고분의 분석을 통해서 해결하는 것이 가능할 것으로 생각된다.

「고성 송학동 제1호분 축조수법과 내부구조」, 『석당논총』 제35집, 2005.

남해군의 군현郡縣 치소治所

1. 머리말

우리나라 남해안南海岸지역에는 300여개소 이상의 대소 성곽이 분포하고 있
다.[1] 그 중 남해군 내에는 20여개소가 확인되는데 남해연안 시군지역 중에서는
비교적 높은 분포밀도를 보인다고 할 수 있다.[2] 그것은 왜구의 근원인 일본 서
북 구주九州지역과 상호 근접하는 지리적 환경에서 비롯되었다고 하겠다. 남해
군내 성곽은 치소성治所城을 비롯해서 관방성, 목장성, 왜성 등 축조시기와 목적
을 달리하는 다종다양한 형태의 것이 분포하고 있다. 여기서 주목하는 것은 치
소성이다. 즉『삼국사기』나『고려사』,『조선왕조실록』,『동국여지승람』등 각종 문
헌의 지리지조에서 남해에는 전야산군과 남해군 그리고 영현인 난포현과 평산
현, 그리고 진주목에 속했던 홍선현이 각각 위치했던 것으로 파악되고 있다. 그
러나 진작 이렇게 문헌에 나타는 남해군현의 중심지였던 치소의 지리적 위치에
대해서는 조선시대 남해읍성을 제외하고 아직까지 제대로 규명되지 않고 있는
실정이다. 지난해 필자를 비롯한 성곽연구팀은 남해군 내에 분포하는 성지를
현지 조사하고 그 결과를 개략적으로 발표한 바 있다.[3] 그 과정에서 군현의 중

---

1) 심봉근,『한국 남해연안성지의 고고학적연구』, 학연문화사, 1995.
2) 경남발전연구원 역사문화센터,『문화유적분포지도-남해군-』, 2004.
3) 이동주・심봉근,「경상남도 남해군지역의 성지분포와 성격연구」,『청촌논총』20, 2018.

심지로 지목하던 곳에 해당시기에 축조된 성곽이 각각 위치하는 것을 파악하고 이것이 곧 당시 군현의 치소성으로 판단하게 되었다. 여기서는 이렇게 확인된 성곽의 고고학적 특징을 중심으로 기존의 문헌자료와 비교분석해서 해당시대의 치소성이라는 사실을 검증할 예정이다. 그리고 이렇게 확인된 자료는 장차 남해군의 역사적 정체성 확립은 물론 우리나라 남해안지역 관방사와 향토사 연구에도 큰 보탬이 될 것이라고 생각한다.

2. 문헌자료 검토

남해군현 치소성과 관련된 중요문헌자료는 다음과 같다.

먼저 『삼국사기』 지리지에 "南海郡 神文王初置轉也山郡 海中島也 景德王改名 今因之 領縣二 蘭浦縣 本內浦縣 景德王改名 今因之 平山縣 本平西山縣 一云西平 景德王改名 今因之"라 하여 신라시대 남해군은 신문왕대에 전야산군轉也山郡을 처음 설치하였다가 경덕왕대에 남해군으로 개명하였고 난포현蘭浦縣과 평산현平山縣의 영현이 각각 위치하였는데 난포현은 내포현內浦縣을 경덕왕대에 개명한 것이고 평산현은 평서산현平西山縣을 경덕왕대에 개명한 것이라 하고 있다. 따라서 여기서는 삼국사기에 나타난 전야산군이나 남해군을 비롯한 영현인 난포현과 평산현의 중심지 또는 치소의 위치 규명이 필요하다고 생각된다.

다음 『고려사』 지리지에 "南海縣 本海中島新羅神文王初置轉也山郡 景德王改名爲南海郡 顯宗九年置縣今 恭愍王七年因倭失土僑寓晉州任內大也川部曲 屬縣

---

4) 『三國史記』 卷34 雜志 第3 (地理一 康州).

二 蘭浦縣 本新羅內浦縣 在南海島 景德王改今名 來屬高麗初因之 後因倭寇人物 俱亡 平山縣 本新羅平西山縣 一云西平 亦在南海島 景德王改今名 爲南海郡領縣 高麗初因之 後因倭寇人物俱亡[5]이라하여 신라 경덕왕 때 남해군(757)은 고려 현종 9년(1018) 현으로 바뀐 뒤 공민왕 때까지 계속되었으나 말엽에 왜구 침입으로 생활터전을 잃고(1358) 진주에 이속되었고, 속현인 난포현과 평산현도 마찬가지였다. 따라서 문헌상으로는 고려시대 치소는 전대 신라와 동일한 장소로 추정되어진다.

다음 『동국여지승람』 진주목 고적조에 "興善廢縣 卽興善島 本高麗有疾部曲 後改爲彰善縣來屬 忠宣王改今名 因倭寇人物皆 亡今爲直村 元宗十年 聞日本將寇 邊縣所藏國史移于珍島"[6]라 하여 고려시대 홍선폐현이 홍선도에 위치하며 고려 후기 왜구 침입정보를 득하고 내부에 보관하던 사고를 진도로 이전하였다는 내용이다. 지금은 남해군 창선면에 해당하는 지역이므로 홍선현 치소를 규명할 필요성이 있다.

마지막 『동국여지승람』 남해현 건치연혁조에 "本海中島 新羅神文王初置轉也 山郡 景德王改今名 高麗顯宗置縣令 恭愍王時因倭失土僑寓晉州大也川部曲 本 朝太宗朝 合于河東稱河南縣 後復置河東縣 以晉州金陽部曲來屬稱海陽縣 未幾 金陽還屬晉州而復稱南海 世宗朝合于昆明縣 復折之仍爲縣令 殿下四年縣人與求 禮民裵目仁相應謀叛降 爲縣監"[7]이라하고, 『조선환여승람』 남해군 건치연혁조에 "… 燕山主四年丙午 縣人與求禮民裵目仁相應謀叛降爲縣監 中宗二年丁卯 復置縣令 高宗十三年乙未 例改爲郡置郡守 光武十年丙午 以晉州之興善縣來屬今

---

5) 『高麗史』志 第11 地理志2 南海縣.
6) 『東國輿地勝覽』卷30 晉州牧 古跡.
7) 『東國輿地勝覽』卷31 南海.

남해군의 군현 치소　137

因之"[8]이라하여 남해현은 조선 태종대에 하동과 합쳐 하남현이 되었고(1414) 뒷날 하동현의 독립으로 금양과 합해 해양현이 되었다.(1415) 다시 금양의 진주 내속으로 남해현이 독립되었으나(1417), 세종대에 곤명현과 합쳐 곤남현이 되었다가(1419) 곧장 남해현으로 다시 독립되어(1419) 현령을 두게 되었다. 그뒤 연산군 4년 배목인의 반란에 현인이 연루되었다는 이유로 현감으로 강등되었다가 중종 때에 현령으로 복구되었다. 고종 때에 행정구역 개편으로 남해군으로 승격되고 광무 연간에는 창선도가 남해에 내속되었다는 내용이다. 조선시대 세종조에 남해현으로 독립 이후 남해현 치소는 현재의 서변동에서 계속되었다.

이상의 문헌사료를 분석해서 정리하면 다음과 같다. 먼저 신라 신문왕대의 전야산군을 비롯해서 영현인 내포현과 서평산현이 경덕왕대에 남해군과 난포현과 평산현으로 개명되었는데 경덕왕대 개명당시 함께 치소의 위치도 바뀐 것인지 아니면 명칭만 바뀐 것인지를 우선 파악해 볼 필요가 있다. 그것은 남해군이나 평산현의 경우 전후간 문헌은 물론 고고학적으로도 약간의 차이가 인정되기 때문이다. 그리고 고려시대에는 현종조에 남해군에서 남해현으로 개편과 흥선현 관계 기사와 신라 영현인 난포현과 평산현을 속현으로 표기하고 있으나 치소에 대한 언급은 없다. 따라서 치소는 신라에서 고려로 연속된 것으로 이해된다. 마지막 조선시대는 초기 치소 위치는 추정 가능하지만 전기에는 하동, 금양, 곤명지역과 잦은 통폐합으로 군내 치소 설치 여부는 불확실하다. 그러나 세종조에 남해현으로 분리 독립된 다음부터는 분명하다 할 수 있다.

8) 『朝鮮寰輿勝覽』4 慶尙道1 南海郡.

3. 고고학적 위치 비정

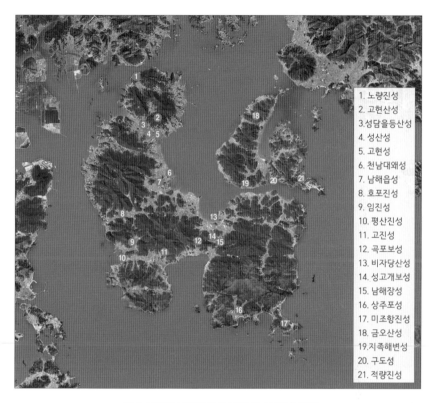

그림 1 남해군 지역의 성지 분포도(카카오맵 편집)

1. 노량진성
2. 고현산성
3. 성담을등산성
4. 성산성
5. 고현성
6. 천남대왜성
7. 남해읍성
8. 호포진성
9. 임진성
10. 평산진성
11. 고진성
12. 곡포보성
13. 비자당산성
14. 성고개보성
15. 남해장성
16. 상주포성
17. 미조항진성
18. 금오산성
19. 지족해변성
20. 구도성
21. 적량진성

　인류학적으로 고대국가의 기본 요소를 사람과 땅 그리고 이를 보호하기 위한 무기 또는 성곽으로 생각하고 있다. 우리나라의 경우 청동기시대에 환호와 무기가 출현하여 청동기시대를 조기 고대국가 등장 단계로 예상하고 있다. 삼한시대 기록인 『삼국지』 한전에는 '無城郭'이라 하고 진한전에는 '有城柵'이라하였으며 변진전에는 '有城郭'이라하여 삼한시대 진한과 변한지역에는 성책이나 성곽이 존재하였다는 것을 알 수 있다.[9] 그리고 삼국시대 고구려의 오녀산성, 환도산성, 국내성, 평양성, 장안성, 백제의 위례성, 공산성, 부소산성, 신라의 반월성, 명활산성, 남산신성 등은 국가 발전단계의 도성으로 파악하고 있다. 또 삼국과 통일신라시대 문헌상에 나타나는 각 지방의 군현의 행정 중심지에도 성곽이 위치했던 것이 점차 파악되고 있다. 물론 성의 시작이 지방의 경우 군현제도 성립과 밀접한 관계가 있는 것은 분명해 보이지만 때로는 삼한시대에 이미 축조된 성곽을 중심으로 군현의 행정단위가 결정되는 경우도 있었을 것이 충분이 예상된다. 남해의 경우도 예외는 아닐 것이다. 신라 신문왕대나 경덕왕대는 물론 그 이전 시기인 삼한시대에도 성이 위치했을 가능성도 배제할 수 없다는 입장을 견지하고 문헌사료를 참고하고 그 중심지에 위치한 성곽을 파악하여 보기로 하겠다.

가. 전야산군

신라시대 전야산군(남해군) 치소는 고현산성으로 추정된다. 고현산성은 설천면 진목리 184번지와 비란리 산1번지, 고현면 남치리 35번지가 삼각형으로 만나는 대국산大局山(해발 370m) 7부 능선상에 테뫼식 석축으로 축조된 내성(길이 530m)과 연접해서 동쪽 계곡부에 토성으로 축조된 외성으로 구성되어 있으며 경상남도 기념물 제19호로 지정되어 있다. 『동국여지승람』고적조에 "古縣山城 在縣北十七里 石築 周一千七百四十尺 高 十尺",[10] 『여지도서』고적조에 "古縣山城 在縣北十七里 石築 周一千七百四十尺 高 十尺",[11] 『증보문헌비고』 "古縣山城 在北十七里 石築

---

9) 『三國志』卷30 魏書30 烏丸, 鮮卑, 東夷傳 第三十(韓傳 辰韓傳 弁辰傳).
10) 『新增東國輿地勝覽』卷32.
11) 국사편찬위원회, 『韓國史料叢書 20 : 輿地圖書(下)』, 1973.

周一千七百四十尺 高 十尺 今廢",[12]『조선환여승람』"古縣山城 在郡北十七里 石築 周一千七百四十尺 高 十尺"[13]이라 하여 조선시대에는 고현산성으로 명칭하고 있었다는 것을 알 수 있다. 이런 사실이『동국여지승람』의 고적조에 입전하는 것을 감안하면 조선이전 즉 삼국시대나 고려시대에 주로 사용된 성으로 추측할 수 있다. 최근 성내 발굴조사에서 연지蓮池, 건물지, 남문지 등이 확인되었다. 조사보고서[14]에 따르면 내성 석축은 장방형으로 치석한 판석을 이용 바른층쌓기 하였고, 기단보축은 체성 폐기직전 또는 그 이후 보수과정에서 수축되었다고 한다. 그리고 외성은 내외벽에 기단석을 배치하고 그 속에 영정주를 세워 판축한 형태라 한다. 내성의 남문지는 문루를 갖춘 현문이며 연지는 바른층쌓기로 호안석 3단을 설치하였다. 내부에서 수습된 유물은 단각고배와 대부완, 팔엽단판연화문막새, 무와통기와 등이었다. 이런 특징들을 고려하여 석성의 초축시기를 늦어도 7세기 후반이나 8세기 초로 편년이 가능하다. 따라서 문헌상에 나타나는 신라 신문왕대의 전야산군轉也山郡과 관계되는 유적으로 해석해도 무리하지 않는다고 할 수 있다. 다만 동쪽에 연접해서 위치한 토성과의 관계가 분명하지 않아 이곳 산성의 초축시기를 구별하기 어려운 것이 사실이지만 자세한 것은 차후 검토가 필요한 사안이라고 말해 둔다. 이런 사실들을 참고하면 이 성은 늦어도 신라 신문왕대에 축조하여 이용한 전야산군 치소성이라고 할 수 있다. 인접한 하동 정안산성이나[15] 고성 거류산성,[16] 거제 둔덕기성,[17] 부산 배산성,[18] 함안 함안산성[19] 등 남해

---

12) 고전간행회 동국문화사,『增補文獻備考(上)』27, 輿地考23, 慶尙道 南海조, 1957.

13) 韓國人文科學院,『朝鮮寰輿勝覽』4, 慶尙道1, 1993.

14) 경남문화재연구원,『남해 대국산성』, 2005.

15) 심봉근,「하동군 치소 이동과 정안봉산성」『석당논총』70, 2018.

16) 경남고고학연구소,『고성 거류산성 시굴조사 보고서』, 2006.

17) 동아세아문화재연구원,『거제 폐왕성 문화유적시굴조사보고서』, 2006 ; 同연구원,『거제 폐왕성 집수지』, 2009 ; 同연구원,『거제 둔덕기성 동문·건물지』, 2011.

18) 부산박물관,「배산성지 일원 시굴조사 학술자문회의자료」, 2016.

그림 2 전야산군 치소(고현산성) 남문지

그림 3 전야산군 치소(고현산성) 연지

안에 위치하는 신라시대 치소성이 축조수법과 축조시기가 동일하여 상호 비교
가능하다.

나. 남해군(현)

신라후기에서 고려시대에 걸쳐 이용된 남해군 또는 남해현 치소는 고현성으
로 추정된다. 고현성은 남해군 고현면 도마리 성산(城山, 해발 82.4m) 일대에 토성
지와 석성지가 혼재해 있다. 『조선환여승람朝鮮寰輿勝覽』 남해군 고적조에 "古縣城
在郡北十七里 石築 周一千七百四十尺 高 十三尺"[20]이라하고 『대동지지』도 고현성
으로 기록하고 있는데 현지에서는 성산성으로 명칭하고 있다. 신라 경덕왕대의
남해군에서 시작하여 고려 공민왕대까지 걸쳐 사용된 토성을 조선시대 초기 석
성으로 개축하였다. 『동국여지승람』 성곽조에 "鄭以吾記 南海爲縣在海島之中 與
珍島巨濟鼎峙其沃而膏 其生物碩且蕃 國家之資焉者不貲矣 然其境壤與倭島密邇自
庚寅之歲始 被倭寇或虜或徙縣之屬縣平山蘭浦蕭然無人越八年丁酉出海而陸就晉
陽之鐥川而野處不能守土地修貢賦版籍所載財賦所出皆棄草野鹿場鞠爲倭寇之淵數
燬矣謨臣智將等無遺策修船艦以備水戰設城池以嚴陸守賊勢不振而日衰 上卽位之四
年擧兩岫任候 德秀爲仇羅梁萬戶兼令是縣候旣至設計推恩與利除獘戌務旣修民事
亦擧然地狹而險人思舊土候乃聞之與衆協謨請於都觀察黜陟使崔公有慶俱事聞于朝
以隣境河泗溟固鎭五郡之人城諸古縣絶島之中累石爲固因塹爲池始事於二月而告畢
三月之吉南民忝還田其田盧其盧晝作夜息怡怡熙熙魚鹽禾稻之利將以復前日之富是
無可記乎侯走書請記於余余惟王公設險以守其國大易之訓也 築斯城也 鑿斯池也 效

<hr>

19) 국립창원문화재연구소, 『함안 성산산성』, 1998.
20) 韓國人文科學院, 『朝鮮寰輿勝覽』 4, 慶尙道1, 1993.

死而勿去 孟氏之格言也 故周城朔方而欄俺狁之亂除鄭城虎牢而楚人之患息我朝城沿海之郡而倭寇之害弭夫城堡之守弱可以制强寡可以敵衆逸可待勞矣況是縣爲天南之勝地而海錯之饒土物之富所以爲國用所須者乎珍巨二郡之復亦可以卜之也今夫水有舟師之用城郭有樓櫓之守烽燧有日夜之謹則禦暴保民之具可謂得之矣 孰謂絶島孤城無所援而不可以高枕而臥乎 吾將鼓拙冥搜於南海之 墟當擧酒於譙櫓之上以賀國家之得人云"이라는 내용의 축성기는 바로 석성을 축조한 내용을 기록한 것이다.[21] 석성은 성산마을 동북쪽 계곡부를 중심으로 주위에 석축이 잔존하고 있으며 정상부에는 석축과 해자 그리고 동쪽 계곡부에도 석축이 잘 남아 있다. 그러나 최근 석축 주변에 소를 사육하기 위한 축사가 신축되면서 대부분 훼손시켜 버렸다. 이곳에 축사가 들어서기 이전 지표조사에서 '河東'이라는 명문이 음각된 석축과 수구水口가 발견된 바 있어 위의 기록과 일치하고 있다는 사실이 확인된다. 둘레 1,500m 정도이고 높이 2m 정도 잔존하고 있다. 외벽 면석은 지반을 수평하게 다지고 그 위에 납작한 장대석을 지대석으로 배치한 다음 자연대석의 기단석을 물러쌓은 허튼층쌓기 수법을 취하고 있다. 따라서 석성은 문헌기록이나 성의 고고학적 특징을 참고하면 전기한 축성기대로 조선 초기에 축조된 남해현 치소성이 분명하다 할 수 있다. 주목되는 것은 문헌기록을 따른다면 허튼층쌓기 축성수법으로서는 비교적 이른 시기에 해당한다는 점이다. 다른 사례와 연원문제 파악에 있어 중요한 자료라고 할 수 있다. 그리고 석성이 축조되기 이전의 토성은 신라 후기에서 고려시대 전 기간에 걸쳐 이용된 남해군(현)의 치소성으로 추정된다. 그것은 토성 내부에서 수집된 토기편, 자기편, 기와편 등의 특징이 전야산군성에서 출토된 유물보다 고고학적으로 판단하면 약간 시기적으로 늦다는 점에

---

21) 『新增東國輿地勝覽』卷31.

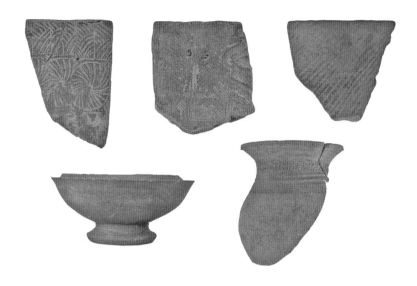

그림 4 전야산군 치소(고현산성) 출토유물

그림 5 남해군(현)치소 석성

그림 6 남해군(현)치소 출토유물

서 그 추정을 가능하게 하고 있다. 따라서 토성은 문헌상에 나타나는 신라 경덕
왕대 전야산군에서 남해군으로 개명된 시기에서 고려시대 전기간에 걸쳐 이용
된 남해군 또는 남해현 치소유적으로 추정하며, 석성은 조선 초기에 축조된 남
해읍성 또는 치소유적으로 판단해 둔다. 이 경우 전야산군에서 남해군으로 명
칭 개명은 고현산성에서 고현성으로 위치 변동도 의미하여 다른지역 사례에 주
목하고 있다. 동일성격을 가진 유적으로는 고성 고읍성,[22] 거제 거림리유적,[23] 부
산 망미동유적,[24] 기장 고읍성[25] 등을 예들 수 있다.

---

22) 경남발전연구원 역사문화센터, 『고성 고읍성』, 2016.
23) 동아대학교박물관, 『거제 거림리유적』, 1997.
24) 경남문화재연구원, 『동래 고읍성지』, 2007.
25) 부경문물연구원·기장군, 『기장 고읍성 학술조사 보고서 : 기장고읍성 보존 및 정비 방안 마

다. 남해읍성南海邑城

　　남해읍 서변동西邊洞 24-1번지 일대에 있다. 현재 서변동에 위치한 남해군청 서쪽에 길이 100m 정도, 높이 2m 정도 석축이 남아있다. 잔존부의 특징은 지대석과 기단석을 갖춘 허튼층쌓기 형식의 체성 일부이다. 문헌상으로는 세종 19년(1436) 이후에 축조되고 임란때 파괴된 것을 영조 23년(1747)에 중수하였다고 한다. 『동국여지승람』 성곽조에 "邑城 石築 周二千八百七十六尺 高十三尺. 內有井一 泉五 四時不渴"[26]이라하고, 『여지도서』 남해군 성지조에는 "邑城 石築 周二千八百七十尺 高十三尺 女堞五百九十堞 有南北門 甕城 十八 內有井一 泉五 四時不渴 我世祖五年己卯築城"[27]이라 하며, 『증보문헌비고』와 『대동지지』에도 『여지도서』와 동일내용을 싣고 있다. 전기한 정이오의 축성기문은 『동국여지승람』을 편찬하는 과정에서 『교은문집郊隱文集』 내용을 그대로 실은 것으로 생각되며[28] 서변동에 현존하는 읍성과는 무관한 조선초기의 전기한 고현석성(성산성)에 대한 내용으로 판단된다. 후기 남해군 치소 축조시기에 대해서는 여러 의견이 있다. 『대동지지』를 비롯해서 『문헌비고』,[29] 『여지도서』 등 근대문헌에서는 세조 5년(1459), 『조선환여승람』[30]은 세종 9년 등으로 일정하지 않다. 『문종실록』 원년

　　련을 위한 비지정문화재기초조사』, 2012.

26) 『新增東國輿地勝覽』卷三十一.

27) 국사편찬위원회, 『한국사료총서 20 : 여지도서(下)』, 탐구당, 1973.

28) 정이오의 시문집으로 2권1책이다. 목활자본으로 1939년에 후손 재호가 편집 간행함. 시 73수, 전箋 2편, 소 1편, 서序 4편, 기 14편, 전傳 1편, 행장 1편, 묘지명 1편, 잡저 1편, 사제문賜祭文 1편, 척록摭錄 1편, 유사 1편, 묘갈명 1편, 봉암문 3편, 척유摭遺 5편 등이 실려 있다. 한국정신문화원, 『한국민족문화대백과사전』 3, 1993.

29) 「南海邑城 石築 周二千八百七十六尺 高十三尺 女堞五百九十 甕城十八 內有井一泉五 世祖五年築」이라하고 있다.

30) 南海郡 古跡조에 「邑城 石築 周二千八百七十六尺 高十三尺 內有一井五泉 世宗九年築」이라

그림 7 남해읍성 체성

(1451) 9월 경자일庚子日 체찰사 정분鄭笨의 건의문 가운데 기존의 성곽을 그대로 이용할 것을 설명하는 과정에서 "南海縣 邑城 周回二千八百六尺 高十二尺 女墻 高三尺 敵臺十三 門三 有甕城 女墻五百五十三 城內泉三小渠一 垓字 周回 三千三十七尺"[31]이라 하고 있다. 즉 문종원년 이전에 이미 읍성이 축조된 것을 미루어보면 늦어도 세종조에는 축조되었음을 알 수 있다. 따라서 세종 19년 곧 남현에서 남해현으로 다시 독립될 무렵이 가장 유력한 축조시기라고 할 수 있다. 그리고 『환여승람』의 세종 9년의 기사는 19년의 오기인 듯하고 세조 5년의

하고 있다.

31) 『朝鮮王朝實錄』文宗 卷九 元年辛未 九月조.

기사는 증개축과 관련된 기사로 해석된다. 최근 남해군지[32]에 실린 남해읍성에 대한 기사가 비교적 정확하다고 할 수 있다.

라. 난포현

난포현 치소는 남해군 이동면 난음리 비자당마을 서북쪽 강진만을 향해 돌출한 반도형 독립구릉(해발 51.9m)의 8부 능선상에 위치한다. 체성은 석축을 배치하고 내부를 성내로 삼은 테뫼식 석성이다. 석축 면석은 훼손이 심하지만 체성 내부 적심석의 결구상태로 미루어 보아 바른층쌓기 수법으로 보인다. 현재 주위 대부분이 해안선 매립으로 농경지로 변해 당시의 지형 파악이 어려운 것은 사실이지만 성곽의 입지로서는 훌륭하다 할 수 있다. 현재 성내는 비자목으로 인공조림 되어있고 정상부를 비롯한 비자림 사이에는 건물지 유구가 계단상을 이루고 있으며 주변에는 기와편과 토기편, 인석蘭石 등 성곽과 관련된 유물들이 다수 수습되고 있다. 수습된 유물의 특징과 체성의 축조수법을 참고하면 성은 신라시대에서 시작하여 고려시대를 거쳐 조선 초기까지 사용되고 고려시대가 중심이었던 것으로 추측된다. 이런 특징을 가진 성곽의 지리적인 환경과 고고학적 축조시기 등을 고려하면 전기한 문헌상에 나타나는 신라와 고려시대의 난포현 치소유적으로 추정해도 무방하다고 생각된다. 그리고 조선시대까지 이용은『증보문헌비고』에 "曲浦城 在南三十里 石築 周九百六十尺高十一尺 中宗十七年革牛古介移置于此"하고,『대동지지』에 "曲浦舊堡 東二十里 蘭浦古縣址 中宗十七年 移牛岾堡 于此置權管 城周九百六十一尺 英宗二十七年革"이라하여 곡포구

---

32) 남해군지편찬위원회,『남해군지』上, 2010.

그림 8 난포현 치소(비자당산성) 전경

그림 9 난포현 치소(비자당산성) 추정 연지

그림 10 난포현 치소(비자당산성) 출토유물

보가 처음 난포 고현지에 설치되었다가 우고개보로, 그리고 중종 17년(1522)에 우고개보 즉 우현보로 이설하고 이곳에 권관을 두었으며 영종 27년(1751)에 혁파하였다는 내용이다. 이를 참고하면 곡포구보가 설치된 난포고현지가 곧 바로 비자당성이므로 조선시대 전기까지 사용되었다는 것을 시사하고 있다. 고성 신분리성,[33] 거제 옥산금성,[34] 다대산성[35] 등과 그 성격을 같이 하는 것으로 생각된다.

---

33) 동아대학교박물관·고성군, 「문화유적분포지도-고성군-」, 2004.
  당시 지표조사에서 확인된 바른층쌓기 석성은 신라 一善縣이나 永善縣 치소성으로 파악하였다.
34) 경상문화재연구원·거제시, 『거제 옥산성지』, 2019.
  조사결과를 참조하면 옥산금성은 신라시대 溟珍縣 치소성으로 추정된다.
35) 심봉근, 「거제 고현성지 연구」, 『석당논총』 17, 1991.
  다대산성은 신라시대 南垂 또는 松邊縣 치소성으로 추정된다.

마. 평산현

평산현 처음 치소는 남면 상가리 291번지에 있는 임진성으로 추정되며 현재 경상남도 기념물 제20호로 지정되어 있다. 성은 기업산 제2봉 정상부(108.1m) 주변에 능선을 따라 배치된 석축 내성과 그 주위에 토축 외성으로 구성된 성곽 형태를 하고 있다. 체성 면석은 막돌로 축조한 석축성으로 하단부는 바른층쌓기이고 상부는 허튼층쌓기이다. 임진성이란 상부에 수축된 석성을 의미하는 것으로 이해된다. 소형으로 둘레 286.3m, 높이 2~6m, 면적 16,460㎡이며 최근 지표조사와 시굴조사과정에서 동·서문지와 건물지, 집수지, 수혈 등이 확인되었다. 주목되는 것은 집수지 내부조사에서 2단으로 바른층쌓기 호안석과 함께 내부에서 신라시대로 편년되는 단각고배편이 출토되어 초축시기를 신라시대로 추정하고 있다.[36] 특히 인접한 고현산성에서도 같은 형태의 집수정이 확인된 바 있다. 이곳 지리적인 환경과 초축시기를 고려하면 문헌상에 나타나는 신라시대 서평산현西平山縣이 처음 이곳에 설치되었다가 뒷날 지금의 평산포로 이동된 것으로 짐작된다. 『대동지지』 남해군 진보조에 "平山浦鎭 在平川古縣 初設于加石 後還設 古縣址"[37] 이라 하여 평산포진을 처음 가석加石에 두었다가 다시 과거 영현이 위치했던 평산포로 이설하였다고 하여 상가리라는 지명이 가석에 연유한 것으로 생각된다. 주목되는 것은 평산현이 처음 설치된 가석에서 평산포로 이설한 시기이다. 『삼국사기』에는 신문왕 때 서평산현을 설치하였다가 경덕왕 때 평산으로 개명하였다고 하였다. 이를 참고하면 경덕왕대 평산현으로 개명할 당시 지금의 평산포로 이설한 것은 아닌지 하는 의문을 갖게 하고 있다. 전야산

---

36) 동서문물연구원, 「남해 임진성 발굴조사 약보고서」, 2014.
37) 한양대학교 국학연구원, 『大東地志』, 南海 鎭堡조, 1974.

그림 11 평산현 치소(임진성) 복원 체성

그림 12 평산현 치소(임진성) 출토유물

군이 남해군으로 개명된 것과 같은 의미를 가진 것인 검토의 필요성이 제기되고 있다. 현재의 평산포 주변에서 해당성지로 추정되는 토성지가 구릉정상부를 따라 분포하고 있어 주목하고 있다.

바. 흥선현

창선면 당항리 산 102번지 대사산(해발 261m) 정상부에 위치하는 금오산성이 흥선현 치소로 추정된다. 체성은 납작한 판석으로 축조된 석성으로 조선전기 허튼층쌓기 수법과는 축조수법에서 현저한 차이를 보이고 있다. 정문인 북문지는 사대산 북쪽 계곡부(해발 245m)에 위치하며 문지는 동-서 380㎝, 남-북 620㎝ 폭이며 높이 210㎝ 규모이다. 체성은 길이 665m의 포곡식이며 경상남도 기념물 제 249호로 지정되어 있다. 2009년 북문지 복원을 위한 시발굴조사를 실시하고[38] 조사자는 13~14세기경에 왜구방비를 목적으로 축조한 산성으로 추정하였다. 그뒤 필자는 『동국여지승람』에 "興善廢縣 卽興善島 本高麗有疾部曲 後改爲彰善縣來屬 忠宣王改今名 因倭寇人物皆 亡今爲直村 元宗十年 聞日本將寇邊縣所藏國史移于珍島"[39]라 하는 기록에 주목하고 체성의 축조수법, 내부에서 수습된 유물 등 고고학적인 특징을 검토한 끝에 금오산성이 고려시대로 편년된다는 사실을 착안해서 고려시대 흥선현 치소라고 추정하였다. 특히 창선도 내에 고려시대 사고史庫가 위치하였다는 사실과 고려 이전에 축조된 성곽이 없었다는 점을 감안하면 금오산성이 가장 유력한 치소 후보라고 할 수 있기 때문이다.

---

38) 해동문화재연구원, 『남해 금오산성 북문지 복원을 위한 시·발굴조사』, 2011.
39) 『東國輿地勝覽』卷30, 晉州牧 古跡.

그림 13 흥선현 치소(금오산성) 체성

그림 14 흥선현 치소(금오산성) 출토유물

4. 시공간적 위치 분석

삼국시대 남해군은 지리적인 환경에 의해 백제나 가야와 깊은 관계를 유지한 것이 최근 발굴조사에서 일부 확인되어 주목하고 있다.[40] 특히 유일한 사료인 삼국사기에서도 신문왕 때 처음으로 전야산군을 설치하였다 하고 있다. 그것은 신문왕 이전 즉 삼국통일 이전에는 신라영역이 아니라는 것을 시사하고 있다. 인접한 거제도의 경우도 문무왕 때 상군을 처음 설치하였다고 삼국사기는 기록하고 있다.[41] 이 경우 남해도나 거제도 등 남해안 도서지방이 가야멸망 또는 삼국통일 이후 겨우 신라영역으로 편입되었다는 것을 시사하는 듯하다. 따라서 전술한 남해군내 치소성의 축조시기는 남해군이 신라영역 편입 후 신라의 군현제도에 따라 축조되었다는 것을 의미하게 된다. 그러나 과거 백제 또는 가야의 영향시기에 이미 축조해 놓은 기존의 성곽을 신라가 그대로 치소성으로 이용할 경우 해석은 또 달라질 수 있을 것이다. 앞으로 해당 성곽의 정밀발굴조사를 통해서 진실이 가려지기를 기대해 본다. 남해군내 각종 성지의 지리적인 분포는 분포도에 나타난 것과 같으며 이를 검토해보면 우선 축조시기의 차이이다. 즉 신라와 고려시대는 육지와 연접한 고현면과 설천면이 위치하는 북쪽에 주로 군현성(치소성)을 배치하고 있다. 아마도 군사적인 관방성과 행정적인 군현성 역할을 겸한 위치선정이라 할 수 있다. 그것은 잦은 왜구침입에 대비한 퇴로확보와 육지 원군의 신속성과 편리성 등을 감안한 결과라고 생각된다. 전술적으로 생각하면 공격적인 분포보다는 방어적이라 할 수 있다. 그리고 전야

---

40) 경남발전연구원 역사문화센터, 『남해 남치리 백제석실』, 2016.

41) 『三國史記』卷第34 雜誌 第3(地理一 康州) "巨濟郡 文武王初置裳郡 海中島也 景德王改名 今因之 領縣三 鵝洲縣 本巨老縣 景德王改名 今因之 溟珍縣 本買珍伊縣 景德王改名 今因之 南垂縣 本松邊縣 景德王改名 今復故"라하고 있다.

산군성의 경우 신라 쪽인 동사면을 성내로 삼고 평소 경계지역으로 생각되는 바다나 백제가 위치하는 남쪽이나 서쪽의 관망하기 용이한 지점을 선택하고 있는 것을 감안하면 신라나 가야가 축조한 성으로 판단하는 것이 편리하다 할 수 있다.

한편 문헌상으로 신라시대는 영현, 고려시대는 속현으로 나타나는 난포현과 평산현 치소성이다. 신라시대 영현의 배치는 관리영역과 인구분포를 고려한 선지라고 알려져 있다. 신라는 경덕왕 16년(757) 지방관제를 9주 5소경으로 재편성하였는데 남해는 11군 30현으로 구성된 강주에 소속되었다. 난포현과 평산현은 강주 소속 30현 가운데 하나이다. 그중 난포현은 남쪽이 금산으로 차단되어 왜구가 자주 나타나는 남해안은 조망하기 어렵고 북동쪽 강진만(사천만)만 바라볼 수 있는 해변을 위치선정하고 있다. 그리고 평산현도 남해안보다는 서쪽 여수만과 순천만을 관망하기 편리한 지점으로 위치선정하고 있다. 홍선현은 고지에 입지하여 사방 관망이 용이한 곳에 위치하나 남해보다는 북쪽해안 조망이 더 편리한 지점이다. 이 경우 난포현과 평산현, 홍선현 모두가 전략적으로 넓은 남해안 보다는 가까운 사천만과 여수만 등 연안의 좁은 수로를 관망하기 편리한 지점으로 선택하고 있다는 점이 주목된다. 이는 전술상의 관방성 역할 보다는 연안 수로를 주로 이용하는 외국 무역선 통제를 겨냥한 배치는 아닌지 하는 의문을 갖게 할 정도이다. 전체적인 지리적 환경을 고려하면 남해군의 남쪽과 서쪽에 각각 균형있게 배치하여 군현 전역을 통치 가능하도록 조치하였다는 느낌을 갖게 하는 것은 분명하다 할 수 있다. 물론 신문왕대는 삼국통일 이후의 단계이므로 국내외적으로 안정을 되찾은 시기이고 신라의 지방행정체제가 어느 정도 정비된 단계여서 전략적 배치라기보다는 행정적 편리성을 감안한 결과라고 해석되기도 한다. 그러나 조선시대의 경우 행정기능의 치소성(읍성)과 군사기능의 관방성이 임무가 어느 정도 구분되면서 전대의 속현이나 영현은 폐지되고 대신 곡포보, 평산진 등 그 자리에 관방성을 설치하였다. 고려시대까지 이용된 영현이나 속현이 폐지되고 그 자리에 관방성 배치는 과거 영현이 행정적 기능보다 군사적인 기능 즉 행정성보다는 관방성 기능이 강했던 것을 짐작할 수도 있다. 이런 위치선정은 중국 무역선이나 왜구와 같은 외부세력의 남해안 진입경로가 남해 원양에서 연안지역으로 바뀌면서 경계지역도 바뀐 것인지 검토의 대상이 되고 있다. 어느 국가를 막론하고 성곽의 축조는 전략적인 공격보다는 방어가 주목적이다. 특히 초기국가들은 군사적인 우두머리가 행정적인 우두머리를 겸하였다. 남해군의 경우 신라의 지방행정체제가 어느 정도 정비된 단계여서 군이나 현에 태수, 소수, 도사 등의 각종 지방관료가 치소성에 머물면서 업무를 관장하였을 것으로 생각된다. 그러므로 초기의 치소는 군사적인 요충지인 산성이 대부분이다. 반면 전시상태가 해소되고 사회가 안정을 되찾을 때는 치소는 산상에서 평지로 이동하면서 행정적인 업무와 군사적인 업무가 점차 분리되고, 성곽도 행정 중심지의 읍성과 군사적 요충지에 관방성으로 독립하게 된다. 이런 현상은 모든 국가가 마찬가지라고 할 수 있다 남해군내 성지의 분포와 발전과정도 동일한 현상이다. 신라시대 행정체제 정립으로 전야산군이 설치되면서 왜구에 대비하기 위해 군사적 요충지에 고현산성을 축조하고 행정적인 치소 임무도 겸하게 된다. 그러나 왜구들이 소강상태를 이루자 산성 아래 계곡부 평야에 고현토성을 축조하여 그 중심지를 이설하게 된다. 이때 고현산성은 군사적 요충지 즉 관방성 역할을 담당하고 행정적인 업무는 고현토성에서 이루어졌다고도 볼 수 있다. 주변의 영현인 난포현과 평산현도 마찬가지 과정이 예상된다. 이런 체제는 고려후기까지 계속되었다고 추측된다. 따라서 신라에서 고려시대까지 전시에는 산성에서 그리고 평시에는 산성과 평산성 또는 평지성을 양립시켜 활용하였다고 생각된다. 그리고 조선시대 초기에는 전대의 고현토성을 석성으로 개축해서 관방성과 치소성으로 겸해서 사용하다가 세종조에 남해읍 서변동에 읍성인 석성을 축조하여 조선시대 말기까지 사용하게 되었다고 하겠다.

끝으로 과제로 남는 것이 신라시대 치소의 위치이동이다 그것은 석성에서 토성으로 이동을 의미하며 고현산성에서 고현성으로 그리고 임진성에서 평산성으로 이동이다. 신문왕때 전야산군이 남해군으로 그리고 서평산현이 평산현으로 각각 개명되는 시기에 위치이동이 고고학적인 자료에서 일부 확인되고 있어서 주목하고 있다. 이런 현상은 비록 남해에 국한하지 않고 고성의 거류산성과 고읍성, 부산의 배산성과 망미동성지, 기장의 기장산성과 기장고읍성, 함안의 성산성과 괴산리유적, 거제의 둔덕기성과 거림리유적 등 최근 경상도지역 치소성 유적조사에서 공통적으로 나타나는 현상으로 장차 정밀발굴조사와 함께 검토되어야할 대상이라 할 수 있다.

5. 끝맺는 말

인류학에 있어서 고대국가 성립의 가장 중요한 요소를 국민, 국토, 성곽으로 꼽는다. 이 경우 성곽은 전쟁때 영토나 국민을 보호하기 위한 장치를 상징하는 것으로서 무기를 대신하기도 한다. 남해군 내에는 최근 남해읍 아산리에 있는 봉황산에서 청동기시대 말기의 환호유구가 발견되었다.[42] 환호는 초기 방어시

---

42) 부경문물연구원, 『남해 봉황산유적』, 2016.

설로서 우리나라 청동기시대 주거지유적에서 종종 확인되고 있다. 따라서 남해도 청동기시대 후기에는 고대 소국의 등장을 예측할 수 있다. 그 다음 삼한시대 사항은 자세하지 않다. 그러나 남해읍 도마리패총이 앞으로 이를 대변할 것으로 생각된다. 도마리패총 지표조사에서 수습된 유물의 특징이 인접한 사천 늑도패총 출토품과 크게 다를 바 없기 때문이다. 다음 삼국과 신라시대는 고현면과 설천면 주변의 토성과 석성이 이를 설명해 주고 있다. 고현산성(대국산성)은 신라시대(신문왕) 전야산군과 관계되는 치소유적이라고 생각된다. 그리고 고현성(성산토성)은 신라 후기(경덕왕)에서 고려시대(공민왕)에 걸쳐 사용된 남해군의 치소유적이다. 동일시기 남해군의 속현 또는 영현인 난포현(난음리 비자당산성)과 평산현(상가리 임진성)에도 치소성이 축조된 것을 확인할 수 있었다. 더욱 주목되는 것은 창선도에 위치하는 금오산성이다. 그 동안 금오산성의 축조배경과 시기 확인이 어려웠다. 이번 연구과정에서 북문지 시굴조사내용과 관계문헌자료를 분석한 결과 고려시대 진주목 홍선현 치소성임을 확인할 수 있었다. 성내에는 국사를 보관하는 사고가 위치하였으나 왜구침략 정보입수 후 진도로 이동하였다고 한다. 이렇게 고려시대 이전에는 치소성과 관방성의 뚜렷한 임무구별 없이 육지와 근접한 북쪽 전술적 요충지에 성곽을 배치한 것으로 파악되었다. 이런 분포현상은 왜구와 연접된 남해연안 도서지방에 해당한다는 특징을 고려한 공간적 위치선정이라 할 수 있다.

한편 조선시대 읍성은 태종조에 고현성을 토성에서 석축성으로 개조해서 치소로서 사용하였다. 그러나 조선시대 초기 하동, 금양, 곤명지역과 합병 또는 분리 등 행정구역 개편으로 인해 고정된 치소운영이 어려웠으나 세종조에 다시 남해현으로 독립됨과 동시에 치소를 남해읍 서변리로 이설해서 축성하고 조선시대 말기까지 한곳에 계속 머물렀다. 읍성의 축조시기에 대해서는 문헌자료에서도 이설이 없지 않으나 세종대에 곤남현에서 분리되어 남해현으로 복현된 시기가 가장 유력하다고 할 수 있다. 그것은 문종실록에 이미 축성이 완료된 사실이 나타나고 있기 때문이다. 그리고 읍성 축조 경위에 대해 자주 이용하고 있는 『동국여지승람』 정이오 읍성 축성기는 태종조에 축조된 고현석성에 해당하는 사실이며 서변동읍성과는 무관한 것임을 밝혀둔다. 세종조의 서변동읍성의 위치선정은 비교적 육지와 근접하고 남해도의 중심부에 해당하여 행정적 관리가 용이하다는 장점을 참조한 것으로 해석된다. 신라에서 고려시대에 걸쳐 위치했던 난포현과 평산현 그리고 홍선현은 조선시대에 폐지되고 대신 그 주변에 성고개보, 평산진, 적량진과 같은 관방성이 위치하게 된다.

「고고학적으로 본 경남 남해 군현의 치소」, 『문물연구』 제35호, 2019.

하동군 군현郡縣과 정안봉鄭晏峯산성

1. 머리말

하동군내 중부지역에 위치하는 정안봉산성의 정안과 관계 규명을 위해서는 정안봉산성의 축조 시기와 목적 등을 먼저 파악하여야 한다고 생각된다. 그것은 우리나라 대부분의 성곽이 신라, 고려, 조선 등 축조시기에 따라 토성, 석성, 목책 등 축성 재료와 산성, 평산성, 평지성 등 축성 위치, 읍성(치소), 관방성, 왜성 등 사용목적과 축성주관자에 따라 그 특징을 달리하기 때문이다.[1] 따라서 고려시대 인물인 정안과 정안봉산성이 상호 유관할 경우 자연 정안봉산성이 고려시대 특징을 가져야만 한다고 하겠다. 그러나 최근의 산성에 대한 시굴조사 결과는 신라시대에 초축되고 고려시대에 수개축 되었다는 것으로 파악되어 초축이 고려시대와는 무관함을 밝히고 있다.[2] 그것이 사실이라면 정안보다 앞선 시기인 신라시대에 이미 정안봉산성이 축조되어 있었다는 것이 된다. 그렇다면 신라시대에 축조된 정안봉산성에 대한 축조목적이나 배경이 다시 궁금하게 된다. 주목되는 것은 우리나라 남부지역의 신라시대 축조로 알려진 성곽들 대부분이 신라 신문왕과 경덕왕 사이 전국 지방제도(군현제) 개편이나 수립이후 주군현에 해당하는 중심지역에 주로 배치되어 당시의 치소성과 관계되는 것으로 추

---

1) 심봉근, 『한국 남해연안성지의 고고학적연구』, 학연문화사, 1995.
2) 극동문화재연구원, 「하동 정안산성 학술 발굴(시굴)시굴조사 약보고서」, 2016.

정하고 있다.[3] 정안봉산성의 경우도 다른지역과 마찬가지로 혹시 하동군의 중심지에 축조된 치소성은 아닌지 하는 추측을 가능하게 하고 있다. 따라서 여기서는 우선 문헌자료에서 확인되는 하동군 치소이동과 고고학 자료인 정안봉산성 시굴조사 결과를 중심으로 정안산성의 축조시기와 배경 등을 파악한 후 고려시대 정안이라는 인물과의 관계를 유추해 보기로 하겠다.

2. 문헌자료에 보이는 하동군치소

먼저 하동군 연혁과 치소에 관계되는 대표문헌을 열거하면 대략 다음과 같다.

자료1. 『삼국사기』 신라본기 유례니사금조

十一年 夏 倭兵來攻長峯城 不克. 秋七月 多沙郡 進嘉禾

자료2. 『삼국사기』 잡지 지리 하동군조

本韓多沙郡 景德王改名 今因之 領縣三 省良縣 今金良部曲 嶽陽縣 本小多
沙縣 景德土改名 今凶之 河邑縣 本浦村縣 景德王改名 今未詳.

자료3. 『고려사』 지리지 악양현조

本新羅小多沙縣 景德王改 今名 爲河東郡領縣 顯宗九年來屬

자료4. 『세종실록지리지』 하동현조

本韓多沙郡 景德王改爲 河東郡 高麗因之 顯宗戊午 屬晉州任內 明宗壬辰
始置監務 本朝太宗甲午 合南海縣 號河南縣令 乙未復析 置河東監務 別號
淸河.

---

3) 심봉근, 「부산지역 고대성지의 성격검토와 과제」, 『문물연구』 31, 2017.

자료5. 『신증동국여지승람』 하동군 건치연혁조

本韓多沙郡 景德王改今名 高麗顯宗 屬晉州 明宗置監務 本朝太宗朝 以南海
縣來合 號河南縣置 今後復析 爲置監監務

자료6. 『증보문헌비고』 여지고 하동읍성조

太宗十七年石築于陽慶山下 周一千十八尺 高十三尺 今廢 內有井五池一 世
宗七年移于蟾江邊豆谷

자료7. 『증보문헌비고』 여지고 군현연혁 하동군 조

河東郡 太宗朝 合南海 爲河南縣 後析置 肅宗二十八年 以蟾江爲關阨 割晉
州地嶽陽化開等四里屬之 二十九年移設于陳沓面豆谷 三十年陞府 英祖六年
移治于螺洞 二十一年移于項村 今上三十二年改爲郡

자료8. 『한국근대읍지』 하동군 건치연혁조

新羅 韓多沙郡 敬4德王 改今名 高麗 顯宗 屬晉州 明宗 置監務 朝鮮 太宗
朝 以南海縣 來合 號河南 置縣令 後復析 爲縣監 又 置訓導一人 仁祖壬申
以後 土疾熾盛 前後邑宰不死則 病故 遂移橫浦地議 孝宗戊戌閔相國 鼎重
位本道巡按御使時 縣民齊訴啓達允 顯宗辛丑縣監李在中始移設於橫浦 南
有大川每當潦漲人不能涉焉 康熙(肅宗)丙辰 暗行御史 權愈之來 官吏之落在
舊基者 悶其往來 又歎涉川之苦 同聲號訴 又爲啓聞蒙允 己(乙)未冬 縣監金
有鼎 還設舊基 辛酉縣監 曺挺世 以爲邑基 高凸東南受風衛中疾病連因且於
官舍累石築土 每患傾頹故 欲還橫浦枚報 巡營 其時方伯 李秀彦 狀啓蒙允
而連歲大侵民力己掘果 未復遷焉

肅宗壬午邑民以蟾江一帶宜爲關阨之意叫閣蒙允 乃以晉州嶽陽花開陳沓赤
良四里割屬而 癸未縣監李萬禎 遂移邑于陳沓面牛嶺 甲申縣監韓範錫 又 移
于同面豆谷 而陞爲都護府 英祖庚戌府使鄭德鳴以邑基狹窄地勢傾側因民訴

報 巡營移邑于五里許 螺洞矣 乙丑府使田天祥以邑不尊居民不成聚報 巡營
移邑于拾里許項村 要不離蟾江一帶故也

　자료9.『한국근대읍지』하동군 성지조

古縣城 在古田陽慶山 世宗丁酉累石築城 周一千十九尺 高十三尺 內有五井
一池 今殘堞矣, 姑蘇城 在岳陽神仙臺下 蓋新羅時代 模範堅築 而今殘堞尚
存 城外寒山寺 …, 院洞山城 在橫川面, 金鰲山城 在金陽面, 鄭晏峯山城 在
良甫面, 城峙山城 在良甫面, 少卵山城 在古田面

이상의 자료 가운데 자료1은『삼국사기』유례왕 11년(294)조 기사이다. 왜군이
침입한 장봉성은 경북 경주 입실면 모화리설[4]과 경주 추령 또는 감포설[5]이 있
다. 다사군에서 특이한 벼이삭이 생산되어 진상하였다는 기사는 다사가 하동과
관계되는 것은 분명하다 할 수 있으나 3세기말경에 이 지역에 군현제가 시행되
었다고 판단할 수 없다. 다만『삼국지』동이전에는 입전되지 않았으나 삼한시대
다사국으로 명칭한 것을 군으로 바꾸어 기록한 것은 아닌가 한다.[6]

　자료2는 신라 한다사군을 경덕왕때(756) 하동군으로 개명되어 늦어도 그 이
전의 신문왕대에는 한다사군이 설치되었을 것으로 이해된다. 그리고 영현으로
성양현, 악양현, 본촌현이 있다하고 있다.

　자료3은『고려사』지리지 악양현 기사로 현종 9년(1018) 악양현과 함께 진주임

---

4) 이병도,『국역 삼국사기』, 춘조사, 1934.
5) 진덕재,「4-6세기 신라의 동해안지역 경영」,『한국남해안의 선사와 고대문화』, 한국상고사학
　　회 40회 학술발표대회, 2012.
6) 이병도선생은 한국사 고대편에서 삼한의 변진 12국 중 樂奴國을 하동군 악양 일대에 비정하
　　고 있다. 그러나 일본서기 신공기나 계체기에 多沙城 또는 帶沙라는 하동의 고지명이 일쩍부
　　터 나타나고 위례왕조의 다사군 등의 지명을 감안하면 재검토의 필요성도 있어 보인다.

내에 내속되었다.[7]

　자료4는 『세종실록지리지』 하동현 연혁기사로 고려 현종 9년(1018)에 진주임내에 내속되었다가 명종 2년(1172)에 현으로 분리되어 감무를 처음 두게 된다.[8] 조선 태종 14년(1414) 남해현과 합하여 하남현으로 하고 현령을 두었다가 이듬해인 태종 15년(1415)에 다시 분리하여 감무를 두었으며 별호를 청하라고 하였다.

　자료5는 『신증동국여지승람』 하동군 건치연혁 기사인데 내용은 전기한 『세종실록지리지』 기사와 동일하다.

　자료6은 『증보문헌비고』 여지고 하동읍성조인데 조선 태종 17년(1417)에 양경산 아래에 석축성을 쌓아 읍성으로 삼았으며 세종 7년(1425) 섬강변의 두곡으로 이설하였다 하고 있다. 이것이 하동군 치소이동의 처음 기사이다. 즉 양경산 아래에서 세종대에 두곡으로 이설하였다는 것이다.

　자료7은 같은 『증보문헌비고』 여지고 군현연혁 하동군조이다. 태종대에 하남현이 되었다가 뒷날 분리되었다. 숙종 28년(1702) 섬강을 관액으로 삼았으며 악양, 화개 등 4리를 진주에서 분할하여 속하게 하였다. 숙종 29년(1703) 진답면 두곡으로 치소를 이설하고, 숙종 30년(1704) 부로 승격되었다.[9] 영조 6년(1730)에 치소를 나동으로 이설하였다가 영조 21년(1745) 항촌으로 다시 이설하였으며 고종 32년(1895) 현에서 군으로 개편되었다. 이 자료에서는 숙종 29년에 두곡으로 치소를 이설하고, 영조 6년에 다시 나동으로, 영조 21년에 항촌으로 이설한 것으로 되어있다. 숙종 29년 이전의 치소 이동내용은 자세하지 않다.

　자료8은 『한국근대읍지』[10] 하동군 건치연혁조이다. 영남읍지 등 구지를 모본

---

7) 당시 고려는 전국을 4도호부 8목으로 지방제도를 개편했다.
8) 전국 56현에 감무를 두었다.
9) 전국을 23도호부 331군으로 개편하였다.
10) 한국인문과학원, 『한국근대읍지』 33, 경상도 27, 하동군지, 화림지, 1991.

으로 삼아 편집되어 건치연혁은 그 내용이 대동소이 하다. 연혁 가운데 앞부분 문장은 기존의 자료를 답습하고 있다. 그러나 인조 10년(1632) 괴질이 만연하여 치소를 두곡에서 횡포로 이설하자는 논의가 효종 9년(1658)까지 계속되다가 현종 2년(1661) 횡포로 처음 이설하게 되었다는 내용들은 보다 구체적이어서 주목된다. 세종대 두곡에서 현종대에 횡포로 치소를 이설하였으나 숙종 2년(1676) 옛날 두곡 치소 사람들을 중심으로 장마 등 우천시 횡천강을 건너기 어렵다는 등 갖은 이유로 환원운동을 벌려 숙종 5년(1679) 다시 두곡으로 환원되었다. 숙종 7년(1681) 다시 읍기를 고철지역으로 선지하다가 중지되었고, 숙종 28년 관액을 섬강변에 두고 숙종 29년(1703) 치소를 진답면 우령으로 삼았다.[11] 이듬해 숙종 30년(1704) 다시 진답면 두곡으로 이설하고 부로 승격하였다. 그 뒤 영조 6년(1730) 나동으로 이설하고 영조 21년(1745) 다시 항촌으로 이설하였다. 이를 요약해서 정리하면 양경산하에서 두곡으로, 두곡에서 횡포로, 횡포에서 다시 두곡으로, 두곡에서 우령으로, 우령에서 두곡으로, 두곡에서 나동으로, 나동에서 항촌으로 각각 치소를 이설한 것이 자세하게 설명되어 있으나 신라, 고려시대 사항은 거론조차 하지 않고 있다.

자료9는 『한국근대읍지』 하동군 성지조이다. 여기에는 고현성, 고소성, 원동산성, 금오산성, 정안봉산성, 성치산성, 소란산성 등이 보인다. 그중 정안봉산성은 문헌상 처음 등장하는 기사로 그 명칭에 있어서 정안이라는 인물보다는 정안봉이라는 장소에 관점을 두어 주목된다.

---

11) 자료 7에서는 숙종 29년에 두곡으로 환원하였다 하고 자료 8에서는 숙종 30년에 환원하였다 하고 있다. 7은 우령으로 이설이 누락된 상태이며 내용상으로는 8이 바른 기록으로 생각된다.

3. 정안봉산성

정안봉산성이 위치하는 정안봉(해발 448m)은 경상남도 하동군 고전면 성천리 산1-1번지, 횡천면 학리 산173-2번지, 양보면 장암리 일대에 위치하고 있다. 산성은 길이 791.5m, 성내 면적 31,667㎡(9,580평), 남북 최대길이 222.39m, 동서 최대길이 273.11m의 테뫼식이다. 조사는 (재)극동문화재연구원에서 지난 2016년 4월1일부터 동년 5월20일까지 성내 7,955㎡ 면적을 대상으로 시굴조사를 실시하였다. 조사보고서에 의하면 비교적 잔존상태가 양호한 서북쪽 체성의 경우 3차에 걸친 수개축 흔적이 확인된다고 한다.

그중 초축은 자연퇴적층을 기반으로 그 상부에 약황갈색토와 암갈색토를 다져 지반을 견고하게 조성 후 석축 기단을 배치하고 그 위에 수직하게 성석을 올려놓은 석축성이다. 바깥 면석은 약 100~110㎝ 높이이며 석축 5단 정도인데 석축면석은 세장방형 또는 방형으로 가공한 석재를 이용하여[12] 지면에 수직하게 바른층쌓기 하였고, 성벽 내부에는 할석으로 된 적심석이 채워져 있다. 조사자는 통일신라시대에 축조된 국내 산성의 축조수법과 동일하고 축조시기는 통일신라시대 중-후기로 추정하고 있다. 그리고 1차에 걸친 수축이 인정된다고 하였다.[13]

2차 축성은 전기한 1차성의 적심석 중심부 상층에 토성을 구축한 형태이다.

---

12) 면석의 형태를 세장방형 또는 방형이라고 설명하여 축조시기 파악에 어려움이 있다. 즉 장방형과 방형은 서로 차이가 있기 때문이다. 면석의 형태 이해에는 다음 연구성과가 주목되고 있다. 서승완, 「외벽축조기법을 통해본 파주덕진산성의 변화」, 『신라성곽의 축성연구와 운영, 그리고 가야성곽연구』, 한국성곽학회 2017년도 추계학술대회 발표요지, 2017.

13) 보고서 내용 요약과정에서 필자가 평소에 사용하는 용어로 수정한 부분이 있다. 그러나 의미상 차이를 나타내는 것은 아니다.

토성의 기단부는 점토와 기와편으로 혼축하고 외벽 가장자리에 할석으로된 기단석열을 배치하였다. 간층을 가진 2중 기단석열의 특징을 참고하여 1차에 걸친 수축을 예상하고 고려시대 초기 축조로 파악하고 있다.

3차 축성은 2차 토성의 상부에 회황갈색점질토를 이용하여 기저부를 조성한 후 외벽에 30~50cm 크기의 할석을 쌓고 그 내측 적심부에 흑갈색토를 채워서 토석혼축 수법으로 축조되었고 고려시대 중기나 후기에 축조된 것으로 추정하고 있다. 한편 과거 성내 지표조사[14]에서 파악된 12동의 건물지 가운데 7동이 시굴조사에서 확인되었는데 조사과정에서 건물지 초석을 비롯하여 배수구, 폐기와 야적소 등의 유구와 기와편, 토기편, 자기편 등 관계유물이 수습되었다고 한다. 특히 조사과정에서 수습된 기와편 가운데 '甲午', '年甲午四月三', '五年甲午四月三'으로 좌서左書한 명문기와가 출토되어 주목되었다. 추정컨대 '五年甲午四月三'은 북송 태종 조광의趙匡義의 네번째 연호로 5년간 사용된 순화淳化와 결합되는 것이다. 순화오년갑오사월삼은 서력 994년으로 우리나라 고려 성종 13년에 해당하여 고려시대 전기에도 수개축이 있었던 것으로 파악된다.

이상의 시굴조사 내용을 종합하면 정안산성의 축조는 통일신라시대에서 시작하여 고려시대까지 수개축이 이루어지면서 계속 사용된 듯하다. 그것은 체성의 축조수법이 신라시대의 바른층쌓기와 나말여초의 기단석배치 토성축조 그리고 고려전기나 중기에 유행한 석벽토심의 토석혼축수법 등이 이를 검증해 주고 있다. 특히 순화오년갑오사월삼의 절대연대를 가진 명문기와편 출토는 이를 잘 증명해주고 있어서 고고학적 축조연대 파악에 도움이 되는 것은 사실이다. 이를 참고한다면 초축과 수개축한 시기가 우리들이 주목하고 있는 정안이라는

---

14) 극동문화재연구원, 「하동 정안산성 정밀지표조사보고서」, 2015.

인물의 생몰연대와는 잘 어울리지 않는다는 점을 먼저 지적해 둔다. 뿐만 아니라 성곽의 위치가 해발 448m의 고지에 속하고, 길이가 791.5m라는 규모도 당시 성곽으로서는 비교적 큰 중대형으로 분류된다는 점을 감안하면, 어느 개인 한사람 또는 개인을 위해 축조하였다고 추측하기에는 무리가 따른다고 할 수 있다.

4. 산성의 시공간적 분석

지금까지 소개한 문헌자료와 고고학적 자료를 중심으로 하동군 치소 이동과정과 정안봉산성 시굴조사 결과에 대해서 정리하여 보았다. 여기서는 앞에서 이미 정리한 결과를 중심으로 정안봉산성과 정안과의 관계에 대해 검토해 보기로 한다.

먼저 조선시대 하동군 치소이동에 대해서는 전기한 문헌자료에서 비교적 자세하게 분석하고 설명하여 재론의 여지가 거의 없다고 하겠다. 조선시대 치소이동에서 주목되는 점은 치소의 위치가 공간적으로 군내 동쪽 내륙지역에서 서쪽 섬진강변으로 이동되었다는 사실이다. 다양한 이유가 상존하겠으나 우선 외부침입에 대비하는 관방성 성격보다는 주민의 안전성과 편리성을 감안한 행정적 고려로 이해된다. 그 과정에서 조창을 위한 해상교통로 확보와 현지 산업의 농업에 이어서 어업, 임업 등으로 다양화가 이루어지면서 좁은 횡천강유역 보다는 남해안과 서쪽 전라도지역 접근도 용이한 넓은 섬진강변 쪽을 택한 것이라 할 수 있다.

다음 신라, 고려 등 조선시대 이전의 치소에 관해서는 문헌정보 부족으로 전혀 그 추정이 거의 불가능할 뿐만 아니라 삼국시대 백제, 가야, 신라 등 어디에 속하는지 조차 구별하기 힘든 것으로 나타나[15] 여기서는 시기적으로 삼국 통일 후 신라 중심이라고 전제하는 것을 먼저 밝혀둔다. 그리고 문헌보다는 유적과 유물을 중심한 고고학적 방법으로 접근해 보도록 한다.

우선 성곽은 전쟁을 대비해서 지형적 요새지에 축조하는 관방성과 주군현과 같은 행정관청 주위에 축조하는 행정성이 있다. 물론 시기에 따라서는 관방성과 행정성이 겸해지는 수도 있다. 특히 지방 군현이나 국경지역의 경우 초창기에는 대부분 겸했다고 생각된다. 행정성을 우리들은 치소성이라는 단어를 많이 사용하고 있다. 읍성이나 도성이 그 대표적인 예라고 할 수 있다. 그러므로 치소성은 최소한 중앙이나 지방의 행정체제 즉, 국가나 주군현제의 성립이나 개편과 함께 이루어진다고 할 수 있다. 하동군의 경우 삼국통일기 이전 서쪽 섬진강을 경계로 백제와는 대면되는 국경지대를 이루었다고 생각하기 어렵다. 그것은 『일본서기』 신공神功 50년 5월조에 왜가 다사성多沙城을 4세기 후반에 백제에 하사했다고 한다. 근초고왕 30년 전후의 일이다.[16] 그리고 같은 책 계체繼體 7년 동 11월조에도 기문己汶 대사帶沙를 백제국에 주었다하고,[17] 8년 3월 대사에 성 축조하였으며,[18] 9년 2월조에도 대사강에 주군舟軍 5백,[19] 23년 3월에는 백제가 가라다사진加羅多沙津을 왜의 조공진으로 삼겠다 하고 있다.[20] 계체기는 대체로

---

15) 정중환, 『가라사초』, 부산대학교 한일문화연구소, 1962.

16) '增 賜多沙城 爲往還路驛'이라하고 있다.

17) '三月 伴跛築城於 子吞, 帶沙 而連 滿奚 置烽候邸閣以備日本'이라하고 있다.

18) '是月…故物部連 率舟師五百 直詣 帶沙江 文貴將軍 自新羅去'라고 하고 있다.

19) '晴, 加羅多沙津 爲臣'朝貢津路 是以 押山臣爲請聞奏'라 하고 있다.

20) 최근 가야석성연구가 관심을 끌고 있다. 노재현, 「가야지역 분포 성곽의 축조수법 비교연구」 『신라성곽의 축성연구와 운영, 그리고 가야성곽연구』, 한국성곽학회 2017년도 추계학술대회 발표요지, 2017.

6세기 전반에 해당하는 정치사항들이다. 여기에 보이는 다사성, 다사진 또는 대사, 대사강은 오늘날의 하동과 섬진강을 의미하는 것이 분명하여 4세기 후반에서 6세기 전반까지는 하동에 신라성 축조는 어불성설이라 판단된다. 오히려 백제나 가라가 관방성 축조를 서둘렀을 가능성은 충분이 있었다고 보여진다.[21] 그러나 현재로서는 그 확인이 어려운 상태이다. 다만『삼국사기』에 나타나는 신라의 하동군이나 그 이전 다사군 또는 한다사군 편제가 시작되었을 때는 관방성을 겸한 군치소성 축조가 가능하였을 것이다. 다시 말하면 신라 신문왕대나 경덕왕대를 전후한 시기에 치소성 축조가 가능하였다는 점이다. 동일문헌에 나타나는 인접한 악양 고소성의 경우 시굴조사에서 축조수법과 출토유물의 특징에서 소다사 또는 악양현 치소와 관련이 있는 것으로 파악되었다.[22] 그렇다면 한다사군 또는 하동군의 치소성도 특별한 사유가 없는 한 당시 군내 어느 곳에 축조되어야 마땅할 것이다.

한편 최근 정안봉산성을 중심한 하동군내 성지조사 결과에 의하면 삼국시대부터 고려시대 사이에 축조된 것으로 파악되는 고대산성이 고소성, 귀성, 정안봉산성, 원동산성, 소란산성, 두우산성, 금오산성, 이명산성 등 모두 8개소에 분포하고 있는 것으로 확인되었다.[23] 이 고대산성 가운데는 치소성과 관방성이 모두 포함되어있다고 하겠으나 발굴조사를 거치지 않아 그 구분이 어렵다.

여기서 우선 주목할 것은 축성재료와 축성된 장소이다. 예를 들면 신라의 경

---

21) 515년에 해당하는『일본서기』계체왕 기사에도 섬진강에서 대가야와 전투한 기사가 있어 신라의 하동 진출은 소가야 멸망 이후라고 생각된다.
   『日本書紀』권17, 繼體 5년 4월. 夏四月 物部連於 帶沙江 停住六日 伴跂興師往伐 逼脫衣裳 劫掠所齎 盡燒帷幕 物部連等怖畏逃遁 僅存身命 泊 汶慕羅(汶慕羅 嶋也).

22) 동아대학교박물관,『하동 고소성지 시굴조사보고서』, 2000.

23) 극동문화재연구원,「하동 정안산성 정밀지표조사보고서」, 2015.

우 5세기 이전에 축조된 성곽은 재료적으로는 토축이 대부분이고 그 이후에는 석축성이 대부분이다. 그리고 신라 말에서 고려에 접어들면서 석축은 다시 토축으로 바뀌어지고 조선시대에는 축조수법은 다르지만 석축으로 다시 환원된 것이 우리나라 성곽의 일반적인 특징이다. 그리고 성곽이 위치하는 지형적인 입지도 차이를 보이고 있다. 즉, 삼국시대부터 통일신라시대까지는 산성이 많고 고려와 조선시대는 치소성의 경우 평산성이나 평지성이 대부분이다. 이런 현상은 삼국시대는 국경지대에 주로 산성을 많이 축조하다가 삼국이 통일된 후에는 경계의 필요성이 낮아지면서 북쪽 변경지대를 제외하고 산록의 계곡부나 평지로 점차 이설되었다는 사실이다. 하동군이 위치하는 남해안 일대는 왜구 침입이라는 또 다른 요인으로 신라 후기까지 산성이 유지되다가 말엽에 왜구가 소강상태를 이루면서 평지로 이동한 것으로 이해된다. 그러나 토축에서 석축으로의 왕조별 변화는 예측하기 어렵다. 다만 삼국시대 토축에서 석축으로의 변화는 바른층쌓기의 축조수법으로 보아 4세기말 광개토왕 남하와 같은 전쟁과정에서 고구려 영향이 있었다고 생각된다.

하동군의 경우 정안봉산성이 신라시대 거점지로서 관방을 겸한 치소성이었을 가능성이 많다고 생각된다. 그것은 지리적으로 남해안과 서쪽 백제지역과도 이격된 내륙지역이면서 당시 하동군의 중심부에 해당한다는 장점을 가지고 있다. 그리고 지형이 448m라는 고지에 속하고 석축성이며 바른층쌓기 축조수법이나 구조와 출토유물 등의 특징이 통일신라시대로 편년하는 경상도지역 신라성과 매우 유사하기 때문이다. 그러나 고려시대까지 치소로 이용된 것인지는 발굴조사를 통해서 밝히지 않고서는 확인하기 힘들다. 경남지역 신라시대 치소성은 나말려초가 되면 대부분 평지로 이동되고 있어서 하동군만 예외라고 설명하기 어렵다. 따라서 정안이 생존한 고려시대 치소성은 우선 위치상으로 평지성이나 평산성, 아니면 무성곽의 평지에 있어야하고 석성보다는 토성이 유리하다. 이를 감안하면 정안봉산성과 근거리에 위치하고 낮은 구릉을 중심으로 둘레 700m정도 규모를 가진 원동산성이 나말여초 치소성의 하나 후보지가 될 수 있다. 그렇지만 조사되지 않아 자신있게 말할 수 없다. 조선시대 고성읍성이나 김해읍성이 고려시대 치소성과 중복해서 축조된 것을 참고한다면 후보로 검토 대상이 될 수 있을 것이다. 이런 현상은 최근 조사에서 확인된 거제시 둔덕기성[24]의 경우 부산 배산성과 함께 신라시대 산성으로 알려져 있다. 그런데 둔덕기성의 바로 아래 남쪽기슭 평지의 경작지에서 동일시기에 축조된 것으로 추측되는 대형건물지가 집중 배치된 거림리유적[25]이 발견되었다. 거제 둔덕기성의 경우 발굴조사에서 신라시대 거제군 치소성이라고 조사자는 밝히고 있다. 그런데 뒷날 성 아래 거림리 평지에서 건물지 유구가 발견되어 상호 관련성이 제기되었다. 여기서도 산성과 평지군현성 즉, 관방성, 행정성(치소)과 같은 사용목적이나 축조시기의 선후 관계가 검토 대상이 되고 있다. 이와 같은 현상은 부산 연제구 배산성[26]과 수영구 망미동성지,[27] 함안 성산성과 괴산리유적,[28] 고성 거류산성과 고읍성, 창녕 화왕산성과 목마산성, 김해 분산성과 고읍성, 기장산성[29]과 기장 고읍성[30] 등 부산·경남지방 신라시대 축조 석축성과 고려시대 축조 토성

24) 동아세아문화재연구원, 『거제 폐왕성 문화유적 시굴조사보고서』, 2006 : 同연구원, 『거제 둔덕기성 동문·건물지』, 2011.
25) 동아대학교 박물관, 『거제 거림리유적』, 1997.
26) 부산박물관, 「배산성지 일원 시굴조사 학술자문회의자료」 2016.
27) 경남문화재연구원, 『동래 고읍성지』, 2007.
28) 동서문물연구원, 『함안 괴산리유적』, 2011.
29) 울산문화재연구원·기장군, 『기장산성』, 2014.
30) 부경문물연구원·기장군, 『기장 고읍성 학술조사 보고서 : 기장고읍성 보존 및 정비 방안 마련을 위한 비지정문화재기초조사』2012.

조사에서 각각 확인되고 있는 사례이다. 그리고 경기도 화성군의 당성에서도 같은 현상이 나타나고 있다고 한다.[31] 따라서 하동군도 신라후엽에는 다른지역과 같이 현재는 위치확인이 어렵지만 치소의 이동은 행해졌던 것은 분명한 사실이라 할 수 있다. 그리고 하동군 영현으로 알려진 악양현은 고소성과 귀성, 성양현은 금오산성과 이명산성, 삼국사기에 미상으로 소개된 하읍현이『동국여지승람』등 조선시대 각종 지리지에서 곤양으로 비정하고 있으나[32] 섬진강변의 지리적인 환경을 고려하면 소란산성과 두우산성으로도 유추할 수 있다. 이 경우 내륙지역의 정안봉산성을 중심으로 남해안과 섬진강 서쪽을 경계할 수 있는 동쪽 요충지에 영현을 배치한 것으로 생각되며 일정기간 치소성과 관방성이 겸했을 것이다. 정안봉산성과 정안과의 관련은 고려시대 치소와 관계없이 정안이 하동으로 잠시 낙향하여 산성 내에 머물렀을 가능성은 긍정적으로 검토해 볼 수 있을 것이다. 다만 정안봉산성이라는 명칭이 일제강점기에 편집된 지도나 읍지 등 최근 자료에서만 확인 되고 있다는 사실은 간과해서는 안 될 것이다.

5. 끝맺는 말

하동 정안봉산성의 정안과 관계 규명을 위한 시굴조사에서 정안의 생몰시기보다 선행하는 신라시대 초축의 석성이 발견되었다. 필자는 이를 신라시대 하동군 치소로 추정하고 문헌상에 나타나는 하동군 치소 이동과정과 시굴조사

---

31) 최희준, 「신라 당항성의 연혁과 선덕왕대 나당관계」, 『선사와 고대』 47, 2016.
32) 『東國輿地勝覽』昆陽郡 古跡조에 '河邑廢縣 本浦村縣 新羅景德王 改今名 爲河東郡 領縣 本朝移屬于此' 라 하고 있다.

결과를 분석하여 정안과의 관계를 파악하여 보았다.

먼저 문헌자료에 나타난 하동군의 치소 이동은 조선 태종 17년(1417)에 양경산陽慶山 아래에 석축성을 쌓아 읍성으로 삼았으며 세종 7년(1425) 섬강변의 두곡으로 이설한다. 인조 10년(1632) 괴질이 만연하여 두곡에서 현종 2년(1661) 횡포橫浦로 이설하고 숙종 5년(1679) 다시 두곡으로 환원한다. 숙종 29년(1703) 진답면 우령牛嶺으로 이설하였다가 이듬해인 숙종 30년(1704) 두곡으로 환원하고 부로 승격된다. 영조 6년(1730)에는 나동螺洞으로 이설하였다가 영조 21년(1745) 항촌項村으로 다시 이설한다. 고종 32년(1895) 현에서 군으로 개편되었다. 이를 정리하면 양경산하→두곡→횡포→두곡→우령→두곡→나동→항촌으로 된다.

다음 신라와 고려시대 치소에 대해서는 유적과 유물을 통한 고고학적 방법으로 접근을 시도하여 보았다.

하동군의 경우 삼국시대에는 시기에 따라 가야, 백제, 신라 등 그 영역이 일정치 않아 자세히 구분하기 힘들지만 최소한 백제 멸망기에는 섬진강이 한때 국경지대를 이루었다고 생각된다. 그 이전에는 가야 또는 백제가 관방성 축조 가능성도 배제할 수 없다. 그러나 현재로서는 확인하기 어렵다. 다만 『삼국사기』에 나타나는 하동군이나 다사군 또는 한다사군 편제가 시작되는 신문왕과 경덕왕 대에는 관방성을 겸한 치소성 축조를 충분히 예상할 수 있다. 인접한 악양면 고소성의 경우 시굴조사에서 축조수법과 출토유물의 특징이 소다사 또는 악양현 치소와 관련된 것으로 파악되었다. 따라서 한다사군 또는 하동군의 치소와 관련된 성곽도 군내 어느 곳에 축조되어야 마땅하다고 생각된다.

최근 정안봉산성을 중심한 하동군내 성지조사 결과에 의하면 삼국시대부터 고려시대 사이에 축조된 것으로 파악되는 고대 성곽이 고소성, 귀성, 정안봉산성, 원동산성, 소란산성, 두우산성, 금오산성, 이명산성 등 8개소에서 확인되었다. 정안봉산성은 문헌에서 새롭게 나타나는 명칭이지만 그 가운데는 치소성과 관방성이 포함되고, 축조시기 또한 신라, 고려 등 다른 특징의 것도 혼재한다고 생각된다.

  그러나 정안봉산성의 경우 신라시대 하동군의 군사상 거점지로서 관방을 겸한 치소성으로서 처음 축조되었다고 할 수 있다. 그것은 지리적으로 남해안과 서쪽 백제지역과도 이격된 내륙지역이면서 당시 하동군의 중심부에 해당하는 장점을 가지고 있다. 그리고 해발 448m라는 고지에 바른층쌓기 축조수법을 가진 석축성은 신라시대로 편년하는 경상도지역 신라성과 매우 유사하기 때문이다. 그러나 고려시대까지 치소로서 이용된 것인지는 자세하지 않다. 다른 지역의 경우 나말여초에 축조된 치소성 대부분이 산정에서 평지로 이동된 단계이므로 하동군만 예외라고 설명하기 어렵다. 따라서 정안이 생존한 고려시대 치소성은 우선 위치상으로 평지성이나 평산성, 아니면 무성곽의 평지에 있어야하고 석성보다는 토성이라는 점을 참고삼아야 할 것이다. 예를 들면 정안봉산성과 근접한 원동산성은 그 후보지가 될 수 있고, 고현읍성의 경우도 조선시대 고성읍성이나 김해읍성은 고려시대 치소성과 중복해서 축조된 사실을 참고하면 후보로 검토대상이 될 수 있다. 결국 정안봉산성과 정안과의 관련은 고려시대 하동군 치소와는 관계없이 정안이 잠시 낙향하여 기존의 정안봉성 내에 머물렀을 가능성은 긍정적으로 검토해 볼 수 있다. 그것의 용도는 자세하지 않지만 정안봉산성 시굴조사에서 고려시대에도 수개축이 이루어졌다는 사실이 확인되었다는 점을 고려해 본 의미이다.

「하동군 치소 이동과 정안봉산성」, 『석당논총』 제70집, 2018.

그림 1 「광여도」 하동부, 19세기 전반, 서울대학교 규장각한국학연구원 소장

그림 2 정안봉산성 위치도(극동문화재연구원, 2016, 도면 인용)

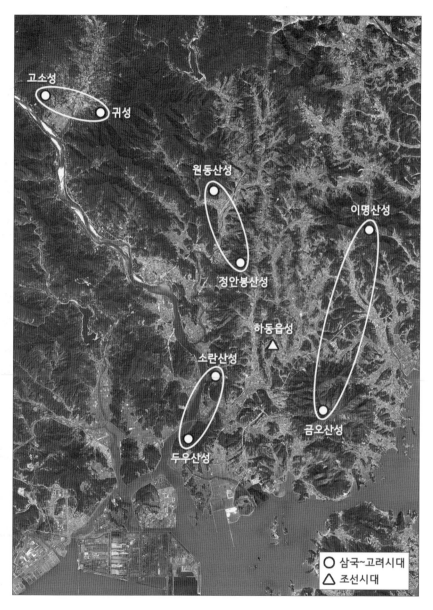

고소성

귀성

원동산성

이명산성

정안봉산성

하동읍성

소란산성

금오산성

두우산성

○ 삼국~고려시대
△ 조선시대

그림 3 하동군 성곽[삼국-조선](카카오맵 편집)

부산지역 고대성지

1. 머리말

　부산지역에서 확인된 고대성곽이 삼국사기에 보이는 동래군과 그 영현인 동평현, 기장현의 중심지와 시공간적으로 일치하여 성곽의 축조 목적과 성격 등이 주목된다.『삼국사기』지리지에 "東萊郡 本居柒山郡 景德王改名 今因之, 領縣二 東平縣 本大甑縣 景德王改名 今因之, 機張縣 本甲火良谷縣 景德王改名 今因之"라 하는 신라시대 문헌상에 나타나는 군현의 중심지가 곧 고고학적으로 확인된 배산성(동래군), 기장산성(기장현), 당감동성(동평현) 과 유관한 것으로 파악되고 있다. 또 조선시대에 편찬된『동국여지승람』동래현 건치연혁조에도 "古萇山國(惑云萊山國) 新羅取地 置居漆山郡 景德王 改今名 高麗顯宗 屬蔚州 後置縣令..中略.. 屬縣 東平縣"이라하여 동래군은 옛날 장산국을 신라가 취하여 거칠산군을 두었다가 경덕왕이 지금의 명칭으로 개명하였으며 고려 현종때 울주에 속하였고 뒷날 현령을 두었다. 속현으로 동평현이 있다 하고, 같은 책 기장현 건치연혁조에 "本新羅甲火良谷縣 景德王改今名 爲東萊郡領縣 後屬梁州"라하여 기장현은 신라 갑화량곡현이었으나 경덕왕이 지금 명칭으로 개명하여 동래군 영현으로 삼았다가 뒤에 양주에 속하게 하였다. 라고하여 전기한 삼국사기 내용과 큰 차이가 없다. 여기서 주목되는 것은『삼국사기』에 보이는 동래군과 기장현, 동평현의 공간적 중심지가 신라시대 축조로 추정되는 배산성과 기장산성,

당감동성 위치와 일치하고 있다는 사실이다. 물론 당감동성은 현재까지의 고고학적 자료는 고려시대로 편년되고 있어서 신라성이라고 고집할 수 없으나 나머지 성곽은 신라시대 축성으로 파악되어 축조 목적이나 배경이 군현성(치소성)이라는 추측을 우선 갖게 하고 있다. 그리고 부산은 지리적으로 태평양에 돌출한 반도지형의 최남단에 위치하여 6.25사변과 같은 육지전쟁에서는 후방으로서 피난처가 되는 장점을 가지고 있지만 신라, 고려시대 왜의 침입이나 조선시대 임진왜란과 같은 해전의 경우는 반대로 최전선의 국경지대가 되는 단점도 가지고 있다. 이와같이 부산은 신라시대 왜와의 관계가 접경지역에 해당하여 그 대비책으로 관방성 축조 가능성도 배제할 수 없는 실정이다.

따라서 부산지역 산성은 시공간적으로 군현성(치소)으로 축조하여 국방적인 관방성 역할도 겸하였던 것이 예상되어 그 성격 규명이 쉽지 않다. 과거 필자는 신라시대에 축조한 산성들이 국방상 요새지에 축조되어 관방성 역할을 담당한 것이 사실이지만 한편으로는 군이나 현의 치소와 같은 행정성 역할도 병행하였을 것으로 추측한 바 있다.[1] 그것은 경남지역에서 확인된 신라시대 축조 산성들이 대부분 『삼국사기』 지리지에 보이는 군과 현의 중심지에 위치하고 있다는 사실에 근거한 것이었다.

한편 부산에는 전기한 산성 주변 평지에 망미동성(배산성 주변), 교리성(기장산성 주변), 당감동성(동평현)이 각각 위치하고 있다는 점이다. 물론 현재로서는 산성보다는 평지성이 다소 늦은시기에 축조된 것으로 파악 되지만 공간적으로는 상호 인접하고 있어서 상호관련성이 예사롭지 않다고 여겨왔다. 그런데 최근 국내 각지의 고대 산성조사에서 초축한 산성을 뒷날 계곡부나 평지로 이동확대하

---

1) 심봉근, 「신라성과 고구려성」, 『고구려 산성연구』, 학연문화사, 1999, p. 497.

거나 별도 치소를 축조한 사례들이 점차 늘어나 신라 성곽에 대한 새로운 해석이 필요한 실정이다. 지금 부산지역 성곽의 경우도 마찬가지 현상이라고 생각된다. 특히 근래에 조사되고 있는 거제 둔덕기성(폐왕성)[2]의 경우 그 아래 평지에서 거림리유적[3]이 발견되어 신라산성이 평지의 행정적인 치소와 산지의 관방성으로 양립하였거나 아니면 산지에서 평지로 위치를 이동했을 가능성이 많은 것으로 추측되었다.

따라서 여기서는 부산지역에서 조사된 신라 성곽자료를 중심으로 먼저 산성의 축조배경을 살펴 본 다음 인접한 평지성과의 관계 등 그 특징을 파악해서 신라시대 부산지역 성곽 이해에 도움을 삼고자 한다.

2. 고대성지 현황

가. 연제 배산성지[4]

부산광역시 연제구 연산동 산 38-1번지(해발 254m) 일대에 위치하며, 부산광역시 기념물 제4호로 지정되어 있다. 연제구청에서 배산성에 대한 학술적 성격규명과 정비복원을 위한 자료수집을 목적으로 부산박물관에 조사를 의뢰하여 2016년 3월 29일부터 30일간에 걸쳐 시굴조사를 실시하였다.

성은 배산 9부 능선을 이중으로 둘러싼 테뫼식 석축성이었다. 시굴조사 이전

---

2) 동아세아문화재연구원, 『거제 폐왕성 문화유적 시굴조사보고서』, 2006 ; 同연구원, 『거제 폐왕성 집수지』, 2009 ; 同연구원, 『거제 둔덕기성 동문 · 건물지』, 2011.

3) 동아대학교박물관, 『거제 거림리유적』, 1997.

4) 부산박물관, 「배산성지 일원 시굴조사 학술자문회의자료」, 2016.

까지는 토성으로 알려져 왔으나 조사결과 내외협축의 석축성으로 밝혀져 주목되었다. 체성은 내외 면석의 경우 장방형 할석을 이용, 바른층쌓기 수법을 취하고 기단부 외측에 할석으로 적석한 보축부분이 있으며, 성내에는 건물지를 비롯해서 호안석축의 우물과 집수시설이 확인되었다. 체성은 둘레 1,170m, 폭 390~570㎝ 규모이다. 조사자는 축조시기를 7세기 후반에서 8세기 전반으로 추정하고 동남해안에서 수영강을 따라 내륙으로 침입하는 적을 경계할 목적으로 축조한 관방성으로 판단하고 있다.

나. 수영 망미동성지(동래고읍성)[5]

수영구 망미동 640-1, 681-3, 868-1-,4, 870, 906, 987-64 번지 일대의 현재 부산시병무청과 포스코 '더샵' 아파트가 위치하는 곳이 중심지라 할 수 있다. 조사는 2002년 경성대학교박물관에서 실시한 지표조사에서 토성지가 잔존하고 있는 것이 확인되어 『신증동국여지승람』 등 문헌상에 나타나는 동래고읍성지 가능성을 제기하였다. 같은 해 8월 동의대학교박물관에서 현재 부산병무청부지에 대한 시굴조사를 실시하여 토성(93m)과 우물지 4개소를 확인하고, 토성의 초축시기는 통일신라 말에서 고려 초기로 추정하였다. 이어서 경남문화재연구원에서 공동주택 건립계획에 따른 옛 부산육군병원부지에 대한 시·발굴조사를 실시하였다. 조사는 2003년 2월 17일부터 동년 7월 22일까지 실시되고, 조사 대상지역 서북쪽(40m)과 동북쪽(95m)에서 각각 토성벽을 확인하였다. 그리고 성내에서는 구상유구를 비롯해서 제방, 구하도, 우물, 수혈유구, 주혈군 등의

---

5) 경남문화재연구원, 『동래 고읍성지』, 2007.

시설물 흔적이 확인되고, 서쪽 끝에서는 통일신라시대 건물지를 비롯해서 폐기와무지, 원상대로 잔존한 문화층 등을 확인하였다. 본격적인 발굴조사는 2004년 11월 4일부터 이듬해인 2005년 3월 3일까지 실시되었다. 당시 조사에서 확인된 유구는 통일신라시대 건물지, 담장지, 배수로, 폐와무지, 수혈유구, 온돌유구와 고려시대 건물지, 석열, 토기, 기와매납갱군, 하도, 잡석열, 청동기시대 석관묘 등이었다. 그 뒤 부산병무청 서쪽부분에 대한 발굴조사가 2005년 6월 1일부터 7월 29일까지 실시되었으나 특이한 유구는 확인하지 못했다. 2016년 한국문물연구원에서 망미동 906번지에 대한 표본조사를 실시하였지만 뚜렷한 유구는 확인되지 않았다.

이렇게 수차에 걸쳐 조사된 망미동성은 배산의 남쪽 기슭에 위치한 평면 방형 또는 장방형의 평산성으로 체성은 기단석축을 갖춘 토성으로 판명되었다. 그리고 영정주를 가진 토성 축조수법, 내부 건물지, 배수구, 우물 등 시설물과 수습된 유물의 특징으로 미루어 보아 초축은 통일신라시대로 추측되며 고려시대까지 개·수축이 이어진 것으로 파악하고 있다. 신라 경덕왕의 왕권강화를 위한 군현제도 확립과정에서 축조된 치소성으로서 수영강 입구의 남해안에 자주 출몰하는 왜구에 대비해서 축조한 것으로 추정하고 있다. 『신증동국여지승람』 동래군 성곽조에 "古邑城 在海雲浦 東南石築 西北土築 周四千三百三十尺 今頹廢"라하고, 『고려사』 병지에는 "顯宗十二年修 東萊郡城"[6]이라는 문헌자료가 참고될 수 있다.

---

6) 『高麗史』卷八十二 志 卷第三十六 兵二.

다. 기장 기장산성지[7]

부산광역시 기장군 기장읍 대라리 산20-2번지(366m), 서부리 산9-1번지, 철마면 안평리 112-2번지 일대에 분포하며, 부산광역시 기념물 제59호로 지정되어있다. 문헌자료에 보이지 않는 무명의 성곽이었으나, 기장군 내에 분포하는 문화유적지표조사 과정에서 확인되었다. 성의 규모와 성격파악을 위해 기장군의 의뢰를 받고 울산문화재연구원에서 2012년 3월부터 6월까지 발굴조사를 실시하였다.

성은 포곡식 석성으로, 평면은 부정형이고 둘레 약 755m, 폭 5m 내외, 상부에 폭 2m 규모의 증축부분이 있으며 잔존 체성의 높이는 1~3m 정도이다. 체성은 장방형 내외 면석 뒷쪽에 석재로 된 적심을 배치한 내외협축식 석성이다. 남쪽부분이 비교적 양호한 상태로 잔존하고 신라, 고려, 조선시대에 각각 증·개축된 흔적이 확연히 구별된다. 성문은 남서쪽 계곡부를 비롯해서 남동쪽, 북서쪽 등 3개소에서 확인되었는데 체성 끝을 서로 어긋나게 마감하여 내옹성처럼 성내가 외부에 노출되지 않는 형태이다. 조사 당시 남동쪽 구릉 위에 있던 문지를 조사하였더니 조선시대의 내옹성이 일부 발견되고 그 아래에서 보다 앞선 시기의 것이 확인되었다. 성내에서 집수지, 우물, 건물지 등 부속유구가 각각 확인되었다. 그중 집수지는 정상부 평탄면에 호안석축을 갖춘 평면 원형의 것으로 내부 바닥에서 통일신라기의 단각고배편이 수습되었다. 조사자는 이를 참고하여 축조시기를 체성과 함께 7세기경으로 추정하고 있다. 집수지 규모는 상부직경 14.0m, 하부직경 12.5m, 호안석축내경 8.5m, 외경 10.5m, 깊

7) 울산문화재연구원 · 기장군, 『기장산성』, 2014.

이 2.5~3.0m로서 남해안 지역 성내에서 발견된 집수지 중에서는 가장 큰 규모이다. 우물은 대라리쪽 계곡부에서, 그리고 초석과 축대 기단석을 갖춘 건물지는 집수지 남쪽 평탄부분에서 확인되었다. 이 성의 최초 축조는 7세기 전반경이지만 고려초기에 1차 수축, 조선시대 임진왜란을 전후한 시기 즉 16세기경에 2차 수축이 있었던 것으로 파악되고 있다. 조사자는 입지가 동남해안 조망이 용이한 곳인 점을 참고하여 동남해안 경계를 목적으로 축조한 것이라고 했다.

라. 기장 교리성지(기장고읍성)[8]

부산광역시 기장군 기장읍 교리 310번지 일원에 분포하고 있으며 성내에 기장향교가 있다. 1998년 부산대학교박물관과 동 대학교 한국민족문화연구소가 공동으로 기장군 일대에 분포하는 문화유적에 대한 지표조사를 실시하는 과정에서 교리성을 확인하였다. 그리고 2005년 기장군과 복천박물관에서 다시 군내에 분포하는 문화유적에 대한 지표조사를 실시하면서 재확인 되었다.

본격적인 조사는 기장군에서 교리성지에 대한 종합적인 문화재보존대책수립과 정비방안마련을 위한 기초조사를 부경문물연구원에 의뢰하여 2012년 7월 3일부터 조사에 착수, 7월 13일까지 성곽의 잔존상태, 성내시설 및 체성의 진행방향 등을 확인하였다. 그러나 동쪽 체성은 조사과정에서 미보상구역문제로 조사가 일시 중단되었다가, 9월 21일부터 27일까지 다시 진행하여 체성의 축조수법과 성격을 파악하고 조사를 마무리하였다.

성은 평면 타원형의 포곡식이며 성내 북쪽 정상부(100.3m)가 가장 고지에 해

---

8) 부경문물연구원 · 기장군, 『기장 고읍성 학술조사 보고서 : 기장고읍성 보존 및 정비 방안 마련을 위한 비지정문화재 기초조사』, 2012.

당한다. 동서남북 4방 계곡부에 문지를 배치하고 중앙과 구릉 정상에 건물지와 도로, 수문흔적이 나타나며 둘레는 900m이상, 폭 8~12m, 잔존높이 150~230m(동쪽)이다. 체성은 초축을 비롯해서 최소 2회 이상의 수축이 예상되었다. 초축은 삭토법과 성토법을 혼용한 판축형태이며, 1차 수축시 기단석을 배치하고 내탁식 판축으로 축조한 기단식 판축토성으로 개축한 것으로 파악되었다. 기단석은 주로 판축을 위한 영정주와 횡장목 설치를 위한 용도로 추정되었는데, 영정주 초석은 평면 방형의 판석을 이용하고 있다. 토성의 축조시기는 기와퇴적층 기와편의 특징으로 보아 1차 수축은 고려 전기(11세기), 2차 수축은 고려 중기 이후, 최후 수축은 기장읍성 축조기사로 미루어보아 14세기말(1391)에 해당할 것으로 생각된다. 그리고 폐성은 조선전기 기장성 함락기사(1596)와 관련이 있는 것으로 파악하고 있다. 한편 초축과 관련된 기와가 유구 내부에서 수습되지 않아 정확한 축조시기를 밝힐 수 없지만, 북벽과 서벽일대에 걸쳐서 통일신라시대에서 고려초기로 편년되는 기와편이 집중해서 분포하는 것을 참조한다면 신라 경덕왕의 기장현 개명기사(756)와 관련이 있을 것으로 추정되었다.

결국 교리성지는 신라 경덕왕시 군현제도 개편으로 기장현이 설치되면서 치소성으로 축조되었는데 그 이전에는 기장산성과, 그리고 조선시대에는 현재 기장읍성과 상호 연관된 것으로 판단되고 있다. 비교적 잔존상태가 양호하여 당시의 토성 축조수법과 구조 등 성곽 특징파악에 도움을 주는 자료라고 할 수 있다.

표 1 기장지역 성곽 및 행정지명 관련 문헌사료(부경문물연구원, 2012, 註8에서 인용)

번호	문헌사료명	문헌사료 내용
사료1	『三國史記』卷 34 〈雜誌〉第3 地理1	東萊郡은 본래 居漆山郡으로 景德王이 이름을 바꿔 지금도 그대로 일컫는다. 領縣이 둘이다. 東平縣은 본래 大甑縣인데 景德王이 이름을 바꿔 지금도 그대로 일컫는다. 機張縣은 본래 甲火良谷縣으로 景德王이 이름을 바꿔 지금도 그대로 일컫는다.
사료2	『高麗史』卷 57 〈志〉11 地理2 梁州 (1434년)	機張縣은 본래 신라 甲火良谷縣인데, 景德王 때 지금의 명칭으로 고쳐서 동래의 영현이 되었다가 후에 梁州로 이속되었으며, 顯宗 9년에 다시 蔚州에 이속되었고, 후에 監務를 설치했다. 별호는 車城이다.
사료3	『世宗實錄』卷 150 〈地理志〉慶州府 機張縣 (1454년)	본디 甲火良谷縣인데, 경덕왕이 機張으로 고쳐 東萊郡의 領縣으로 삼았고, 고려 현종 무오년에 蔚州 임내에 붙였다가, 뒤에 監務를 두었다. 別號는 차성이다. 사방 경계는 동쪽으로 바다에 이르기 5리, 서쪽으로 梁山에 이르기 22리, 남쪽으로 東萊에 이르기 12리, 북쪽으로 蔚山에 이르기 12리이다. 호수가 1백 74호, 인구가 3백 97명이며, 軍丁은 侍衛軍이 2명, 鎭軍이 3명, 船軍이 49명이다. 土姓이 3이니, 李 · 金 · 鄭이며, 來姓이 2이니, 許 · 朴이다. 땅이 기름지고, 기후는 따뜻하며, 墾田이 7백 30결이다. [논과 밭이 반반씩이다.] 토의는 벼 · 조 · 콩이며, 토공은 꿀 · 밀 · 표고버섯 · 김 · 우모 · 세모 · 마른조개 · 모래무지 · 전포 · 종이 · 노루가죽 · 여우가죽 · 점찰피 · 어피이며, 藥材는 麥門冬 · 防風이다. 鹽所가 1이니, 현 남쪽에 있다. 邑石城은 둘레가 3백 50보이며, 안에 못 하나와 우물 하나가 있다. 驛이 2이니, 阿月과 新驛이다. 豆毛浦는 [縣의 동쪽 5리에 있는데, 水軍萬戶가 있어 수어한다.] 봉화가 1곳이니, 南山으로 현 동쪽에 있다. [서쪽으로 東萊 · 干飛烏 봉화에 응하고, 북쪽으로 蔚山 · 林乙郞浦에 응한다.]
사료4	『新增東國輿地勝覽』卷23 機張縣 古蹟(1531년)	古邑城은 지금 치소의 東北 5里에 있으며 土築으로 둘레는 3208척이다.
사료5	『輿地圖書』機張縣 古蹟 (1757년)	古邑城은 지금 치소의 東 5里에 있으며 土築으로 둘레는 3208척이다.
사료6	『增補文獻備考』卷27 機張縣(1908년)	古邑城은 東 5리에 있으며 土築으로 둘레는 3208척이며 지금은 폐했다.
사료7	『機張縣邑誌』古蹟 (1963년)	古邑城은 현의 東 5리에 있으며 土築으로 둘레는 3208척이며 지금은 鄕校가 안에 있다.
사료8	『高麗史』卷133〈列傳〉 第46 辛禑12年 11月 辛巳 (1434년)	왜적이 晉州 溟珍縣에 침입하였고 또 咸安, 東萊, 梁州, 彦陽, 機張, 固城, 永善 등지를 노략질하고 불살랐다.
사료9	『高麗史』卷133〈列傳〉 第46 辛禑12年 12月(1434년)	왜적이 合浦營을 불사르고 梁州, 蔚州와 義昌, 會原, 咸安, 鎭海, 班城, 東平, 東萊, 機張 등의 현민을 살육하고 재물을 소각하였다.

사료10	『高麗史』卷 114 〈列傳〉 第27 禹仁烈傳 (1434년)	왜적이 蔚州·淸道·密陽·慈仁·彦陽 등지에 침입하자, 禹仁 烈은 裵克廉·河乙沚·吳彦 등과 함께 蔚州에서 싸워 적 10명 을 죽이고, 병선 7척을 나포하였다. 적이 울주에 침입하여 벼를 베어 양식으로 하고 機張까지 침입하였으므로 禹仁烈이 군대를 모집하여 밤에 東萊에서 싸워 적 7명을 죽이고 또 裵克廉·朴修 敬·吳彦 등과 더불어 泗州에서 왜적을 공격하여 대파하고 140 여명을 살상, 포로로 하였다.
사료11	『高麗史』卷82 兵2 城堡 恭讓王 3年 3月條 (1434년)	機張郡과 海州 甕津에 성을 쌓았다.
사료12	『太祖實錄』5年 8月 9日 甲午 (1454년)	왜적의 배 1백 20척이 경상도에 入寇하여 兵船 16척을 탈취해 가고, 水軍萬戶 李春壽를 죽였으며, 東萊·機張·東平城을 함 락하였다.
사료13	『慶尙道續撰地理志』 機張縣 邑城條 (1469년)	읍성은 홍희 을사(세종 7년)에 돌로 쌓았다. 둘레는 1527척이 고, 높이는 15척, 군창은 있고 우물과 못이 각각 하나씩 있으며, 가물면 곧 마른다.

마. 당감동성지(동평현성)[9]

부산광역시 부산진구 당감3동 350번지와 당감4동 705번지 일대에 위치하며, 성내 동평초등학교를 포함하여 평면 타원형의 평산성으로 분류된다. 1963년도 당감동 일대 성지조사보고서에 의차면 성은 남-북 직경 448m, 동-서 직경 305m, 둘레 1,350m이며 동, 서, 남 3문이 있고 남문이 가장 규모가 크다고 한다. 고고학적 조사는 1992년 4월부터 6월까지 1차, 그리고 1994년 12월부터 1995년 4월까지 2차에 걸쳐 부산시립박물관 중심으로 구제발굴을 실시하였다. 그 결과 고려시대에 축조된 석축기단의 판축토성으로 파악되었다. 즉, 체성축조는 기단부에 석축을 배치하고 그 위에 영정주를 일정간격으로 설치하며 그 내부에 점토와 황토, 사질토를 교대로 다진 판축토성으로 고려에서 조선시대에

---

9) 부산광역시립박물관, 『당감동성지 I 』, 1996 ; 부산광역시립박물관, 『당감동성지 II 』, 1998.

걸쳐 3차례 이상의 수·개축이 있었던 것이 확인되었다. 특히 석축은 조선 초기에 더해진 것으로 파악되고, 폐기는 조선 중종조의 삼포왜란을 전후한 시기로 추정되었다. 『신증동국여지승람』에 "동남은 석축이고 서북은 토축이며 둘레가 3,508척인데 지금은 토축이 무너졌다"[10]고 기록되어 있다. 한편 동평현은 삼국시대 대증현을 신라시대 동평현으로 개칭되었으며 동래군의 영현이었으나 고려 현종 9년(1018)에 양주군 소속으로 되었다. 조선시대에 다시 태종 5년(1396) 동래 영현, 다시 양주 소속으로 되었다가 세종조에 동래현에 내속되었다. 동래의 진영이 속현 동평현에 소속된 바도 있었으나 세종 10년(1428) 다시 동래현으로 환원되었다가 동래부의 동평면으로 편입되었다.[11]

이곳은 삼국시대부터 왜구가 남해안에 횡행하였고, 고려 중기부터 조선 초기에 걸쳐서 왜구가 발호하여 동평현 관내가 침탈의 대상이 되면서 축성의 필요성이 제기되었던 것이라 할 수 있다. 특히 우왕 2년(1376) 12월 동래, 동평, 기장의 제현이 침략 당하고, 태조 5년(1396) 8월에는 왜선 120척이 경상도에 입구하여 동평, 동래, 기장이 함락되기도 하는 등 그 피해가 막심하였던 것으로 알려져 있다.[12]

이와 같이 문헌상으로 동평현이 신라시대부터 나타나고 있으나, 최근 조사결과는 고려시대에 축조된 것으로 확인되어 축성시기에 다소 차이를 보이고 있어 주목하고 있다.

---

10) 『新增東國輿地勝覽』 卷23 東萊縣古蹟조에 "東平縣城 在縣南二十里 東南石築 西北土築 周三千五百八尺 今頹" 라하고 있다.

11) 『新增東國輿地勝覽』 建置沿革조 참조.

12) 『太祖實錄』 卷十 太祖五年八月甲午조 倭百二十척 "入寇慶尙道 奪兵船十六隻 殺水軍萬戶李春壽 陷東萊機張東平城."

3. 성지의 성격 검토

부산지역에는 표2에 나타난 것과 같이 30여개소에 성곽이 분포하고 있다. 그리고 산성, 읍성, 영, 진, 보와 같은 관방성, 목장성, 왜성 등 그 종류도 다양한 편이다.[13] 또 시기적으로도 신라시대부터 고려, 조선시대에 이르는 장구한 세월을 거치면서 축성이 이루어졌다. 여기서 주로 다루고자 하는 신라와 고려시대 성곽은 부산지역 전체 성곽과 비교한다면 부분적인 것에 지나지 않는다고 말할 수 있다.

우선 현재까지 부산지역에서 고고학적으로 확인된 최초 축조의 성곽은 신라시대 것으로서『삼국사기』와 같은 문헌자료가 남아있는 역사시대에 해당하는 것이다. 그런데도 불구하고 부산이 가야 또는 신라 등 일정시기 영역편입 문제를 두고 고분 연구자들은 논란의 여지를 남기고 있다.[14] 그러나 지금까지 알려진 부산지역 성곽은 신라시대에 축조된 것으로 보인다. 따라서 여기서는 부산의 고대성곽이 신라성이라는 전제를 깔고 논지를 전개하도록 하겠다.

앞장에서 이미 소개된 것과 같이 배산성이나 기장산성은 위치나 규모, 구조, 형태, 축조수법 등이 신라 석축성의 특징을 가지고 있다는 것이 확인되었다.[15] 그러나 이들 산성에 대한 축조목적, 축성자 등 그 성격 파악이 확실하지 않다. 그리고 이들 산성과 인접한 지점에 위치하는 배산성과 망미동성, 기장산성과 교리성과의 관계도 분명하지 않다. 또한『삼국사기』지리지에 기장현과 함께 나타나는 동평현에 대한 성곽자료가 고려시대에 고정되고 있어서 재검토의 필요

---

13) 부산박물관,『부산의 성곽, 보루를 쌓아 근심을 없애다』, 2016.
14) 부산대학교박물관 · 연제구청,「연산동 고분군과 그 피장자들」학술심포지움요지서, 2016.
15) 차용걸,『한국축성사연구-고대산성의 성립과 발전-』, 진인진, 2016.

성이 제고되고 있다.[16] 이런 산성의 축조목적과 축성자, 산성과 평지성과의 관계, 산성과 주변 고분군과의 관계, 동평현성의 축성시기 소급문제 등이 현재 부산지역 신라성곽 연구의 주요 연구과제라 할 수 있다.

한편 최근 조사되어 주목을 끌고 있는 배산성은 과거 테뫼식 토성으로 알려져 왔다. 그런데 조사과정에서 체성은 토성이 아닌 석축성으로 밝혀졌다. 그리고 신라시대 석성의 특징인 기단보축과 체성 면석의 경우 폭이 비교적 넓은 장방형 석재를 이용한 바른층쌓기 수법이라는 특징에서 신라성으로 추정하였다. 물론 내부에서 수습된 기와편이나 토기편 그리고 호안석축의 성내 우물터와 성 아래쪽에 분포하는 연산동고분군도 참고자료가 되었다. 축성목적과 축성자에 대한 구체적인 언급없이 조사자는 7세기 후반이나 8세기 전반경을 초축 시기로 추정하고 있다. 7세기 후반은 신라가 삼국을 통일하고 신문왕대 군현제도 수립[17]과 경덕왕대의 군현제 확대개편 등 역사적인 개혁이 대대적으로 이루어진 시기라는 점을 감안한다면 공간적으로는 거칠산군이나 동래군과 관련된 치소성이나 관방성에 해당하며 축성은 신라 중앙정부 주도하에 실시되었을 것이다. 그것은 시기적으로 신라가 통일되고 안정기에 접어들면서 중앙뿐만 아니라 지방제도에도 관심을 갖게 된 단계라고 생각되기 때문이다. 그러나 산성을 단순한 행정적인 치소성으로 해석하는 것은 억측이라는 비판을 면하기 어려울 수 도 있다. 즉, 신라는 통일후 특수 변방지역을 제외하고 치소성은 산성보다는 평지성 쪽으로 이전하거나 저지대로 확대 개편한 것으로 파악되고

---

16) 동평현성은 조사보고서에서 고려시대 축조로 밝혀졌다. 그러나 『삼국사기』 지리지에 함께 보이는 기장현성은 신라시대에 해당하는 기장산성과 교리성이 확인되고 있다. 신라시대 동평현성이 보이지 않는 점에 대해서는 정밀조사나 재조사와 같은 다방면에 걸찬 검토를 필요로 하고 있다.

17) 주보돈, 『신라지방통치체제의 변화과정과 촌락』, 신서원, 1998.

있는데[18] 배산성의 경우도 인접한 망미동성이 이를 대신하고 있는 듯하다. 즉, 배산성과 망미동성이 석축성과 토성, 산성과 평지성, 초축시기에서 망미동성이 다소 늦다는 차이가 있다. 상호 인접하고 같은 신라시대에 축조된 성곽이라면 관방성, 군현성과 같은 사용목적이나 축조시기의 차이에서 비롯된 현상이라 할 수 있다. 이 경우 축조시기의 선후를 참고한다면 배산성에서 망미동성으로 이동되었음을 의미하는 것으로 생각된다. 다시 말하면 배산성은 처음에 왜의 경계도 병행하는 관방성 성격이 농후한 군현성으로 축조하였으나 뒷날 대왜관계가 소강상태로 접어들면서 망미동성을 새롭게 축조하여 순수 행정적 군현성으로 이동한 것으로 생각된다. 이런 현상은 기장산성과 교리성과의 관계에도 마찬가지라고 생각된다. 최근 조사에서 확인된 거제시 둔덕기성[19]의 경우 배산성과 매우 유사한 특징을 가진 신라시대 산성으로 알려져 있다. 그런데 둔덕기성의 곧장 바로 아래 남쪽기슭 평지의 경작지에서 동일시기에 축조된 것으로 추측되는 대형건물지가 집중 배치된 거림리유적[20]이 발견되었다. 거제 둔덕기성의 경우 발굴조사에서 신라시대 거제군 치소성이라고 조사자는 밝히고 있다. 그런데 뒷날 성 아래 거림리 평지에서 건물지 유구가 발견되어 상호 관련성이 제기되고 있다. 여기서도 배산성과 같이 산성과 평지군현성 즉, 관방성, 행정성(치소)과 같은 사용목적이나 축조시기의 선후 관계가 검토 대상이 되고 있다. 이와 같은 현상은 함안 성산성과 괴산리유적,[21] 고성 거류산성과 고읍성,

---

18) 박성현, 「신라의 거점성 축조와 지방제도의 정비과정」, 서울대학교 대학원 국사학과 박사학위논문, 2010.

19) 동아세아문화재연구원, 『거제 폐왕성 문화유적 시굴조사보고서』, 2006 ; 同연구원, 『거제 폐왕성 집수지』, 2009 ; 同연구원, 『거제 둔덕기성 동문·건물지』, 2011.

20) 동아대학교박물관, 『거제 거림리유적』, 1997.

21) 동서문물연구원, 『함안 괴산리유적』, 2011.

창녕 화왕산성과 목마산성, 김해 분산성과 고읍성 등 경남지방 신라시대 축조 석축성과 토성 조사사례에서 자주 확인되는 사실이다. 그리고 경기도 화성군의 당성[22]에서도 같은 현상이 나타나고 있다고 한다. 배산성의 경우 앞으로 정밀발굴조사를 통해서 석성축조 이전의 유구 존재여부와 성내 우물지와 건물지의 형태, 축조수법, 내부수습유물의 특징 등 구체적인 내용이 파악된다면 초축시기의 소급문제와 망미동성과의 관계설정이 보다 용이해질 것으로 생각된다. 그것은 기장산성과 교리토성과 관계도 마찬가지라고 할 수 있다. 분명한 것은 수영 망미동토성이나 기장 교리토성은 동래군과 기장현의 군현성 즉, 치소성으로서 전기한 산성보다는 약간 뒤늦게 축조되어 고려시대까지 사용되다가 조선시대 초반에 다른 지역으로 치소가 이동되었다는 점이다. 그리고 당감동성(동평현 치소)의 축조시기에 대한 재검토도 발굴조사를 통해서 이루어져야 할 부분이지만 다른 지역의 확인도 필요하다.

부산이 지리적으로 왜와 접한 신라의 남쪽 변방지역에 해당하여 중앙정부로서는 잦은 왜의 침략에 대비해서 축성의 필요성을 충분히 인지하고 있었을 것이고 다른지역의 행정적 군현성보다는 관방에 무게를 둔 성곽 축조를 기획하였을 것으로 보인다. 시기적으로는 군현성립과 삼국통일 등 평화가 지속되는 기간이지만 북쪽으로는 당, 남쪽으로는 왜에 대한 경계는 소홀하지 않고 꾸준히 축성에 최선을 다했을 것이라고 생각된다. 그런 의미에서 망미동성의 경우 바다에서 조망 가능한 평지를 택한 것은 초축 시기가 왜와의 긴장관계가 완화된 상태를 시사하는 위치라고 해석된다.

최근 이와 관련된 연구가 있어 주목하고 있는데 요약하면 다음과 같다.

"신라는 4세기 말엽부터 경주 사로국을 중심으로 그 외곽의 소국을 병합하고

---

22) 최희준, 「신라 당항성의 연혁과 선덕왕대 나당관계」, 『선사와 고대』 47, 2016.

국읍에 토성을 축조하는 방법으로 영토를 확장하다가 변방지역에는 국읍이나 중요 교통로상에 토성을 축조하여 영토 확장을 위한 거점성으로 활용하였다. 그리고 5세기 말부터 변방에는 삼년산성과 같은 석성을 축조하기 시작하여 거점성으로 활용하였고, 진흥왕대인 6세기 중엽에는 백제, 고구려, 가야지역 점령지에 정연한 석축성을 축조하였다. 그리고 7세기 후반에는 전쟁에서 점령한 편입지역의 기존성곽을 확보하고 정비하여 거점성으로 이용하였다. 그런데 신라는 통일 후 신문왕대에 군현제도가 확립되면서 그동안 영토확장을 위해 축조한 변방의 중요 거점성의 경우 군이나 현의 치소성으로 직접 사용하거나 아니면 거점성 아래 평지에 치소를 다시 설치하여 산성에서 이동되기도 하였다.”[23]

이 논지를 참고한다면 전기한 부산과 경남지역의 신라시대 산성과 평지성에 대한 해석이 용이해진다고 할 수 있다. 즉, 배산성과 망미동성, 기장산성과 교리토성과의 관계는 배산성이나 기장산성은 관방성(거점성)에 무게를 두었으나 망미동성과 교리성은 뒷날 군현성(치소성)에 비중을 두고 축조한 것으로 해석할 수 있을 것이다. 그러나 부산에 위치하는 산성들이 현재로서는 통일 이후에 축조된 것으로 파악되어 신라의 영토확장을 위한 거점성 보다는 신라 변경지역 특히 왜의 침략을 방비할 목적으로 축조되었다가 대왜관계의 소강상태가 장기간 지속되자 뒷날 망미동성이나 교리성과 같은 평지로 이동하였다는 가설을 제시할 수 있을 것이다.

마지막 과제는 부산지역 신라산성의 초축 시기이다.

먼저 부산지역에 신라성이 축조될 수 있었던 배경은 『삼국사기』 기록대로 왜에 대한 방비책이라 할 수 있다. 주지하다시피 4세기 중반에서 5세기 전반에 걸

---

23) 박성현, 「신라의 거점성 축조와 지방제도의 정비과정」, 서울대학교 대학원 국사학과 박사학위논문, 2010.

처 왜는 가야, 백제 등과 화친관계를 맺고 신라를 괴롭히는 적대관계를 유지·전시상태로 맞섰다. 신라는 이를 만회하기 위해 고구려와 손잡고 가야지역에 주둔한 왜적 소탕전에 나서게 되는데 최소한 5세기대에는 낙동강 동안東岸 대부분이 신라영역에 속한 것으로 알려져 있다.[24] 만약 낙동강 동안에 해당하는 부산도 신라영역에 속했다면 신라로서는 가야와는 서남쪽 최전선이 되고, 백제와의 경계지에 삼년산성을 축조하는 것과 같이 고구려식 석성축조가 가능했을 것이 예상된다. 그렇지만 5세기대에 해당하는 석축성이 부산에서는 확인되지 않고 있다. 아직 미확인지 아니면 통일기 이전에는 축조하지 않았던 것인지 앞으로 확인해야할 과제중의 하나이다.

한편 삼국사기 열전 거도居道의 거칠산국과의 전쟁 기사를 비롯해서[25] 본기에는 부산이나 부산 주변지역으로 추측되는 축성기사들이 적지 않게 나타나고 있다. 즉 지마니사금 10년(121) 2월 대증산성大甑山城을 축조하였다 하고[26] 자비마립간 6년(463) 2월에는 왜인이 삽량성歃良城을 침범한 것을 대패 시켰고 자주 침범하는 이연변二緣邊에 축성하였으며[27] 소지마립간 15년(493) 7월에는 임해臨海, 장령長嶺[28] 양진을 설치해서 왜적에 대비했다[29]는 기사들이다. 대증산성을 축조한 대증산의 위치에 대해서는 자세하지 않다. 다만 신라시대 동래군 영현인 동평현이 경덕왕 이전에는 대증현으로 명칭 되었던 것을 생각하면 현재 부산시 부산진

24) 이희준,『신라고고학연구』, 사회평론, 2007 ; 김대환,「부산지역 금관가야설의 검토」,『영남고고학』33, 2003.
25) 『三國史記』卷44 列傳 第4 (居道)
26) 『三國史記』卷1 新羅本紀 祇摩尼師今 十年「二月 築大甑山城 夏四月 倭人侵東邊」
27) 『三國史記』卷3 新羅本紀 慈悲麻立干 六年「春二月 倭人侵歃良城 不克而去 王命 伐智 德智 領兵伏候於路 要擊大敗之 王以倭人屢侵疆場 緣邊築二城
28) 『三國史記』卷3 新羅本紀 炤知麻立干 二十二年「春三月 倭人攻陷長峯鎭
29) 『三國史記』卷3 新羅本紀 炤知麻立干 十五年「秋七月 置臨海長嶺二鎭 以備倭賊

구 당감동 주변의 산명일 가능성도 예상할 수 있다. 그러나 양산군 물금읍 증산리에 있는 증산甑山이 처음에는 대증산大甑山 그리고 증산甑山에서 일제시대에 지금의 증산이 되었다는 견해도 있어 판단하기 어렵다.[30] 시기적으로는 석성보다는 토성 축조 가능성이 높다. 부산의 동평현 주변과 양산 물금지역의 토성지 잔존여부가 관권이라 할 수 있다. 그리고 자비마립간 시기에 왜인의 삽량성 침범을 물리치고 자주 침입하는 연변에 두성을 축조하였다는 기사도 역시 주목된다. 가야가 멸망하기 이전 즉 5세기 중반 이후에 해당하는 기사여서 양산의 연변이 부산지역도 해당되므로 무관하다고는 말할 수 없다. 또한 소지마립간 시기에 왜구방비를 목적으로 임해진과 장령진을 설치하였다는 기사이다. 과거 임해진은 경북 경주시 모화리로 그리고 장령진은 경주 동쪽 25리 지점으로 비정되었다.[31] 그러나 최근 임해진은 포항시 청하면 개포리, 그리고 장령진은 경주시 추령-감포 방면으로 비정하는 연구자도 있다.[32] 동일한『삼국사기』본기에 장령진長嶺鎭을 장봉진長峯鎭으로 표기하고 있는 것과 말갈을 방지할 목적으로 장령에 목책을 세웠다는 기사 등도 검토되어야할 부분이다.[33] 또 5세기 후반의 금관가야, 왜의 관계와 신라의 대립입장을 고려하면 양 진의 설치가 부산지역을 제외 시킬 수 없다는 논지도 있어서[34] 주목된다.

---

30) 김종권,『역완 삼국사기』, 선진문화사, 1960, p.14. 卷一 新羅本紀 祇摩尼師今 十年 2월 기사 번역문에 大甑山(甑山)으로 표기하고 있다. 그리고 동아세아문화재연구원,『양산 물금황산 언』, 2012, p.23. 에서도 현재의 甑山里는 大甑山에서 甑山으로 그리고 일제시대에 현재의 명칭인 즈산리로 바뀐 것으로 소개하고 있다.
31) 이병도,『국역 삼국사기』, 춘조사, 1934.
32) 진덕재,「4-6세기 신라의 동해안지역 경영」,『한국동남해안의 선사와 고대문화』, 한국상고사학회 40회 학술발표대회, 2012.
33)『三國史記』卷1 新羅本紀 逸聖尼師今 七年「二月 立柵 長嶺 以防靺鞨」
34) 선석열,「신라의 지방통치과정과 연산동고분군」,『연산동 고분군과 그 피장자들곽』, 부산대박물관 · 연제구청 학술심포지움요지, 2016, pp.12-13.

다음은 배산성이나 기장산성이 7세기 전반에서 후반 사이에 축조된 것으로 편년하고 있다. 그러나 배산성 주변의 연산동고분군과 복천동고분군 또 기장산성 주변의 청강리고분군의 축조시기에서 1-2세기 이상 차이가 나타고 있다는 점이다. 산성이 위치하는 동래, 기장 양 지역에 분포하는 고분과 성곽이 동일한 시기에 축조되었다고 고집할 수는 없지만 상호 유관할 것은 분명해 보인다. 특히 일정 단계의 고분에서 신라 위세품을 비롯한 소위 신라양식토기가 출토되어 피장자와 성곽 축성자의 관계가 의문스럽기도 하다.[35] 이들 성곽과 고분군의 관계설정과 해석은 삼국과 신라시대 부산지역 정체성 파악에도 매우 중요한 부분이라 할 수 있어 각각의 분야에서 지속적으로 연구되어야할 과제라고 할 수 있다.

표 2 부산지역의 성곽 일람표

연번	명 칭	주 소	시기	조사기관	조사기간	특 기 사 항
1	연제 배산성	연제구 연산동 산 38-1	신라	부산박물관	2016. 3. 29. ~4. 29.	석성
2	기장 기장산성	기장읍 대라리 산 20-2, 서부리 산 9-1, 철마면 안평리 112-2	신라	울산문화재연구원	2012. 3. ~6.	석성
3	수영 망미동성	수영구 망미동 640-1, 681-3, 868-1, 870, 906, 987-64	신라~ 고려	경남문화재연구원, 동의대학교박물관	2002. 8. 24. ~10. 25. 2003. 2. 17. ~7. 22. 2004. 11. 4. ~2005. 3. 3	동남석축, 서북토축, 둘레 4,430척
4	부산진 당감동성	부산진 당감3동 350, 당감4동 705	고려	부산시립박물관	1994. 12. 19. ~1995. 4. 4	동남석축, 서북토축, 둘레 3,508척, 3차개축, 동평현성
5	기장 교리토성	기장읍 교리 310	신라~ 고려	부경문물연구원	2012. 9. 21. ~9. 27.	토성, 둘레 1,300m, 기장구읍성

35) 김용성, 『신라 고고학의 탐색』, 2015, 진인진 ; 김용성, 「연산동 고총의 성격」, 『연산동 고분군과 그 피장자들곽』, 부산대박물관 · 연제구청 학술심포지움요지, 2016, pp. 71-94.

연번	명 칭	장 소	시기	조사기관	조사날짜	특 기 사 항
6	강서 구량동성	강서구 구량동 산30. 31	고려	동양문물연구원	2009.9.22. ~2011.3.31.	둘레 1,193m, 영정주, 외황, 문지, 토석병축
7	강서 갈마봉성	강서구 성북동 선창마을	조선	지표조사	-	석성, 둘레 350m, 『고려사』 1279년 기사
8	동래 동래읍성 (전기)	동래구 수안동 204-1, 복천동304번자	조선	경남문화재연구원, 부산박물관, 복천박물관	2003.~2006. 2002.9.24. ~12.14	석성 (임진왜란 이전)
9	동래 동래읍성 (후기)	동래구 명륜동 720-1	조선 (1731)	복천박물관, 부산시립박물관, 동아대학교박물관, 경남문화재연구원	2000, 인생문쪽 1979.1.15. ~2.10. 2000.5.9. ~6.25.	석성, 현존읍성, 둘레 2.7km, 부사 정언섭 축조
10	기장 기장읍성	기장읍 동부리 310, 서부리, 대라리 일대	조선 (1425)	동양문물연구원, 한국문물연구원	2010.10.12. ~12.30. 2014.4.14. ~6.15.	석성, 둘레 1km
11	강서 금단곶보성	강서구 녹산동 산 129-4	조선 (1485)	부산시립박물관	1997.6.20.~ 1999.11.24.	석성, 둘레 450m, 삼포왜란시 웅천성 도운기사, 옹성, 문지
12	동구 부산진성 (전기)	동구 좌천동, 범일동 일원	조선 (1448)	미조사	-	석성, 둘레 2,026척, 정발장군, 정공단, 우물지
13	동구 부산진성 (후기)	동구 범일동 자성대공원 일원	소선 (1600)	우리문화재연구원	2009.8.19. ~9.25.	부산왜성의 해안부 (자성대, 부산)
14	기장 두모포진성	기장군 죽성리 47번지 일대	조선 (1510)	부산시립박물관	2002.4.19. ~5.25.	1629년 부산포로 이전, 1680년 수정동으로 이전
15	사하 제석곶보성	사하구 당리동	조선	미조사	-	1510년 이전 축조, 삼포왜란으로 폐지
16	사하 서평포진성	사하구 구평동 일대	조선 (1522)	-	-	석성, 연합철강 공장부지, 멸실
17	강서 가덕진	강서구 천가동 일대	조선 (1544)	동아대학교 석당학술원 (지표조사)	1977.3.	석성, 치, 옹성 잔존
18	강서 천성보	강서구 천성동 1613	조선 (1544)	부산박물관	2016.3.21. ~20일간	석성, 1652년(철종 3) 안골포로 이전, 1656년(철종 7) 복귀 후 1895년까지 사용

연번	명칭	장소	시기	조사기관	조사날짜	특기사항
19	수영 좌수영성	수영구 수영동 416-2	조선 (1592)	부산시립박물관, 한국문물연구원	1998. 10. 10. ~12. 31. 2013. 12.	길이 9,190척, 4대문, 옹성, 치7
20	사하 다대포진성	사하구 다대동 1140-1	조선 (1592년 이후)	한국문물연구원, 사하구청	2006. 3. 13. ~4. 11. 2016. 7.	1417년 8월 설치 기록, 임진왜란 후 재축조, 해자 확인
21	금정 금정산성	금정구 금성동 금정산 일대	조선 (1703)	금정구청, 경성대학교박물관	2004. 9. 1. ~10. 7.	둘레 17.3㎞, 석성
22	영도 절영도진성	영도구 동삼동 중리	조선 (1881)	-	-	고종 35년 이호준 수축
23	금정 노포동산성	금정구 노포동	조선 추정	-	-	석성, 테뫼식 산성
24	동구 수정동 목장성	동구 초량동~ 진구 가야동	조선 (1416)	지표조사	-	석성, 오해야항목장성 외성 추정, 태종 17년 말 700필 방목
25	사하 괴정동 목장성	서구 괴정동	조선	지표조사	-	석성, 오해야항목 장성 중성 추정
26	동구 부산왜성 (증산, 자성대)	동구 좌천동, 범일동 일대	조선 (1592)	우리문화재연구원	2009. 8. 19. ~9. 25.	범일동조선통신사 기념관신축부지
27	동래 동래왜성	동래구 칠산동, 안락동	조선 (1592)			
28	북구 구포왜성	북구 덕천동	조선 (1593)	동아대학교박물관	2002. 2. 26. ~8. 24. 2004. 4. 16. ~6. 30.	
29	영도 동삼동왜성	영도구 동삼동	조선 (1593)	-	-	추목성
30	기장 기장왜성	기장읍 죽성리 산 52-1	조선 (1593)	복천박물관	2002. 4. 19. ~5. 25.	-
31	기장 임랑포왜성	기장군 장안읍 임랑리	조선 (1593)	중앙문화재연구원	2001. 5. 2. ~7. 30.	해발 70m, 방모산상, 소형
32	강서 죽도왜성	강서구 가락동 787	조선 (1593)	동아대학교박물관	2004. 7. 15. ~11. 2. 2004. 12. 30. ~2005. 1. 21.	-
33	강서 가덕도왜성	강서구 성북동 눌차도	조선 (1593)	한국문물연구원	2008. 6. 30. ~10. 31.	

4. 끝맺는 말

부산지역에는 배산성을 비롯해서 기장산성, 망미동성, 교리성 등 신라시대 성지가 분포하고 있는데 시공간적으로 『삼국사기』 지리지에 나타나는 동래군, 기장현의 중심지와 일치하여 그 성격이 치소와 관련된 것으로 추정하여 보았다.

부산의 지리적 자연환경은 군사적으로 해방海防을 위한 요충지에 해당되어 신라는 신문왕대에 군현제도 확립과 더불어 이곳에 축성이 시작된 것으로 파악된다. 연제 배산성과 기장 기장산성이 그 대표적인 예이다. 이들 산성은 야산 정상부에 테뫼식 또는 포곡식 형태로 장방형 석재를 이용해서 바른층쌓기의 체성을 축조하고 내부에 호안석축의 우물지, 집수정, 건물지 등의 부속유구를 갖춘 구조이며 7세기대에 축조된 것으로 알려져 있다. 신라시대 축조의 창녕 화왕산성, 거제 둔덕기성, 고성 거류산성, 함안 성산성, 남해 고현산성, 김해분산성 등 경남지역 산성들과 특징을 같이하고 있으며 대부분 신라 군현의 치소성으로 이해하고 있다는 사실을 감안하면 연제 배산성과 기장 기장산성 역시 동래군과 기장현의 치소성으로 이해해도 무리가 없을 것으로 생각된다. 그리고 경남지역의 신라 산성들이 그 아래 산록이나 계곡부에 별도의 성곽이나 도시가 동반되고 있다는 최근의 조사사례를 참고하면 부산의 배산성과 망미동성 그리고 기장산성과 교리성의 관계도 마찬가지 현상이라 생각된다. 망미동성과 교리성은 토성이지만 내부에서 수습된 초기유물들이 산성에서 출토된 것과 대차가 없다는 조사보고서를 인용하면 같은 신라시대에 축조되었음을 시사하는 것이다. 물론 토성에서 출토된 유물들이 고려시대로 이어지는 신식이 많다는 점은 간과해서 안 될 것이다. 따라서 이들 성곽은 시기적으로 신라시대 군현성 (치소성)의 성격을 가진 것이 분명하다 할 수 있다. 부산에서 산성과 평지성의 구분은 신라가 통일은 되었지만 변경지역에 대한 경계(왜·당)를 목적으로 처음 산성을 축조하였으나 뒷날 양국관계가 긴장에서 소강상태로 전환됨에 따라 평지성으로 이동한 결과라고 해석된다.

마지막으로 신라산성 주변에 위치하는 고분군과의 관계이다. 우선 편년상으로 고분군 축조시기가 산성보다 1-2세기 이상 선행하고 있다. 분명히 산성과 고분군을 축조한 집단이 상호 유관할 것이 예상되는 부분이다. 앞으로 부산 성곽 연구의 중요과제라고 말해 둔다.

「부산지역 고대성지의 성격검토와 과제」, 『문물연구』 제31호, 2017.

거제 거림리巨濟 巨林里유적의 재검토

1. 머리말

지난 1996년 4월 거제시 둔덕면屯德面 거림리에서 고려시대 거제군 치소와 관련되는 것으로 추정되는 거림리유적을 발굴조사하였다. 그런데 근처에는 고려시대 거제군 치소로 알려진 둔덕기성지屯德岐城址가 따로 위치하고 있다.[1] 둔덕기성은 고려 의종毅宗이 정중부鄭仲夫란을 피해 3년간 머물렀던 폐왕성廢王城으로 전해져 오고 있다.[2] 거림리유적은 거림리 일대에 대한 경지정리작업 중 지하에서 건물지 유구와 기와, 청자, 토기편 등 유물이 발견되어 동아대학교박물관 조사팀이 긴급수습조사를 실시하고 고려시대 유적으로 밝힌 것이다. 조사당시 주목한 것은 상사리裳四里라는 명문이 새겨진 평기와편을 비롯한 대형 건물지, 청자, 토기, 기와 등의 발견으로 그 성격을 당시 거제군 치소와 관련되는 것으로 파악하였다.[3] 주지하다시피 상사리의 상裳은 거제의 신라시대 지명인 상군裳郡과 삼한시대 독로국瀆盧國 어원과도 관계되는 것으로 파악되기 때문이다.

한편 거림리유적 조사 당시는 인접한 둔덕기성지에 대한 고고학적 정보는 지표조사 자료가 전부였다.[4] 그러나 최근 둔덕기성지에 대한 수차에 걸친 발굴조

---

1) 『新增東國輿地勝覽』券之32, 巨濟縣古蹟條
2) 『高麗史』二券19, 世家券19 毅宗3年條, 폐왕성이라는 단어는 경상남도에서 일제강점기에 출판(1931)한 『慶南の 城址』에서 처음 사용하고 있다.
3) 동아대학교박물관, 『거제 거림리유적』, 1997, pp.1-265.

사에서 거제군현과 관계되는 새로운 자료가 다수 확보되고 국가사적으로 지정되는 등 재평가 되면서[5] 기존의 거림리유적 성격도 재검토가 불가피하게 되었다.[6] 따라서 여기서는 둔덕기성지 조사보고서를 참고하고 기존의 거림리유적 조사보고서를 중심으로 그 성격을 재검토해 보기로 한다.

2. 위치와 주변유적

가. 위치

거림리유적은 경남 거제시 둔덕면 거림리 274번지 일대에 분포하고 있다. 거림리는 사방이 산으로 둘러싸인 분지盆地로 서쪽에 둔덕천을 따라 좁은 입구가 남해연안에 연결되어 있다. 유적이 발견된 곳은 주로 계단상의 논과 밭 등 경작지인데 지형상 높은 북쪽과 동쪽은 밭이 많고 낮은 남쪽과 서쪽은 논이 대부분이다. 유구는 논과 밭의 경계지점에 주로 분포하였고 조사구역은 모두 논이었다. 조사 당시 이미 진행된 경지정리 작업으로 조사 대상지역의 표토층이 대부분 제거되고 지하의 석조 유구 윗부분이 지상에 노출된 상태여서 상부 퇴적층 확인은 불가능한 상태였다.

---

4) 동아대학교박물관,『거제시 문화유적 정밀지표조사보고서』, 1995, pp.1-282 ; 同박물관,『거제시 성지조사보고서』, 1995.

5) 둔덕기성은 지난 2010년 8월 24일 문화재위원회에서 사적 제509호로 지정하고 보존조치토록 하였다.

6) 동아세아문화재연구원,『거제 폐왕성 문화유적시굴조사보고서』, 2006 ; 同연구원,『거제 폐왕성 집수지』, 2009 ; 同연구원,『거제 둔덕기성 동문·건물지』, 2011.

한편 지리적으로 거림리는 거제도 내부에서 서쪽에 위치하며 남쪽과 동쪽에는 산방산山芳山, 계룡산鷄龍山(해발 554.9m), 노자산老子山(해발 556.2m)등이 자리하고 북쪽 견내량見乃梁을 건너면 육지 통영시와 연결된다. 거림리유적이 고대 거제군 치소지로서 서쪽에 너무 치우쳐 있다는 느낌도 있지만 거제도 전체를 남부, 서부, 동부로 구분하면 육지와 가장 가까운 서부를 선택하여 왜구침범과 같은 만일의 사태에 대비한 느낌을 주고 있다. 고려시대까지 문헌상의 거제군과 그 영속현의 위치는 대략 서쪽 거제군을 중심으로 동부 아주현鵝洲縣, 남부 송변현松邊縣 그리고 중부 명진현溟珍縣을 두어, 북부는 다소 소홀했던 느낌을 주고 있다.7 따라서 거림리는 지리적으로 육지와는 가장 인접하고, 남쪽 방면의 왜구침략에도 은폐되며 사방이 산으로 둘러싸인 요새처要塞處라는 장점을 충분히 고려한 선지選地 결과라 할 수 있다.

나. 주변유적 (그림 1)

거림리유적 주변에는 지석리支石里, 학산리鶴山里에 청동기시대 지석묘군이 분포하고8 인접한 마장동,9 방하리芳下里에는 신라시대 중소형 고분군이 위치하며,10 북쪽에 조선시대 오양역11이 있다.

거제도는 지리적으로 우리나라 최남단에 위치하여 왜구침입에는 관문처럼

7) 심종훈「둔덕기성을 통해본 거제의 중심군형과 속현」,『거제 둔덕기성』, 동아세아문화재연구원, 2017, pp.356-369.
8) 동아대학교박물관,『거제시 문화유적정밀지표조사보고서』, 1995.
9) 동아세아문화재연구원,『문화유적분포지도-거제시-』, 2005.
10) 동아세아문화재연구원,『거제 방하리 고분군』, 2021.
11) 동아대학교박물관,『거제 오양성지』, 1994.

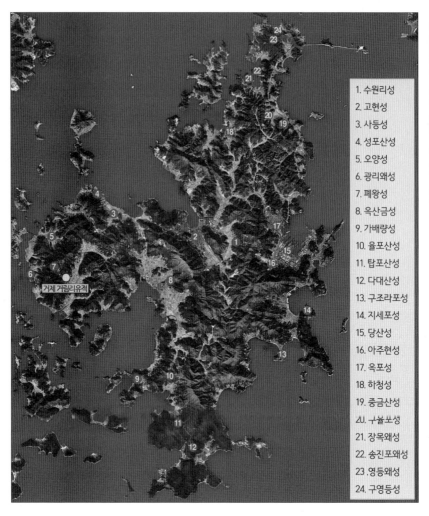

그림 1 거제 거림리유적 및 주변유적 위치도(카카오맵 편집)

열려있어 주민의 피해도 적지 않았다. 따라서 이에 따른 치소성治所城과 관방성 (영, 진, 보), 왜성 등 각종 성곽이 곳곳에 축조되어 있다. 그 중 치소성(읍성)은 조선시대 고현성,[12] 사등성[13]을 비롯해서 신라, 고려시대 둔덕기성,[14] 아주현

성,15 옥산금성(명진현성),16 다대산성(송변현성)17이 있고18 관방성은 구율포성,19

옥포성,20 오양성,21 가배량성,22 구영등성,23 구조라포성,24 지세포성25 등이 있

12) 심봉근, 「거제 고현성지 연구」, 『석당논총』 17, 1991, pp. 7-59.

13) 사등면 사등리에 있는 석성으로 조선 세종조에 거제도로 복귀한 뒤 쌓은 읍성이다.

14) 동아세아문화재연구원, 『거제 폐왕성 문화유적시굴조사보고서』, 2006 ; 同연구원, 『거제 폐
왕성 집수지』, 2009. ; 同연구원, 『거제 둔덕기성 동문·건물지』, 2011.

15) 아주동 대우조선부지 내에 일부 석축이 남아 있다. 신라시대 아주현이 있었던 곳으로 추정
된다.

16) 거제면 동상리에 있는 석축성이며 수정봉 8분 능선을 따라 산탁하여 축조한 테뫼성이다. 일
명 수정봉성이라고 하며 조선 고종 때 부사 송희승이 거제군민을 동원하여 쌓았다고 한다.
성내에 세워진 축성기에 의하면 송부사가 이곳에 읍성을 축조할 것을 조정에 건의하였으나
조정에서 거제는 읍기를 세번이나 옮겨 주민의 피해가 많다고 하여 수용되지 않자 직접 군
민을 동원하여 쌓았다고 적혀 있다. 최근 옥산금성 발굴조사에서 성곽은 신라시대부터 축조
되어 조선시대까지 수개축을 거듭하면서 사용한 것으로 밝혀지고 있다. 경상문화재연구원,
『거제옥산성지』, 2019.

17) 동부면 다대리의 가라산 남쪽 기슭에 있는 석성이다. 둘레 395m, 최고높이 3.2m, 폭 3.5m
테뫼식인데 송변폐현과 관계되는 것이다. 최근 시굴조사에서 신라시대에 축조된 것으로 추
정하고 있다. 동서문물연구원, 『거제 다대산성』, 2012.

18) 이일갑, 『조선의 읍성』, 국학자료원, 2021.

19) 장목면 율천리 마을 복관에 있는 석성이다. 『東國輿地勝覽』 거제군 관방조에 "栗浦堡 在縣東
三十三里 有石城 周九百尺 高十三尺 內有一泉一溪 設權管以戍"라고 기록하고 있다.

20) 장승포시 옥포동에 있는 석성이다. 『동국여지승람』 거제군 관방조에 "玉浦營 在縣東十九里
有石城 周一千七十四尺 高十三尺 內有一井一池 水軍萬戶一人"이라고 기록하고 있다.

21) 사등면 오량리에 있는 석축성이다. 『동국여지승람』 거제군 역원조에 "烏壤郵 在縣西三十四
里 弘治庚申設堡於驛 石築城 周二千一百五十尺 高十五尺 置權管戍之"라 하였다. 홍치경신
은 조선 연산군 6년(1500)에 해당한다.

22) 동부면 가배리 마을 앞에 있는 석축성이다. 임진왜란시 우수영이 일시 위치했던 오아포烏
兒浦이다. 『東國輿地勝覽』 거제군 관방조에 "右道水軍節度使營 在縣南三十七里 有石城 周
二千六百二十尺 高十三尺 內有一泉池 自山達浦移于烏兒浦"라고 기록하고 있다.

23) 장목면 구영리에 있는 석축성이다. 『東國輿地勝覽』 거제군 관방조에 "永登浦營 在縣北四十九
里 有石城 周一千六十八尺 高十三尺 內有一溪 水軍萬戶一人……"이라 기록하고 있다.

24) 일운면 구조라리에 있는 석축성이다. 『東國輿地勝覽』 거제군 관방조에 "助羅浦營 在縣東
二十八里 有石城 周一千八百九十尺 高十三尺 內有一泉 水軍萬戶一人"이라 기록하고 있다.

25) 일운면 지세포리 앞산 계곡에 있는 석축성이다. 『東國輿地勝覽』 거제군 관방조에 "知世浦營
在縣東二十九里 有石城 周一千六百五尺 高十三尺 內有二溪 水軍萬戶一人 本國人往日本者

다. 또 일본군이 임진왜란 당시 남해안 물자공급과 장기주둔을 목적으로 축조
한 왜성은[26] 장목면 장목리[27]와 구영리[28] 그리고 덕호리[29]에 각각 분포하고 있
다.[30] 특히 주목되는 것은 거림리유적과 근접해서 위치한 둔덕기성이다. 석축
성으로 고려 의종毅宗(재위기간 1146-1170)이 정중부란鄭仲夫亂으로 왕위에서 폐위
된 후 이곳에 머물렀다고 하여 폐왕성이라고도 한다.[31] 성은 둔덕면과 사등면

必於此 待風開洋 向對馬州"라고 기록하고 있다.

26) 이형재, 「한국 남해안 왜성축성술연구」, 동아대학교 대학원 박사학위논문, 2000.

27) 장목면 장목리 앞산에 양쪽으로 있다. 倭將 福島正則, 戶田勝隆이 축조하였다.

28) 장목면 구영리 뒷산에 있다. 福島正則 등이 축조하였다.

29) 사등면 덕호리 광리부락 앞에 있다. 견내량을 경계할 수 있는 지역이다. 宗義智部下가 축조
하였다.

30) 나동욱, 「한국의 왜성연구」, 동아대학교 대학원 박사학위논문, 2012.

31) 문헌상에 나타난 둔덕기성과 관계있는 중요기사는 다음과 같다.

『高麗史』二卷19 世家 卷19 毅宗 3年條

"乙卯 王 單騎 遜于巨濟縣 放太子于珍島縣 是日 仲夫·義方·高等 領兵 迎王弟翼陽公晧 卽
位 明宗三年八月 金甫當 遣人奉王 出居雞林 十月庚申 李義旼 弒王于坤元寺北淵上 壽四十七
在位二十五年 遜位三年 諡曰莊孝 廟號毅宗 陵曰禧陵 高宗四十年 加諡剛果"

『高麗史』二卷19 世家 卷第十九 明宗一年條

"庚辰 東北面兵馬使諫議大夫金甫當 起兵於東界 欲討鄭仲夫·李義方 復立前王 東北面知兵
馬事韓彦國 擧兵應之 使張純錫等 至巨濟 奉前王 出居雞林 九月丁酉 捕殺韓彦國 癸卯 安北
都護府 執送甫當等 李義方 殺之於時市 凡文臣 一切誅戮 丁巳 雞林人 幽前王于客舍 使人守
之 冬十月庚申朔 李義旼 出前王 至坤元寺北淵上 獻酒數盃 遂弒之"

『新增東國輿地勝覽』卷之32 巨濟縣 古蹟條

"屯德歧城 在縣西三十七里 石築 周一千二尺 高九尺 內有一池 世傳 本朝初 高麗宗姓 來配之
處"

『東國輿地志』卷之4下 慶尙道 巨濟 古蹟條

"屯德歧城 在縣西三十七里 石築 周一千尺 內有一池 世傳 本朝初 高麗宗姓 來配之處"

『輿地圖書』慶尙道 巨濟 古蹟條

"屯德/城 在府西三十里 石城 周一千二尺 高九尺 內有一池 世傳 本朝初 高麗宗姓 來配之處"

『增補文獻備考』卷27 輿地考15 關防3 城郭 慶尙道條

"屯德岐城 在西三十里 石築 周二(一?)千兩尺 高九尺 今廢 內有池一"

『慶尙道邑誌』第11册 巨濟 巨濟府邑誌 城池條

"岐城 在府西三十里 周一千二尺 高九尺 內有一池"

의 경계지점의 야산정상부(해발 326m) 남서 경사면에 평면 타원형으로 축조되어 있다. 최근 동쪽지역 체성[32]을 비롯해서 내부 집수지,[33] 건물지,[34] 동문지[35] 등에 대한 발굴조사가 이루어지고 유적주변 환경정비사업 등으로 규모와 축조수법, 축조시기 등 그 특징을 파악되었다. 조사결과에 의하면 체성 3개소에 개구開口된 문지가 있고 성내 중앙에 건물지 초석과 축대가 있으며 건물지 아래에 집수지 그리고 성외 서남쪽에 나성 흔적이 확인되고 있다. 체성은 약간 오목한 경사면을 성내로 삼고 그 주위 능선 가장자리 부분에 협축된 석축이 있다. 외벽은 약간 치석한 납작한 판석을 이용하여 바른층쌓기하고 내벽은 일반 막돌을 이용하였으며 적심은 잡석으로 채운 형태이다. 가라산加羅山 아래의 다

『慶尙道邑誌』第11册 巨濟 巨濟府邑誌 古蹟條 "歧城遺事 高麗毅宗 爲鄭仲夫所廢此 出麗史"
『輿圖備志』2 慶尙道 右道 巨濟都護府 城池條
"屯德歧城 治西北三十里 石築 周一千二尺 高九尺 池一"
『大東地志』卷10 慶尙道八邑 巨濟 城池條 "屯德歧城 西北三十里 周一千二尺 池一"
『嶺南邑誌』第25册 巨濟 城池條 "歧城 在府西三十里 周一千二尺 高九尺 內有一池"
『嶺南邑誌』第25册 巨濟 古蹟條 "歧城遺事 高麗毅宗 爲鄭仲夫所廢此 出麗史"
『韓國近代邑誌』32 慶尙道26 統營郡誌 古城郭條
"歧城 在屯德面巨林里後 周一千二尺 高九尺 內有一池 高麗毅宗二十四年庚寅秋八月 王幸普賢院 大將軍鄭仲夫 與牽龍散員李義方李高等 謀作亂殺林宗植李復基韓賴等 盡殺文臣 逼王遜于巨濟築城 以居之名之曰廢王城後 明宗三年癸巳秋八月 東北面兵馬使金甫當 謀復前王與錄事張純錫東北面知兵馬事韓彦國等起兵 純錫及柳寅至巨濟奉前王出居慶州 仲夫義方聞之 使將軍李義旼等 領兵討之 九月義方殺甫當彦國 十月李義旼殺前王於慶州 義方引前王 至坤元寺北淵上 拉去王脊骨投之 淵中旋風 忽起塵沙飛揚屍 在水中有日魚龍 不敢傷 張弼仁等密具棺 奉瘞水濱 五年乙未葬禧陵"
『慶尙道輿地集成』巨濟郡邑誌 城池條 "歧城 在府西三十里 周一千二尺 高九尺 內有一池"
『慶尙道輿地集成』巨濟郡邑誌 古蹟條 "歧城遺事 高麗毅宗 爲鄭仲夫所廢此 出麗史"

32) 동아세아문화재연구원, 『거제 폐왕성 문화유적시굴조사보고서』, 2006.
33) 동아세아문화재연구원, 『거제 폐왕성 집수지』, 2009.
34) 동아세아문화재연구원, 『거제 둔덕기성』, 2017.
35) 동아세아문화재연구원, 『거제 둔덕기성 동문·건물지』, 2011.

대산성多大山城[36]과 거제면의 옥산금성玉山金城[37]과 함께 견고하고 전형적인 신라 시대 축성수법을 나타내는 특징을 하고 있다.[38] 성내 발굴조사에서 수습된 유물은 신라와 고려시대 토기, 상사리 명문기와, 순청자와 상감청자, 인화문과 귀얄문분청사기 등 신라시대부터 조선시대에 이르기까지의 다양한 것이 출토되었다. 현존 둘레 505(526)m이다.

3. 조사내용

가. 유구 (그림 2 · 3)

조사는 작업의 편리성을 감안해 조사 대상지역을 북쪽에서 남쪽으로 Ⅰ, Ⅱ, Ⅲ지구로 나누고 다시 지하에서 확인된 유구를 A-O로 명칭하여 조사하였다. 비교적 원상을 유지한 곳으로 추정되는 지점의 퇴적층은 두께 30㎝ 정도의 회청색 경작층이 있고 그 아래 50㎝ 정도 흑갈색 부식토층이 있다. 이 흑갈색 부식토층은 구지표층舊地表層으로 유구와 유물 포함층에 해당한다. 후대의 경작지 개간으로 형질변경이 이루어진 곳도 바로 이 퇴적층이다.

---

36) 경상문화재연구원, 『거제 옥산성지』, 2019.

37) 동서문물연구원, 『거제 다대산성』, 2012.

38) 『三國史記』 卷 第34 雜志 第3 신라 거제군조에 "巨濟郡 文武王初置裳郡 海中島也 景德王改名 今因之 領縣三 鵝州縣 本巨老縣 景德王改名 今因之 溟珍縣 本買珍縣 景德王改名 今因之 南垂縣 本松邊縣 景德王改名 今復故"라 하여 문무왕 때 처음으로 상군을 설치와 함께 영현으로 아주, 명진, 송변이 있었던 것을 알 수 있다.

1) I지구

거림부락의 서쪽 농로 아래쪽이다. 조사지역에서 가장 지형이 높은 지점이며 뒷날 논으로 개간된 지역이다. 구지표면은 경사지였으나 개간작업에서 높은 곳의 지면을 파서 낮은 곳에 메우는 수평작업이 진행되고 그 속의 유구가 파손되기 시작하였다. 조사과정에서 수습된 유물들이 고려시대 중기로 편년되는 것이 대부분이어서 개간은 그 이후 즉 조선전기에 이루어졌다는 것을 짐작할 수 있다.

유구는 동쪽에서 서쪽 순으로 A-F가 확인되었다. 그 중 A는 동-서축의 축대 기단부 석열이며 길이 7.2m 정도 남아 있다. 석축 남쪽 내부에 심초석으로 보이는 집석군과 초석으로 추정되는 대석(臺石)이 확인되어 건물지 축대로 추측된다. 북쪽에 선행하는 담장석축 기단부가 일부 남아있다. B는 큰 할석을 이용하여 평면 원형으로 축조한 석축기단부분이다. 평면 형태나 내부 바닥의 소형 할

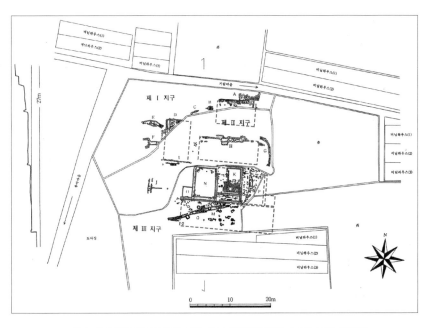

그림 2 거제 거림리유적 유구배치도(동아대학교박물관, 1996, 도면 재편집)

석편을 참고하면 우물터로 파악되며 내부 직경은 80㎝ 정도이다. C는 동-서축 330㎝ 정도의 석열로 담장기단부로 파악된다. 이 경우 신축건물 부지정리 과정에서 훼손된 듯하다. D는 부분적으로 잔존한 할석군으로 규모나 형태 파악이 어렵지만 Ⅱ지구 I와 연결하면 남-북축의 장방형 건물지가 될 수도 있다. E, F는 할석군으로 건물지 축대가 아니면 심초석이 일부 잔존한 것으로 추측된다. I 지구에서 확인된 유구는 동-서축 A를 제외하면 신축공사 이전의 선행하는 유구로 부지정리 과정에서 훼손되고 일부 남은 것으로 추측된다. 한편 출토된 유물은 도자기편, 토기편, 기와편이다. 특정한 유구 속에서 출토된 것은 아니며 고려시대 것이 대부분이고 조선시대로 편년되는 분청사기편도 조금 섞여있다.

2) Ⅱ지구

전기한 I지구보다 한 단 낮은 지형이며 논이 개간되면서 높은 북쪽 I지구 건물지 하단부를 절토해서 낮은 남쪽의 지면을 메웠다. 동쪽 G, H 아래도 또한 단 낮은 논을 개간하면서 역시 위쪽 유구 아래부분을 훼손시키는 등 Ⅱ지구가 조사지역에서 원상 훼손이 가장 심한 곳이다.

그 중 G는 곡선상의 석축으로 할석을 지면에 수직하게 협축한 담장의 기단부이다. 인접한 H와 관련된 것으로 생각된다. H는 할석을 축조한 동-서축 석열이며 남쪽에 건물이 위치했던 것으로 파악된다. 이곳의 중심이 되는 건물지와 관련된 축대기단부이며 북쪽으로 주구周溝가 일부 남아있다. 이 건물지에는 심초석 위에 반듯하게 놓인 주초석이 남아 있고 남쪽으로도 축대기단부로 추측되는 석열 일부가 있는데 건물의 중심부는 더 남쪽에 위치했던 것으로 파악된다. I도 할석을 이용한 석열이다. 북쪽 D의 남쪽 축대 기단부로 생각되지만 고저 차이가 있어 보인다. 길이 1,550㎝ 정도 남아 있다. J는 북서쪽 모서리 부분의 축대 기단부이다. 서쪽으로 좁은 구상溝狀유구 하나를 사이에 두고 석열 잔재가 일부 남아 있으나 형태 파악이 어렵다. 이 지구에서 수습된 유물은 전기한 I지구와 동일한 특징의 것이다.

3) III지구

III지구는 지형적으로 가장 낮은 지역으로 유구의 잔존상태도 비교적 양호한 편이다. 그러나 중복된 유구와 기단부가 남은 석축의 경우에는 규모파악은 가능하지만 구조나 형태, 용도 등 전체적인 특징파악은 역시 어려운 것이었다. 그 중 P는 동쪽에 남-북축의 기단부가 일부 남아있고, 내부에 대소 할석으로 된 적석층이 있다. 기단 면석이 서향한 것으로 미루어보아 평면 장방형의 건물이 서향하게 배치되었음을 예상케 하고 있다. 건물지 내부에서 확인된 불규칙한 초석礎石과 부석층敷石層, 심초석心礎石 등의 특징은 최소한 2차 정도의 중복유구가 잔존하는 것을 알 수 있다. 그러나 먼저 축조된 유구는 훼손으로 그 형태 파악이 어렵고 나중 것의 기단부는 서쪽 N유구와 서로 대면하게 동일형태와 규모로 좌우에 배치된 것으로 생각된다. 따라서 구체적인 구조와 규모는 대면하는 N을 참고삼는 것이 좋을 듯하다. K는 중간에 위치한 장방형 부석유구로서 사방에 주구가 둘러진 중정中庭으로 추정되는 부분이다. 사방 면석面石 기단부는 비교적 큰 편평석을 사용하고 중앙의 부석들은 소형 판석편을 이용하여 한두벌정도 전면에 배치한 형태로 일부만 원상을 유지하고 있다. 의도적으로 중정을 설계한 상태이다. 이곳 중정도 형태 미상의 유구를 훼손시키고 나중에 배치하여 그 선후가 구별된다. 부석된 중정 규모는 가로 920㎝, 세로 890㎝이다. L은 전기한 K폭과 같은 크기로 남쪽 전면에 동-서축으로 배치한 장방형 건물지이며 사방에 면석 기단부와 그 바깥에 주구를 두른 것이다.

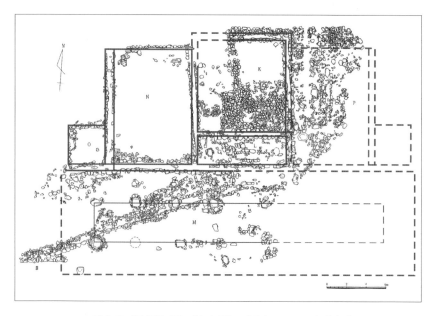

그림 3 Ⅲ지구 유구배치도(동아대학교박물관, 1996, 도면 재편집)

할석 축조의 기단 내부 바닥에서 중복상태가 역시 확인된다. 평면 장방형 바닥 서쪽 중앙 끝에 주초석 하나가 남아 있는 것으로 미루어보아 무루 형태의 중문 시설이 예상된다. 즉 동, 서쪽 건물지 사이에 맞물리게 배치한 것이다. 건물지의 크기는 가로 920㎝, 세로 300㎝이다. M은 가장 남쪽에 위치한 대형 건물지이며 북쪽 축대와 서쪽 부분에 해당하는 2열의 초석 일부가 남아 있다. 이 건물지 중간 동북쪽에서 남서쪽 방향으로 할석축조의 수구水溝를 가진 건물지가 중복해 있다. 지층상으로는 대형 건물보다 수구를 가진 건물이 선행하는 것으로 파악된다. 대형건물은 북쪽 축대기단부가 비교적 잘 남아 있고, 나머지 삼면의 축대는 대부분 훼손되었다. 북쪽 축대에서 남쪽으로 320㎝ 간격을 두고 주초석柱礎石과 심초석이 일부 남아있어 건물의 구조와 규모 등 특징파악이 어느 정도 가능하다. 즉, 처음에는 정면 4간 측면 1간의 초석만 확인되었으나 주변 잔존 초석의 구조로 보아 정면 7이나 8간 측면 1~2간의 건물이 위치하였을 것이 예상된다. 특히 동쪽 입구 공간이 다른 부분보다 넓어 보이는 것은 그 동쪽에도 이미 확인된 초석과 같은 구조와 크기의 건물이 연장해서 배치되어 있었을 가능성이 많다고 생각된다. 전체를 복원하면 축대의 길이 35.5m, 폭 10.1m이고 건물의 길이 28.8m, 폭 3.8m 정도이며 주심간의 거리는 그림에 표시된 것과 같다. N는 전기한 K에 대면해서 서쪽에 남-북축으로 배치된 건물지이다. 잔존 축대 기단부는 사방에 자연 할석을 이용하고 그 바깥에 주구가 둘러져 있다. 축대 내부에는 심초석으로 추정되는 부석층이 부분적으로 남아 있다. 동쪽에 대면해서 위치한 P 건물의 구조를 참고하면 추정복원이 가능할 것이 예상된다. 이 건물은 중앙에 K를 두고 동일 크기와 구조의 P와 동서로 나란하게 배치된 것으로 생각된다. 유구의 크기는 길이 11m, 폭 8m이다. O는 서쪽 N 뒤편에 자리한 소형 유구로 방형의 축대 기단부가 부분적으로 남아 있다. 내부에서 초석과 같은 구조물은 확인되지 않았으나 화장실과 같은 특수용도의 건물지로 추정되었다. 크기는 길이 3.2m, 폭 3.9m이다. 대면하는 P의 남동쪽에도 대칭되게 배치되었을 가능성도 없지 않다.

Ⅲ지구는 지형적으로 가장 낮은 지역에 위치하여 비교적 많은 유구가 확인되고 잔존상태도 양호하여 유구의 성격 파악에 도움이 되었다. 전체적인 건물배치는 북-남축을 기본으로 남향하게 건물을 배치한 것을 알 수 있다. 즉, 가장 남쪽에 대형건물을 두고, 그 뒷편에 중문, 중문 내 좌우로 동서향의 남-북축 건물을 대면하게 각각 배치하고 중앙에 평면방형의 중정을 두고 있다. 이 중정은 다시 북쪽 Ⅱ지구의 대형 건물 H의 정면 공간이 되는 것이다. 이것을 다시 증명해 주는 것이 G, H의 담장과 건물지 축대 기단부이다. 또 여기에 연결해서 I 지

구 A는 가장 북쪽에 위치하며 전기한 H, K, L, M과 남북으로 직선상을 이루고 있다는 것을 알 수 있다. 이런 구조는 사찰의 가람이나 서원, 그리고 조선시대 향교의 풍화루, 중문, 동서재, 명륜당, 대성전 순서의 건물배치와 상통하는 것이어서 일반 민가의 촌락지가 아니라는 것을 암시해주는 것이다.

따라서 I, II, III지구에서 확인된 유구들은 우선 그 배치상태나 규모면에서 민가 보다는 공공적인 성격의 관아나 사찰과 같은 특수건물의 배치 상태라고 말할 수 있다.

나. 출토유물 (그림 4·5·6·7·8·9)

출토유물은 청자편과 분청사기편, 토기편, 기와편 등이다. 모두 개별적인 유구와 관련되어 출토된 것이 아니고 파손된 유구와 함께 교란층에서 수습한 것이다. 따라서 전기한 개별 유구와 관련시키지 않고 조사에서 수습된 유물 가운데 특징 파악이 가능한 것을 선별해서 설명하면 대략 다음과 같다.

먼저 그림4는 고려시대로 편년되는 청자편이다. ①은 황녹색을 띠는 발형 순청자 구연부편으로 외면에 중판연화문이 양각되어 있다. 초기청자로 추정되는 것으로 얇은 기벽과 성형기법은 약간 고급스럽게 보인다. 가로 3.9cm, 세로 4.1cm의 소형이다. ②는 비취색을 띠는 발형 구연부편이다. 기형에 비해 기벽이 두꺼운 편이다. 전형적인 순청자라고 할 수 있으며 소문으로 표면 유액이 곱게 시유된 고급스런 것이다. 길이 6.2cm이다. ③은 발형의 구연부편이며 내부에 침선문이 1조 둘러져 있다. 잔존 길이 4.8cm이다. ④는 청녹색을 띠는 발형이다. 유액이 전면에 걸쳐 고르게 시유되고 내부에 4개의 받침자국이 있으며 외면에 시유과정에서 생긴 회전자국이 있다. 높이 4.2cm, 구경 10.1cm, 저부직경 4.8cm이

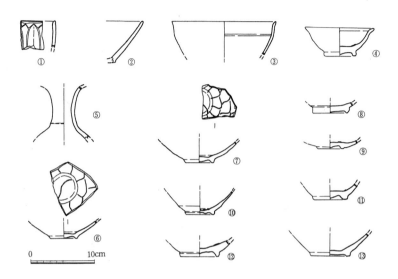

그림 4 출토유물-청자(동아대학교박물관, 1996, 도면 인용)

다. ⑤는 병의 경부편으로 파손이 심해 원상을 알기 힘들다. 비교적 유액이 두 꺼운 고급품이다. 잔존 높이 7.5㎝이다. ⑥은 발형 저부편이다. 내부에 음각된 화문이 있고 굽부에 받침자국이 있다. 잔존 높이 2.5㎝, 저부직경 4.3㎝이다. ⑦은 내면 바닥에 음각된 중판의 연화문이 있고 굽 끝에 깎아내기 조정흔과 받 침자국이 있다. 높이 3.1㎝, 저부직경 4.4㎝이다. ⑧은 저부편으로 기형은 알 수 없으나 바닥에 유액흔이 있고 얕은 굽에 받침자국이 있다. 굽 높이 1.5㎝, 저부 직경 5.3㎝이다. ⑨는 기벽이 얇은 접시 저부편이다. 내부에 음각된 문양이 있 고 외부에 회전자국이 있으며 굽 끝에는 받침자국이 있다. 굽 높이 1.4㎝, 저부 직경 4㎝이다. ⑩은 발형 저부편이며 바깥에 기면 조정시 생긴 깎아내기 흔적 이 있다. 높이 3.5㎝, 저부직경 4.2㎝이다. ⑪은 내면 바닥에 받침자국이 있고 기형에 비해 기벽이 두꺼운 것이다. 높이 2.4㎝, 저부직경 5㎝이다. ⑫는 내외면 바닥에 받침자국이 있고 굽부분에 돌기선이 둘러져 있다. 높이 2.3㎝, 저부직경 5.9㎝이다. ⑬은 발형의 저부편이며 바깥에 회전자국이 있고 기벽이 얇은 것이다. 높이 3.1㎝, 저부직경 6㎝이다.

전체적으로 여기에서 수습된 청자편은 당시 건물 내에서 평상시 사용하던 생활도구로 생각된다. 그리고 그 특징은 소문 또는 음양각된 순청자가 대부분이고 시기적으로 고려청자 전기로 편년되는 것이다. 비록 파편에 불가하지만 비교적 고급스런 것이어서 사용자의 신분을 어느정도 유추 가능할 것이 예상된다.

다음 그림5의 ①-⑧은 분청사기편들이다. 소량 수습되었다. ①는 발형 동부편으로 내면에 귀얄문이 있다. 기벽이 두꺼워 견고한 느낌을 주는 것이다. 추정구경 20.3㎝이다. ②는 발형 저부편으로 바깥에 회전자국과 내부에 받침자국, 귀얄문이 있다. 높이 4.9㎝, 저부직경 5.8㎝이다. ③은 내부에 받침자국이 있고 바깥에는 물손질한 회전자국 아래 깎아내기 흔적이 있다. 높이 4.6㎝, 저부직경 7.3㎝이다. ④는 저부편이며 내면에 받침자국이 있고 외면에 시유되지 않은 태토 위에 깎아내기 흔적이 있다. 높이 1.4㎝, 저부직경 5.7㎝이다 ⑤는 성형기법이 조잡한 것으로 내부 바닥에 받침자국이 있다. 높이 1.3㎝, 저부직경 5.4㎝이다. ⑥은 내면에 상감된 원형집선문이 있고 바깥에는 깎아내기 위에 물손질한 회전자국이 있다. 높이 3㎝, 저부직경 5.7㎝이다. ⑦은 내면에 귀얄문과 받침자국이 있고 외부에도 물손질 자국과 받침자국이 있다. 높이 3㎝, 저부직경 5.4㎝이다. ⑧은 분청사기 저부편으로 내부 바닥에 원문이 둘러지고 받침자국 있으며 외부는 조잡하다. 높이 3.1㎝, 저부직경 5.6㎝이다.

이상 분청사기는 귀얄문이 새겨진 발형이 대부분인 것이 특징이다. 시기적으로 조선 전기에 해당하여 건물지와는 직접적인 관계가 없는 유물로 생각된다.

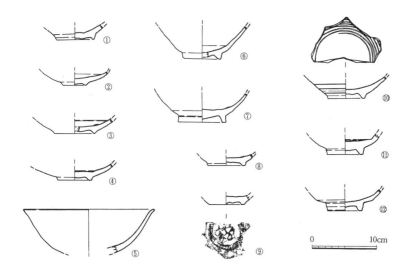

그림 5 출토유물-분청사기(동아대학교박물관, 1996, 도면 인용)

즉, 전대의 건물 폐허 후 주위에 마을을 형성하고 생활한 것으로 추측된다. 분청사기 사용시기에는 거제군 치소가 사등이나 고현으로 이동된 단계이다.[39] 다만 유구내부에 청자와 함께 혼입해서 수습된 것은 논으로 개간시 지표면의 유물이 그 아래 포함층 유물에 혼입되어 나타난 현상이며 논으로 개간은 분청사기 마지막 단계 즉, 임진왜란 전후시기로 추측된다.

다음 그림6은 Ⅱ지구 논바닥에서 함께 출토된 토기(도기)들로서 파손된 것을 대부분 복원한 것이다. 주변에서 일정한 유구가 확인된 것은 아니며 모두 고려시대로 추정되는 회청색 경질의 호형토기이다. 기벽이 얇고 소성도가 양호하며 태토는 정선된 점토를 사용하고 있다. 그 중 ①은 파손이 심한 것을 복원한 것

---

39) 심봉근, 「거제 고현성지 연구」, 『석당논총』 17, 1991.

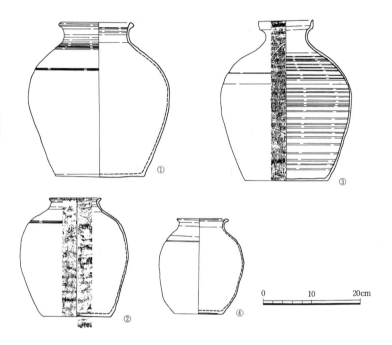

그림 6 출토유물-토 · 도기(동아대학교박물관, 1996, 도면 인용)

이다. 외반하는 구연부에 경부가 짧고 동체 최대경이 견부에 가깝다. 저부는 평저이고 경부 내외면과 견부 외면에 세선의 침선자국이 있으며 견부 외면의 경우 검정색을 띠는 자연유가 띠엄 띠엄 두껍게 남아있다. 높이 30.5㎝, 구경 15.5㎝, 저부직경 18.5㎝이다. ②도 같은 특징의 것이며 내외면에 희미한 타날자국과 물손질자국이 있다. 높이 23.6㎝, 구경 10.8㎝, 저부직경 14㎝이다. ③은 이단구연으로 직립하는 구연에 경부는 짧고 동부 최대경은 상단에 있다. 외면 견부 끝에 상하로 침선이 둘러지고 성형시 생긴 타날문이 전면에 있다. 내면에도 타날문 위에 물손질한 회전자국이 선명하다. 높이 31.6㎝, 구경 11.4㎝, 저부직경 17.1㎝이다.

④는 위의 ②와 동일 특징의 것이나 소형이다. 높이 18.7㎝, 구경 10.7㎝, 저부직경 10㎝이다. 여기에서 수습된 토기들은 도기로 명칭될 수 있는 소성도가 양호하고 기벽이 얇으며 가볍다. 신라나 고려시대 사찰 유구에서 자주 보이는 대형 토기 계통으로 생각되지만 대부분 소형이다. 장기간 저장용구가 아니고 평상시 액체와 같은 생활용품을 담는 고려시대 특유의 도구라고 할 수 있다.

마지막 그림7은 Ⅲ지구 건물지 축대 주변에서 출토된 원형의 수막새이며 귀목문이 새겨진 것이다. 모두 회청색 경질이며 두께 2.5㎝, 직경 3㎝ 전후의 크기이다. 그 중 ①②는 볼록한 주연부에 문양이 없는 것이고 ③④⑤는 주연부에 연주문이 배치된 것이다. 중앙의 귀목문 둘레에는 돌선 1조를 두르고 있다.

그림 8의 수막새 ①은 중앙의 귀목문 특징으로 보아 전기한 연주문이 있는 수막새와 동일한 것으로 추정되는데 이 경우 주연부가 훼손되고 없다. ②는

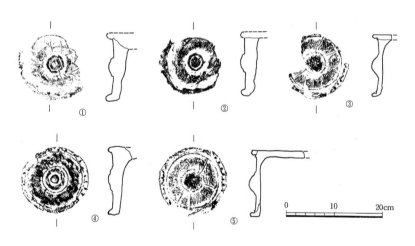

그림 7 출토유물-수막새(동아대학교박물관, 1996, 도면 인용)

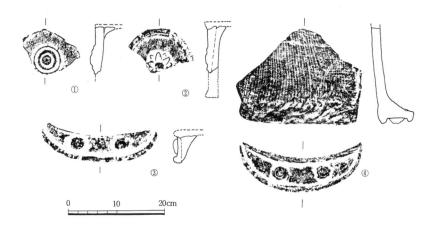

그림 8 출토유물-수막새 · 암막새(동아대학교박물관, 1996, 도면 인용)

볼록한 주연에 연주문이 남아 있고 중앙의 귀목문을 대신해서 중판연화문을 배치하고 있다. ③④는 귀목문의 암막새이며 볼록한 주연부에는 문양이 없다. 내림새 끝이 둥글게 처든 초승달 모양이며 좌우에 배치한 귀목문은 주연과 함께 눈초리가 매섭고, 암기와 표면에는 목리문이 있다. 폭 2.2㎝, 길이 6.4㎝ 전후의 크기이다. 귀목문 와당은 경주 황룡사지,[40] 합천 영암사지,[41] 울주 간월사지[42] 등 고려시대 사지寺址에서 주로 출토되고 있다.[43]

그림 9는 모두 회청색 경질의 평기와 파편들로서 볼록면에 엽맥문, 격자문, 초화문, 집선문 등이 타날되어 있다. 문양은 각양하지만 색상이나 소성도, 성형

40) 문화재관리국 문화재연구소, 『황룡사 발굴조사보고서 Ⅰ』, 1984.
41) 동아대학교박물관, 『합천 영암사지』, 1985.
42) 동아대학교박물관, 『울주 간월사지』, 1985.
43) 귀목문은 주로 폐사지에서 출토되고 있어 주목된다. 주로 Ⅲ지구 퇴적층에서 수습되었는데 그 위쪽의 위치하는 A나 H 건물지에서 사용되었던 것이 개간으로 아래에 혼입된 것으로 추정된다. 귀면와가 법당과 관계된다면 양건물 중 한 동은 법당으로 사용할 목적으로 축조된 것으로 이해된다.

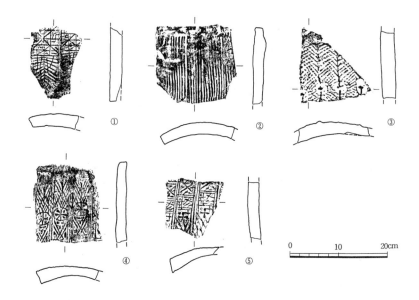

그림 9 출토유물-평기와(동아대학교박물관, 1996, 도면 인용)

수법, 크기 등 특징이 같은시기 제작으로 추측된다.

　그림10의 ①은 회청색 경질의 평기와 편인데 볼록면에 가로쓰기로 '八月四日'이라는 명문이 있다. 파편이어서 앞의 글귀 확인이 어렵지만 기와 또는 건물의 제작시기를 나타내는 글귀라고 생각된다. 타날된 양각상태의 글귀는 세로로 연속해서 배치하고 있다. 둔덕기성에서도 같은 것이 출토되고 있다.[44] ②는 엽맥문이 타날 된 평기와 파편이다. ③은 역시 같은 특징을 가진 평기와 파편인데 여기에는 가로쓰기로 '裳四里'라는 명문이 양각되어 있다. 역시 둔덕기성에서도 동일한 것이 출토되었다.[45] 모범母范은 음각이나 표면에는 좌우가 바뀌어 양각으로 나타난 것이며 3~4행 연속 시문된 것이다. 이 경우 상사리는 기와를 제작

---

44) 동아세아문화재연구원,『거제 둔덕기성 동문 · 건물지』, 2011.
45) 동아세아문화재연구원,『거제 둔덕기성 동문 · 건물지』, 2011.

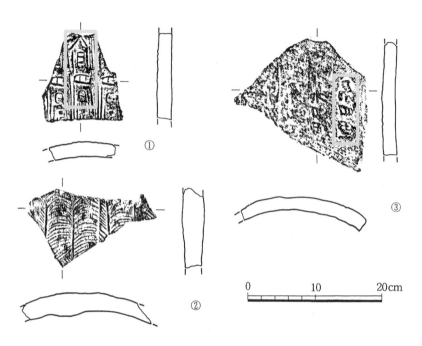

그림 10 출토유물-명문기와(동아대학교박물관, 1996, 도면 인용)

하거나 공급한 지역의 지명을 나타내는 글귀라고 생각된다.

　이상 기와에서 주목되는 점은 기와편 출토수량이 비교적 많고 짧은기간 동안 제작되어 종류가 단순하며 제작기술 또한 동일하다 할 수 있다. 그리고 귀목문 암수막새 기와의 비중이 높고 평기와의 경우 상사리 등 명문이 새겨져 있는 것이다. 이런 기와의 특징은 건물의 건립 시기는 물론 건립목적, 기와의 제작지와 제작시기 등 제 특징을 파악할 수 있는 중요한 자료라고 할 수 있다. 특히 귀목문 막새기와의 출토는 일부 건물 가운데 법당과 같은 불교와 관계되는 건물이 혼재했던 것으로 추측된다.

4. 유적의 성격과 상사리

가. 유적의 성격

지금까지 거림리유적에서 확인된 유구와 출토유물의 특징에 대해서 알아보았다. 기획조사가 아니고 수습조사여서 유적의 전체적인 성격 파악에는 미치지 못했다. 그러나 최근 발굴조사에서 확인된 둔덕기성 자료와 지하 유구의 배치 상태, 수습유물의 특징 등을 통해서 건물의 축조 목적과 시기, 그리고 상사리가 시문된 명문 기와편을 통한 상군裳郡의 위치비정 등 그 성격을 재검토할 수 있는 기회가 마련된 것은 다행이라 생각된다.

먼저 유구의 배치상태이다. 당시 확인된 유구들은 대부분 건물지 축대와 초석 그리고 담장, 주구周溝 등이다. 이곳에 논이 개간되기 이전의 지형은 북쪽이 높고 남쪽이 낮은 완만한 경사지였다. 처음 건물의 배치는 이 경사면을 수평으로 터파기하고 건물대지를 마련한 다음 대소건물을 그 위에 축조한 것으로 생각된다. 물론 부지 조성과정에서 기존시설을 훼손시켜 곳곳에 선행유구 흔적이 확인되었다. 주위환경은 산이 병풍처럼 둘러싸인 분지의 약간 북사면에 남향하게 조성한 것이다. 뒷날 다시 대지 위의 건물들은 폐기되고 논밭으로 개간되는 형질변경이 이루어져 오늘에 이르게 되었다고 할 수 있다. 특히 논으로 개간은 바닥 수평작업을 위한 높은 곳의 토량이 낮은 곳을 채우는데 필요하게 되었고 그 과정에서 유구들이 훼손당한 것이다. 그러나 낮은 곳에 위치했던 일부 유구들은 다행히 매몰되면서 퇴적층 속에서 훼손을 면하게 되었다. 따라서 조사에서 확인된 유구들은 모두 낮은 곳의 퇴적층에서 발견된 것이다. 이렇게 발견된 유구의 배치는 전체적으로 북쪽에서 남쪽으로 직선상을 이루는 신라시대 사원의 가람구조와 상통함을 짐작할 수 있었다. 즉 당시의 건물 배치구도를 추정해 본다면, 맨 위의 북쪽에 동-서축으로 남향하게 축조한 건물의 뒷쪽 축대기단부가 A유구이고, 그 아래에 역시 남향하게 나란하게 배치된 건물 북쪽축대가 H유구이다. 그 동쪽의 담장이 G유구이고 그 아래 K유구 중정이 있으며 중정 좌우에 남-북축의 P, N유구가 대면하게 배치되어 있다. 중정 공간의 정남에 동-서로 된 평면 장방형의 중문지로 추정되는 건물지가 있고 문지 남쪽에 다시 대형건물지인 M유구가 있으며 N유구 남서쪽 뒷편에 부속건물로 추정되는 O유구가 각각 배치되어 있다. 그 전방은 지면이 훼손되어 유구 확인이 어렵지만 정문이 위치했을 것으로 생각된다. 이런 건물지의 평면 구도와 규모는 민가보다는 오히려 관아 건물이나 사찰. 서원 등 공공적인 성격의 것이라 할 수 있다.

다음 건물지 구조 확인에서 주목되는 점은 유구의 중복관계이다. 유구의 중복관계 파악은 건물의 신축과 수개축 그리고 기존건물의 철거 등 건물 이력을 파악하는 중요한 자료이기 때문이다. 이곳에서의 중복관계는 A. L, M, N, P유구에서 확인되었다. 축대, 부석층, 수구, 집석군 등 전체유구에 비교하면 소규모라 할 수 있으며 시기적으로 선행하는 것이었다. 나머지 지역에서는 중복이 확인되지 않았다. 특히 이곳 중복은 건축물의 장기간 사용에 따른 수개축이 흔적이 아니고 신축을 위해 부지를 조성하면서 기존 건물을 철거하고 그 위에 대지를 조성하여 생긴 중복으로 판단된다. 철거된 기존건물은 위치상 둔덕기성과 인접하여 상호 유관함이 짐작되지만 구체적인 것은 알수 없다. 즉, 갑작스런 대형공사가 벌어지면서 부지 내에 위치했던 기존 유구를 훼손시킨 결과라고 할 수 있다. 분명한 것은 당시 거제군 치소는 인접한 폐왕성으로 알려진 둔덕기성이었다고 생각된다. 고려 무인 난으로 거제에 폐위된 의종이 처음 도착한 곳은 둔덕기성 즉, 폐왕성이었다고 하겠다. 그런데 때를 같이하여 주변 거림리에 새로운 건물이 들어선 것이다. 아마도 의종의 거처 마련을 위한 공사가 아닌가 라고 추측되는 부분이다. 폐위된 국왕이지만 산정山頂 치소성에서 장기간 머무는 것은 왕 뿐만 아니라 성내 모든 구성원들도 불편하였을 것이다. 별도의 거처가 필요하게 되었고 기성에서 가장 가까운 조사된 거림리유적에 거제군 치소인 기성과 유관한 부속기관이나 마을이 위치한 곳에 처소를 마련한 것이라 하겠다. 따라서 거림리 건물지유적은 의종의 거제도 유폐시절에 거처 마련을 위해 급속히 축조한 행궁과 같은 시설이었다고 추정할 수 있다. 이를 뒷받침해 주는 자료가 건물의 구조와 규모이다. 즉, 일반 민가보다는 비교될 수 없는 대형건물이 축조되고 구조 또한 사찰과 같은 격식을 갖춘 형태라는 것이다. 또 단기간에 완성되고 이용되어 건물에 개 수축 흔적을 알아볼 수 있는 중복층이 없으며 청자, 토기, 기와 등 출토유물의 특징에서도 마찬가지 현상이라는 사실이다.

다음 유물이다. 출토유물 가운데 대표적인 도자기류는 고려청자와 토기, 조선 분청사기이고 건축물에 사용된 암수기와편 등이다. 그 중 청자는 고려청자 시작단계의 발형과 병형의 순청자 기종만 수습되었다. 보통 순청자 다음단계로 편년하는 상감청자는 한 점만 발견되어 순청자 단순시기에 해당한다 해도 무리가 되지 않는 것으로 생각된다. 특히 청자는 기벽이 비교적 얇고 유액이 맑고 짙게 시유되었으며 음양각의 중판연화문이 새겨진 고급스런 것이어서 사용자 또한 청자에 상응하는 높은 신분자임을 예상할 수 있다. 인접한 둔덕기성지 발굴조사에서는 순청자와 함께 상감청자도 비슷한 수량이 출토되어 둔덕기성의 장기간 사용을 의미해 주고 있다. 또 함께 출토된 토기류는 대부분 호형이며 소형이다. 곡식과 같은 장기 저장용구보다는 소량의 액체를 이동하거나 단기저장 가능한 내용물을 담는 일반생활용구로 짐작된다. 시기적으로 전기한 순청자 사용시기와 편년상 대차가 없을 것으로 추측된다. 전기한 둔덕기성에서도 동일 현상을 나타내고 있지만 대형이 많은 것이 차이점이라 할 수 있다. 조선시대 분청사기는 귀얄문양이 새겨진 발형이 대부분이다. 숫적으로 얼마되지 않았지만 건물폐기와 논으로 개간시기를 추정할 수 있는 중요한 자료로 평가된다. 즉, 귀얄문 분청사기는 시기적으로 조선시대 전기 후반에 유행한 것으로 파악되어 고려시대와는 동떨어진 시기의 것이다. 둔덕기성의 경우도 분청사기편이 출토되었으나[46] 거림리보다 한 단계 빠른 인화문분청이 대부분을 차지하고 있다. 전기한 순청자와 토기 모두가 고려시대 전기에서 중기로 편년되는 것을 참고하고 조선시대 전기 후반으로 편년되는 귀얄문 분청사기의 출현은 그사이 공백기간이 존재하는 것을 의미하게 된다. 다시 구체적으로 말하면 거림리유적 건물지는 고려시대 중반경에 축조되어 사용되었으나 그 다음 단계의 사용여부는 자세하지 않고 조선시대 전기 후반 경에 다시 부락이 형성되면서 유적은 논으로 개간되기 시작한 것으로 파악된다. 또한 기와편은 모두 고려시대로 편년되는 것으로 비교적 많은 양을 차지하고 있다. 귀목문 중심의 암수막새기와의 사용은 일반민가 건물이 아니라 사찰과 관계되는 것으로 파악된다. 특히 전기한 바와 같이 귀목문 막새기와는 경주 황룡사지를 비롯해서 합천 영암사지, 울주 간월사지 등 고려시대에 폐허된 사지에서 주로 발견되고 있다. 따라서 귀목문 막새기와의 출토는 거림리유적의 경우도 양적으로 얼마되지 않지만 건물지 가운데 법당 기능을 담당한 건물이 포함된 것으로 짐작된다.[47] 귀면와의 문양이 2종류로

---

46) 동아세아문화재연구원,『거제 폐왕성 문화유적시굴조사보고서』, 2006 ; 同연구원,『거제 폐왕성 집수지』, 2009.

47) 둔덕기성 시굴조사에서 'ㅇ福寺'라는 사찰명칭이 새겨진 명문기와가 수습되었다. 물론 거림리유적은 아니지만 귀목문 와당과 무관하다고 말할 수 없을 것이다. 동아세아문화재연구원,『거제 폐왕성 문화유적시굴조사보고서』, 2006.

나타나고 있어 두건물이 법당과 같은 용도로 사용된 듯하다.[48] 와당의 출토위 치를 보아서는 북쪽 A와 H건물지가 유력한 후보라 할 수 있다. 주지하다시피 의종은 재위기간 주로 사찰에 머물기도 하면 서 불교와 깊은 인연을 맺고 있 었던 것으로 파악되고 있다.[49] 그리고 암수평기와 내외에 새겨진 문양을 비롯 한 태토, 소성도, 규격 등 제작기법도 막새기와와 동일하여 단기간에 제작해 서 사용되었음을 시사하고 있다. 또 상사리라는 명문기와는 제작지를 말해주 는 것으로 주위에 행정구역 상사리가 위치하였음을 의미하고 있다. 주지하다 시피 상사리의 상裳은 신라시대 거제군의 명칭인 상군裳郡과 관계되는 문자로 상사리 주변에 상군의 치소가 위치하였음을 시사하는 자료이다. 인접한 둔덕 기성 발굴조사에서도 '상사리裳四里'와 '팔월사일八月四日'이 새겨진 명문기와가 출 토되어 상호 유관함을 알 수 있으며 둔덕기성에서는 막새기와가 아직까지 확 인되지 않았다고 한다.[50] 따라서 출토유물의 특징에서도 건물지와 대차가 없 는 내용이 확인된 셈이다. 특히 귀얄문 분청사기를 사용하던 조선시대 전기 후반경 즉 임진왜란 전후시기부터 거림리에 부락이 다시 형성되고 이때 거림 리유적의 건물지 유구는 경작지로 개간되면서 훼손되기 시작하였다고 생각된 다. 시기적으로 의종의 거제도 유폐시기(1170)는 고려시대 중기에 해당하는 12

---

48) 인접한 사등면 오양리 신광사(조선시대 角呼寺) 石造如來坐像(경상남도 유형문화재 제48 호)은 현지 폐사지와는 무관한 듯하고 불상의 특징은 시기적으로 오히려 고려시대 거림리유 적이나 둔덕기성과 관련될 것으로 생각된다. 그것은 둔덕기성에서 ○福寺라는 명문기와가 수습되고 거림리유적에서는 사찰건물에 주로 사용하는 귀목문 막새기와가 출토되고 있어 주목하고 있다.

49) 『高麗史』世家 卷第17 毅宗 一 에 "五月 庚午 幸妙通寺 六月 己亥朔 王 如奉恩寺 秋九月 丙申 幸帝釋院 冬十月 甲子 設百座會 於宣慶殿 王 親聽講經 十一月 庚辰 設八關會 … 幸法王寺" 등 의종의 재위기간 동안에 30여개소의 사찰명이 등장하고 있다. 그 가운데 景福寺, 延福寺 라는 사찰명도 있어 둔덕기성에서 출토된 ○福寺라는 기와명문과의 관련 여부가 주목된다.

50) 동아세아문화재연구원, 『거제 둔덕기성 동문·건물지』, 2011.

세기 후반이다. 고고학적으로 확인된 유구와 출토유물의 편년도 여기에 상응하여 유물의 절대연대를 하나 얻게된 셈이 된다. 또 인접한 둔덕기성 발굴조사 성과에서도 같은 양상을 띠고 있어 거림리 건물지유구는 고려 의종과 관계되는 처소 또는 행궁과 같은 성격의 유적으로 파악해도 무리하지 않다는 생각이 든다.

나. 상사리

먼저 상군은 상사리라는 명문이 새겨진 기와의 발견이 주목된다. 사실 지금까지 삼국시대에서 고려시대까지 거제군현치소는 물론 삼한시대 독로국의 위치 비정에도 관계자료 부족으로 많은 어려움을 겪어왔다. 그러나 이번에 발견된 명문 기와는 최소한 고려 이전의 거제군현의 치소가 둔덕면 거림리 주변이라는 것을 말해 주는 것이 된다. 『삼국사기』권 제34 잡지 제3 신라 거제군조에서는 신라 문무왕 때 상군을 설치하였다가 경덕왕 때 거제군으로 개명하였다 하고 있다. 문헌상으로는 거제도가 문무왕 때 신라에 편입되었음을 시사하고 있다. 가야멸망 이후 문무왕 때 상군설치 이전기간 영역의 편입에 대해서는 문헌상 자세하지 않다. 그리고 당시 편제된 상군이나 거제군의 치소에 대해서도 마찬가지로 확인되지 않았다. 그러나 상사리가 새겨진 명문기와 발견은 최소한 상군의 위치를 추정할 수 있는 절대적인 자료를 확보한 것이다. 즉, 명문기와가 출토된 둔덕면 거림리 주변에 상군이 위치하였다고 하는 것이 된다. 상사리는 명문기와를 제작한 곳의 지명이기 때문이다. 최근 둔덕기성 동문지 발굴조사에서도 거림리유적에서 출토된 상사리 명문기와와 동일한 것이 출토되어 상호 유관함이 지적되고 있다.[51] 당시의 기와 제작과 운반거리를 생각하면 상사리의 위치는 명문기와가 출토된 거림리와 둔덕기성 주변을 크게 벗어날 수 없다고 생각된다. 즉 상군 주위에 상일리에서 시작하여 상사리 이상의 행정지명이 있었다고 해석하는 것이 타당하다고 하겠다. 그러므로 상군의 치소는 곧 기와가 출토된 유적에서 멀리 벗어날 수 없게 되는 한계성을 가진다고 하겠다. 그리고 상군설치 이후 조선시대 세종조에 이르기까지 거제군현 치소지가 이동된 사실이 없었으므로[52] 동일 장소였다고 할 수 있다.

다음 상군 치소의 위치이다. 필자는 보고서 작성과정에서 상군 치소가 당시 조사된 거림리유적으로 추정하였다. 그것은 상사리라는 명문기와의 발견과 신라 후반의 군현치소가 대부분 산성에서 평산성 또는 평지성으로 이동된다는 사실을 감안한 결과였다.[53] 그러나 뒷날 둔덕기성 발굴조사에서 성곽을 비롯한 토기, 기와, 청자 등 치소와 관련된 자료들이 풍부하게 수집되고, 그 가운데 토기, 건물지, 집수지, 바른층쌓기 수법의 체성 등 초기 특징을 신라시대 즉 7세기대로 편년되는 것이 대부분이라는 사실에서 재검토의 필요성을 느끼게 되었다.[54] 다시 말하면 『삼국사기』권 제34 잡지 제3 신라 거제군조의 기록대로 문무왕 때에 상군이 설치되면서 둔덕기성을 치소로 삼았다고 할 수 있기 때문이다.[55] 그리고 상군은 경덕왕 때 다시 거제군으로 개명되고 고려, 조선시대 초

---

51) 동아세아문화재연구원,『거제 둔덕기성 동문 · 건물지』, 2011.

52) 심봉근,「거제 고현성지 연구」,『석당논총』17, 1991.

53) 박성현,「신라의 거점성 축조와 지방제도의 정비과정」, 서울대학교 대학원 국사학과 문학박사학위논문, 2010.

54) 동아세아문화재연구원,『거제 폐왕성 문화유적시굴조사보고서』, 2006 ; 同연구원,『거제 폐왕성 집수지』, 2009 ; 同연구원,『거제 둔덕기성 동문 · 건물지』, 2011.

55)『三國史記』卷 第34 雜志 第3 신라 거제군조에 "巨濟郡 文武王初置裳郡 海中島也 景德王改名 今因之 領縣三 鵝州縣 本巨老縣 景德王改名 今因之 溟珍縣 本買珍伊縣 景德王改名 今因

반까지 이어진다. 그러나 거림리유적은 유구와 유물의 특징이 고려시대에 한정하고 있어서 상군보다는 거제군으로 개명이후 일정시기부터 치소와 관련되었을 것이 예상된다.[56] 따라서 신라시대 군현치소는 대부분 산성에 위치하였으므로[57] 상군 치소 역시 현재의 둔덕기성에 해당된다고 할 수 있고, 거림리유적은 둔덕기성과 관계되는 고려시대 의종의 행궁과 같은 성격의 사찰이었다고 생각된다.

다음은 독로국이다. 독로국은 다산 정약용과 장지연에 의해 거제도라는 것을 이미 밝혔다. 그런데 요시다吉田東伍의 다대포설이 제기되면서 혼돈의 시기를 맞게 된 셈이다. 이런 것이 곧 바로 식민사관이 아닌지 하는 의문이 들게 한다. 필자도 수차에 걸쳐 삼한시대 변진독로국을 거제도이며 상군裳郡의 '裳'은 독로라는 어원을 한역한 것이라는 것을 밝힌 바 있다.[58] 그런데 이를 뒷받침해 주는 상사리裳四里라는 명문기와가 거림리유적과 둔덕기성 발굴조사에서 각각 발견된 것이다. 이런 자료의 발견은 앞으로도 계속 증가될 것이 예상된다. 독로국은『삼국지』변진조에 변진 24개국 가운데 '변진독로국弁辰瀆盧國'이라는 국명과 "其瀆盧國與倭接界"[59]라는 기록이 보이는데 이것이 독로국에 대한 기사 전부이다. 독로국 위치비정에는 거제설과 동래설이 있다.

거제설은 일찍이 다산 정약용丁若鏞(1762~1836)『아방강역고我邦疆域考』에서 "鋪

之 南垂縣 本松邊縣 景德王改名 今復故"라 하여 문무왕 때 처음으로 상군을 설치하고 경덕왕시 거제군으로 개명하였으며 영현으로 아주, 명진, 송변이 있었다고 기록하고 있다.

56) 최종석,「고려시대 치소성 연구」, 서울대학교 대학원 국사학과 문학박사학위논문, 2007.

57) 심정보,「대전의 고대산성」,『백제연구』20, 1989.

58) 심봉근,「거제 고현성지 연구」,『석당논총』17, 1991 ; 同,『한국 남해연안지역 성지의 고고학적 연구』, 학연문화사, 1995, 227-260쪽.

59)『三國志』위서 동이전 변진전.

安瀆盧國者 今之巨濟府也 本裳郡 方言裳曰斗婁技 與瀆盧聲近'[60]이라 하여 신라 문무왕 때 처음 설치한 상군의 '상'은 두루기와 그 소리가 같다고 하고 독로를 '도로' 또는 '두루'로 읽어 그 소리가 두루기와 가깝다고 하였다. 그리고 장지연張志淵(1864~1921)은 『아방강역고』를 증보하여 『대한강역고大韓疆域考』를 편집하면서 지도까지 제시하고 역시 거제도를 독로국으로 보았다. 또 쓰에마쯔末松保和는 그의 저서 『임나흥망사任那興亡史』[61]에서 정다산이 주장하고 점패방지진鮎貝房之進이 찬동[62]한 거제설에 가담한다고 하였으며 양주동은 그의 저서 『고가연구古歌研究』[63]에서 독로는 '두루', '도로'로 읽어 거제임을 밝혔다. 최근들어 도수희는 차자표기법借字表記法,[64] 이영식은 사서와 지리지의 배열순서,[65] 전순신은 중국어의 음운구조[66] 등을 제시하며 이설에 가담하고 있다.

한편 동래설은 요시다吉田東伍의 『일한고사단日韓古史斷』[67] 가야조에서 독로국을 당시 동래군 다대포(지금의 부산시 다대동)에 비정하였고 이병도는 『한국사』 고대편[68]에서 "다산 정약용의 거제도설과 일본 요시다의 동래설이 그것인데 나는

---

60) 『與猶堂全書』, 경인문화사, 1969.

61) 末松保和, 『任那興亡史』, 吉川弘文館, 1949, pp. 1-274.

62) 鮎貝房之進, 『俗字攷, 俗文攷, 借字攷』, 太學社, 1952.

63) 양주동, 『증정 고가연구』, 일조각, 1965, p. 732.

64) 도수희, 『한국지명 신연구』, 제이앤씨, 2010, p. 149.

65) 이영식 삼한시대의 國이 중고기부터 신라의 郡으로 편제되어 갔다. 결국 '裳+郡'은 '두루+기'로서 '기(키)'가 우리의 古音이 잘 남아 있는 고대 일본어에서 城(키)를 뜻하는 것으로 참고한다면 두루기는 두루성으로 볼수는 없는지? 이영식, 「고대 한일교섭의 가교, 거제도-가야의 독로국과 신라의 상군」, 『동아시아고대학』 제22집, 2010, p. 114.

66) 전순신은 瀆盧는 현재 du ru로 읽는다. 현재 중국어에서 받침이 발음되는 것은 ㄴ(-n)과 ㅇ(-ng)밖에 없다. 그렇다면 瀆이 '독'으로 발음되는 일은 없을 것 같다. 훈몽자회에서도 독은 두루로 발음된다고 한다. 전순신, 「독로국의 위치에 관한 이론의 비교 분석」, 『文物研究』 40, 2021.

67) 吉田東伍, 『日韓古史斷』, 富山房, 1977.

68) 이병도, 『한국사』 고대편, 을류문화사, 1959, p. 730.

동래설을 취한다"라고 하였다. 그리고 정중환은 『백산학보』[69]에 쓴 독로국瀆盧國 考에서 수영천을 통한 해상교통이 편리한 점, 동래라는 지명은 독로에서 나온 미칭이라는 점, 주변에 동래패총, 복천동고분군, 연산동고분군 등 유적이 많이 분포한 점, 동래패총에서 야철지가 발견된 점, 동래 관할인 서면, 다대포 등이 연안의 해상교통의 중심지였던 점을 들어 동래에 비정하였다. 여기에 대해서 김 정학 『임나와 일본任那と日本』,[70] 천관우 『가야사연구』[71]을 비롯해서 최근 백승 충,[72] 류우창,[73] 선석열[74] 등도 같은 의견을 피력하고 있다. 그런데 필자가 동아 대학교 재직시 거제 고현성지와 거림리유적을 각각 발굴조사하고 그것을 정리 하는 과정에서 독로국에 대해 검토할 기회가 주어져 의견을 개진한 바 있다. 이 를 다시 요약하면 다음과 같다.

먼저 동래군이다. 『삼국사기』권 제34 잡지 제3 신라 거제군조에 "東萊郡 本居 柒山郡 景德王改名 今因之 領縣二 東平縣 本大甑縣 景德王改名 今因之 機張縣 本甲火良谷縣 景德王改名 今因之"라 하여 경덕왕시 거칠산군을 동래군으로 대 증현을 동평현으로 갑화량곡현을 기장현으로 각각 개명한 것으로 되어 있다. 또한 『삼국사기』 열전 거도전에 "居道 失其族姓 不知何所人也 仕脫解尼師今爲干 時于尸山國 居柒山國介居隣境 頗爲國患 居道爲邊官 潛懷幷吞之志 每年一度集群 馬於張吐之野 使兵士騎之 馳走以爲戲樂 時人稱爲馬叔 兩國人習見之 以爲新羅常 事 不以爲怪 於是起兵馬 擊其不意 以滅二國"이라하여 탈해왕시 거도의 활약상

---

69) 정중환, 「독로국고」, 『백산학보』 8, 1970, pp. 55-74.

70) 김정학, 『任那と日本』, 小學館, 1977.

71) 천관우, 『가야사 연구』, 일조각, 1991, p. 222.

72) 백승충, 「삼한시대 부산지역의 정치집단과 그 성격 - 변진독로국을 중심으로」, 『항도부산』 18, 2002, p. 137.

73) 류우창, 「고대 부산지역 정치체의 성격-독로국을 중심으로」, 『한국고대사연구』 95, 2019.

74) 선석열, 「독로국의 위치비정과 그 역사적 의미」, 『港都釜山』 39, 2020, pp. 138-139.

을 소개하는 문구에 거칠산국居漆山國이라는 지명이 등장하여 일찍부터 동래의 옛 지명이 '거칠산'이었음을 말해 주고 있다. 그 뒤『고려사』에서도 경덕왕 이전에는 거칠산군[75]이라 하고『동국여지승람』에서도 "古萇山國 或云 萊山國 新羅取之 置居柒山郡……"[76]이라 하여 장산국, 래산국, 거칠산군의 명칭이 보이고 있다. 따라서 지금까지의 문헌자료에 의하면 경덕왕 이전에는 동래를 거칠산국, 장산국, 래산국, 거칠산군으로 명명되어 왔음을 알 수 있다. 그리고 경덕왕때 전국의 지명을 개칭하면서 거칠산군이 동래군으로 개칭된 것을 알 수 있다. 여기서 동래가 독로에서 유래한 것인지 아니면 전혀 다른 뜻을 가진 것인지 지금 당장 말할 수 없지만 필자의 생각으로는 동래라는 지명은 동쪽에 있는 래산국이라는 뜻에서 유래되었던지, 아니면 우리나라 지명이 중국지명과 같은 것이 많은데 혹시 미칭으로 중국의 봉래 또는 동래라는 지명을 차용한 것인지 하는 측면에서 검토되어야 한다고 생각된다. 그것은 인접한 대증현을 동평현이라 하여 같이 머리에 동을 붙이고 있다는 점과 결부시켜 봄직도 하다. 경덕왕시 김해를 소경으로 삼았는데 소경의 동쪽 아니면 황산강, 또는 신라의 동쪽에 있는 래산국의 의미도 될 수 있다고 하겠다. 왜냐하면 경덕왕시 개명된 지명 가운데 동東이라는 방향을 붙힌 것이 양주良州 관하에서도 동래군, 동평현 외에 동안군東安郡, 동진현東津縣, 동잉음현東仍音縣 등이 모두 김해 소경이나 황산강 동쪽에 있고 경주 주변의 군사거점인 남기정, 중기정, 서기정, 북기정[77] 등도 모두 방향

---

75) 『高麗史』卷五十七 志 卷第十一 地理 二에 "東萊縣 本新羅居柒山郡 景德王 改爲東萊郡 顯宗九年 來屬 後置縣 今有溫泉"이라 기록하고 있다.

76) 『東國輿地勝覽』동래현 건치연혁조와 군명조에 기록하고 있다.

77) 『三國史記』卷 第34 雜志 第3 신라 거제군조에 의하면 경덕왕때 전국지명의 개명이 있었고 양주 관할의 지명에는 동서남북과 같은 방향을 의식한 것은 이때부터라고 생각된다. 당시 양주에는 1주 1소경 12군 34현이 속해 있었다.

을 의식하고 붙인 지명이기 때문이다. 그러므로 단순히 '독로'에서 '동래東萊'가 연유한 것이라는 논리는 이해하기 어렵고, 오히려 동래의 동은 방향적인 의미로 해석되어야 옳은 듯 하다. 황령산荒嶺山이나 칠산동柒山洞이라는 산명이나 지명은 모두 거칠산국에서 유래한 것이기 때문이다. 특히 하나 주목하는 것은 당시 '瀆'을 '독'으로 발음하지 않고 '도나 '두'로 발음되었다는 사실이다. 최근에도 여기에 대해 이의를 제기하고 처음부터 독로로 발음되었음을 주장하는 연구자도 있다.[78] 사탁부沙涿部의 탁이 'ㄱ'받침이 있었기 때문에 '독'으로 발음한다는 것이다. 현대 중국어에서도 받침으로 사용되는 자음은 'ㄴ'과 'ㅇ' 뿐이라는 사실이 참고 되는 부분이다. 이와 같은 발음에 대해서는 앞 의『고가연구』에서 양주동도 이미 지적한바 있으나 최근 국어사연구의 결과에서도 상고음에는 'ㄱ, ㄷ, ㅂ' 받침이 없었던 것으로 설명하고 있다.[79] 그리고 오늘날 '이두吏讀'를 '이독'이라 발음하지 않는 것은 상고음대로 발음하고 있는 좋은 예이다. 따라서 언어학적으로나 현존하는 문헌에는 동래가 '독로'가 될 수 있는 자료가 없음을 알 수 있다. 다만 동래나 김해지방이 고금을 막론하고 해상교통의 요지라는 점과 동래지방에 많은 유적이 분포하고 있다는 점은 주목할 만하다 그러나 3세기 이전의 유적이 적고, 거칠산국이라 해서 유적이 없어야 한다는 논리는 옳지 않다.[80] 오히려 유적이 많은 것이 당연한 일이라고 생각된다.

다음은 거제군이다.『삼국사기』권 제34 잡지 제3 신라 거제군조에 "巨濟郡 文

---

78) 선석열,「독로국의 위치비정과 그 역사적 의미」,『항도부산』39, 2020.

79) 김형주,「고대국어의 음절종성 ㄱ, ㄷ, ㅂ 음고」,『석당논총』14, 1988.

80) 독로국은 3세기 이전의 국명이라 추측되고 있으나 현재 알려지고 있는 복천동고분, 연산동 고분 등 동래지방의 고분들은 대략 4세기 이후의 것으로 편년하고 있어 시기적으로 맞지 않다. 그리고 가령 해당시기의 유적이 있다고 한다면 거칠산국이나 내산국의 유적이라고 생각할 수 있어 유적분포를 두고 독로국의 위치를 비정하는 일은 매우 어렵다고 생각된다.

武王初置裳郡 海中島也 景德王改名 今因之 領縣三 鵝州縣 本巨老縣 景德王改名 今因之 溟珍縣 本買珍伊縣 景德王改名 今因之 南垂縣 本松邊縣 景德王改名 今復故"라 하여 문무왕 때 처음으로 상군을 설치하고 경덕왕시 거제군으로 개명하였으며 영현으로 아주, 명진, 송변[81]이 있었다고 기록하고 있다. 그리고『고려사』,『동국여지승람』등의 문헌사료에서도 같은 내용을 싣고 있다. 최근 보수 도중 발견된 거제군 동헌건물 기성관岐城館 객사 상량문에서 "宇制宏明盖權輿於北厥 瀆盧故都……"라고 하는 글귀가 나타나 거제가 독로고도임을 말해 주고 있다. 이 상량문은 광서光緖 18년(1892) 임진 9월에 쓴 것이다. 함께 확인된 또 다른 기성관 상량문에 "上古之豆盧建國"이라 기록하여 독로국을 후대에까지 두로국으로 발음하고 있었던 사실을 알 수 있다. 이상의 자료에서 주목되는 점은 문무왕 때 거제에 상군을 설치하였다는 '상'이라는 군명의 유래이고, 다른 하나는 늦은 시기에 해당하지만 기성관 상량문에 '독로고도' 또는 '두로건국'이라는 문구가 있는 부분이다. 그런데 '상裳'은 현대 사전에서는 분명히 '치마 상'이라 적혀 있다. 따라서 '상'은 치마를 나타내는 뜻이 틀림없다. 다산은 치마를 방언에 두루지(두루기斗婁枝)라 한다고 하였다. 현재 우리는 옷 위에 걸쳐 입는 두루마기나 비올 때에 입는 두롱이(도롱이)라는 말은 모두 '두루다'라는 의미를 가지고 있다. 양주동은 '두루, 두리'가 '도로, 도리'로 와전되는 것과 같이 주周는 회回와 같이 '돌'로도 훈訓된다고 하고 '두리, 도리'는 또 '상, 회'자로도 기록된다면서 '상'의 고훈古訓을 '두리, 도리'라고 하였다. 즉 "裳山 在茂朱 四面壁立 層層峻載 如人之裳 故稱裳山"[82]이라 하고 상산이란 지명은 사벽으로 둘러진 첩첩산이라는 뜻에

---

81) 송변의 위치에 대해 여러가지 가설들이 과거에 제시되었으나『대동여지도』에는 분명히 가라산 남쪽을 표시하고 있으므로 다대리가 가장 유력하다. 그리고 다대리 뒷산의 산성은 송변현 치소와 관계있는 것으로 생각된다.

82)『世宗實錄』지리지 전라도조.

서 나온 것임을 설명하고 있다고 하여 상은 원래 두루다는 의미를 갖는다고 하였다. 따라서 변진 독로는 '두루, 도로'로 읽고, 그 원뜻은 주회周回이고, 두루는 곧 상과 그 의미가 통한다고 하였다. 그리고 다산의 두루기의 방언 역시 두루다에서 나왔다고 보고 있다. 이를 다시 정리한다면 상은 '두루, 도로'등 주회한다는 의미이고 독로도 '두루, 도로'라 읽어야 함으로 독로의 훈이 곧 상이라 하는 것이다. 이와 같이 본다면 마지막 문제는 독을 '두로 발음하는가 하는 것이다. 앞서 언급하였듯이 상고음에 'ㄱ, ㄷ, ㅂ'과 같은 받침이 없고 현재 중국에서 조차도 두나 도로 발음하고 있어 '독'이라 읽지 않고 '두, 도라 읽어야 마땅하다 할 것이다.[83] 또한 운회韻會나 집운集韻에서도 독은 두로도 발음한다 하고 현대 중국어사전에서도 마찬가지이다.[84] 그리고 전기한 기성관 상량문에서도 '古之豆盧建國'이라 하여 '두로 발음하고 있다. 따라서 문무왕 때 처음 상군으로 둔 것은 두로국이나 두루국을 한문으로 표시한 것에 불과하다 하겠다. 이렇게 본다면 독로는 두루다는 의미, 곧 사방이 바다로 둘러진 섬이라는 뜻이 되고 상군의 상은 이를 한문식으로 표기한 것에 지나지 않으므로 경덕왕 때의 거제는 곧 삼한시대의 독로국에 해당함을 알 수 있다. 특히 전기하였듯이 최근의 언어학적으로나 지명 그리고 문헌자료 검토 결과물도 거제설을 뒷받침하고 있다. 『동국여지승람』 거제현 관방조에 "知世浦營……本國人 往日本者 必於此 待風開洋向對馬州"라고 하고 같은 책 산천조에 "加羅山 在縣南三十里 有牧場 望對馬島 最近"이라여 후대에 속한 자료이지만 일본으로 행하려면 반드시 거제도에서 출발하고 가라산이 대마도와 가장 가까운 곳이라 하고 있다. 그런데 최근 발굴조사에서 주목하는 것은 거제면에 위치한 남산패총이다. 훼손되어 원상파악이 어려웠

83) 박종환 외, 『중국어의 비밀』, 궁리, 2012, p. 364.
84) 鮎貝房之進, 「借字攷(1)」, 『朝鮮學報』7, 1955, pp. 1-62.

지만 시기적으로 독로국과 동일한 문화요소로 생각된다. 필자 개인적으로는 독로국 치소가 현재 거제면 남산패총 주위로 추측하고 있다. 그리고 거제면 옥산 금성(수정봉성, 명진현 치소)과 그 주변이 유력한 후보지로 거론될 수 있다고 생각하고 있다. 지금까지 검토한 둔덕면 둔덕기성은 문무왕때 상군설치와 함께 치소지로 결정된 곳이라 할 수 있기 때문이다. 이 부분에 대해서는 앞으로도 계속 검토되어야 할 과제라고 하겠다.

결국 현재까지의 자료로서는 독로국은 거제가 지리적으로나 문헌적, 고고학적 고증에서 많은 장점이 가진 반면 동래는 거칠산국 또는 래산국이 처음부터 엄연히 존재하였음을 고려해 볼 때 도리어 단점으로 지적됨을 알 수 있다. 더욱이 상사리라는 명문이 새겨진 기와편의 발견은 상군과 함께 독로국이 거제도임을 검증하는 중요자료가 되는 것은 분명하다 하겠다.

5. 끝맺는 말

거림리유적에 대한 당시조사가 긴급수습조사에 지나지 않아 유적의 전체적인 성격 파악에는 미치지 못했다. 그러나 지금은 인접한 둔덕기성에 대한 발굴조사가 이루어지면서 거림리유적과 상호 비교 검토할 수 있는 기회를 갖게 되어 매우 다행스럽다. 따라서 지금까지 논의한 거림리유적의 성격을 요약하면 하면 다음과 같다.

먼저 유구이다. 조사에서 확인된 유구는 대부분 건물지와 관계되는 축대, 담장, 주구, 초석 등이다. 전체적으로 북쪽에서 남쪽으로 기획된 구조와 형태로 축조되었다. 특히 귀목문 암수막새기와를 비롯한 기와를 사용한 대형건물은 법당이 포함된 사찰과 같은 공공성을 가진 건물로 짐작하게 한다. 여기서 우선 주목했던 것은 축조시기이다. 조사에서 수습된 유물이 고려시대 중기 정도로 한정되어 문헌상의 고려 의종 유폐시기와 매우 근접하고 있다. 이를 참고하면 건물지는 의종의 유폐시절 처소 마련을 위해 축조한 행궁과 같은 성격으로 신축한 것으로 추정된다.

다음은 출토유물이다. 유물은 주로 고려 토기, 청자편, 기와편 그리고 조선 분청사기편이 일부 포함되어 있다. 그러나 고려시대로 편년되는 것이 대부분을 차지한다. 소량의 분청사기는 건물지와는 직접 관계없는 조선시대 것이 혼입된 것이다. 따라서 순청자와 귀목문 암수막새기와 등 고고학적 자료의 편년적 위치는 의종의 유폐시기(1170년)와 대차가 없는 것이다.

끝으로 상사리裳四里라는 명문기와의 출토이다. 명문이 새겨진 기와는 제작 특징상 고려시대로 편년되는 것이다. 인접한 둔덕기성 동문지에서도 동일 명문기와가 출토되었다. 둔덕기성 동문지는 신라시대 현문지를 고려시대에 개축한 것으로 발굴조사에서 밝히고 있다. 어쩌면 거림리유적 건물축조 당시 동문지도 함께 개축하고 동일재료를 사용한 것이라 할 수 있어 두 유적이 상호 유관함을 알 수 있다. 상사리는 당시의 기와제작과 운반거리를 인력 동원에 의존한 것으로 고려하면 명문기와가 출토된 거림리유적과 둔덕기성 주변을 크게 벗어 날 수 없는 한계성을 가진다. 필자는 이번 거림리유적 재검토과정에서 상군의 치소를 둔덕기성이라고 판단하였다. 둔덕기성에 대한 발굴조사 이전에는 명문기와가 출토된 거림리유적으로 추정하여 보기도 하였다. 그러나 거림리유적은 고려시대에 한정되고, 반면 둔덕기성은 신라시대부터 고려시대를 거쳐 조선 전기까지 연속하고 있다. 또 상군은 신라 문무왕대에 설치되고 경덕왕대에 거제군으로 개명되어 고려 중심의 성격을 가진 거림리유적과는 우선 시기적으로 맞지 않다. 특히 7세기 중반대 축조로 파악되는 둔덕기성의 경우 바른층쌓기 축조수법과 현문시설의 동문지, 평면 원형의 성내 집수지 그리고 출토된 유물이 신라시대로 편년되는 것을 포함하고 있다. 이것은 곧 신라 문무왕대에 상군 설치되면서 둔덕기성을 이용하였다는 것을 의미하는 것이다. 다른지역 군현의 치소성도 마찬가지 현상이라는 점을 참고한 결과이기도 하다. 그렇지만 거림리유적이 둔덕기성과 무관하다는 것은 결코 아니다. 군사, 행정 등 분리 역할도 검토할 부분이라고 생각된다.

한편 지금까지 신라와 고려시대의 거제군현치소는 물론 삼한시대 독로국의 위치 비정에 있어서도 이론이 적지 않았다. 그러나 상사리 명문기와의 발견은 최소한 고려 이전 거제군현의 위치가 둔덕기성이라는 것을 확인해 주는 중요자료라고 할 수 있다. 또한 삼한시대 변진독로국도 상사리가 새겨진 명문기와의 발견으로 '상裳'이 독로라는 어원을 한역漢譯한 것이라는 종래 거제설을 뒷받침해 주는 것이다. 따라서 상사리 명문기와는 독로국이 거제도라는 것을 더욱 분명히 하는 자료라고 할 수 있다.

「거제 거림리유적의 재검토」, 『문물연구』 제41호, 2022.

부산富山·釜山포와 부산진성釜山鎭城

1. 머리말

한 나라의 역사와 문화는 국민의 정체성으로 이어지며 이것을 자료한 상품은 국민정신, 가치, 태도 등이 반영된 거울과 같다고 한다. 일반상품들이 인간의 기본적인 욕구충족이나 편리성, 실용성을 추구한다면 문화상품은 가치관이나 사고방식 등 문화적, 심리적 만족감을 지향한다 할 수 있다. 그런 의미에서 문화의 바탕이 되는 역사의식 또한 중요하다 할 수 있다. 역사는 불변하고 고정적인 반면, 문화는 환경과 여건에 따라 때로는 변동될 수 있는 유동성을 가지고 있다. 다시 말하면 문화는 도시의 발달이나 인물, 사건, 시대 등 환경과 조건에 따라 변화가 가능하지만 역사의 진실은 변동될 수가 없다. 21세기는 굴뚝 없는 문화산업이 세계경제를 선도할 것이라는 미래경영학자의 예언도 있다. 최근 우리 주변에서 인문학의 르네상스, 스토리텔링 등 문화와 관련된 산업들이 인기를 끌고 있는 것도 사실이다.

한편 부산의 문화산업하면 누구나 한번쯤 부산의 역사와 문화 중심지였던 조선시대 원도심에 대한 의문을 가지게 될 것이다. 물론 여기에 대해서는 이미 『부산시지』를 비롯한 부산시의 공공 홍보물, 그리고 문화재 안내판 등에서 자세히 설명하고 있다. 예를 들면 부산釜山은 동구 좌천동에 위치하는 증산甑山으로 그 아래가 부산포이며 부산진성은 증산 아래 즉, 현재 정공단鄭公壇 주변이라 하고 있다. 그리고 범일동에 있는 지금의 자성대공원 일대에는 부산진의 지성支城이 있었다고 소개하고 있다. 이런 이론에 대해 부정적인 견해도 있어 아직 공감대 형성에는 미흡하다는 느낌을 갖게 한다.

필자는 최근 우연한 기회에 부산시 동구 범일동에 위치한 자성대공원에 대한 자료를 수집하고 분석하게 되었다. 그 과정에서 전기한 부산이라는 산명과 부산진성의 위치 등 부산 원도심에 대한 기존의 설명들이 사실과는 매우 다르다는 것을 알게 되었다. 그래서 이를 바로잡아 보는 것도 부산의 정체성 확립과 문화산업 육성에 도움이 될 것이라는 기대에서 지금까지 수집한 각종 문헌과 그림 자료 등을 중심으로 부산포와 부산진성의 공간적 위치부터 규명해 보기로 하였다. 필자의 의견에 대해서도 역시 이설이 없지 않을 것이 예상된다. 그러나 여기서는 하나의 시안을 마련하여 시민들로 하여금 왜곡된 역사에 대한 비판의식을 제고시키는 계기를 만든다는 의미에서 과제에 접근해 보기로 하였다. 선학동배들의 적극적인 질정을 기대한다.

2. 부산포富山浦와 부산포釜山浦

오늘날의 부산은 처음에 부산富山으로 표기되었다. 즉,『경상도지리지』의 부산포 염분 기사(자료1)를 비롯한『세종실록』권150, 지리지, 경상도, 동래현의 부산포(자료2),『경상도속찬지리지』의 관방조와 야인소속野人所屬조에도 부산포(자료3)로 표기하고 있다. 또한『동국여지승람』권23, 경상도, 동래현, 고적조에는 부산부곡(자료4)이라 표기하였으며, 성종 16년(1485) 7월까지도 부산포(자료5)라는 기록이 남아있다. 부산부곡이 조선전기에 완성된『동국여지승람』의 고적조에 기록되어 있다는 사실을 감안한다면, 부산이라는 표기는 우선 시기적으로 고려시대부터 사용되었다는 것을 알 수 있다.

자료1.『경상도지리지』(1424), 경주도, 양산군, 동평현, 염분.

富山浦貢鹽盆三十坐 私鹽盆二坐 屬金海昌原鹽場官 富山浦軍須鹽盆七坐

『경상도지리지』(1424), 경주도, 동래현, 염분.

鹽盆二十五 內貢鹽盆二十三 左道富山浦處置使道軍須鹽盆一

자료2.『세종실록』권150, 지리지(1454), 경상도.

(慶尙道)左道水軍都安撫處置使, 泊東萊富山浦

『세종실록』권150, 지리지(1454), 경상도, 경주부, 동래현.

左道水軍都按撫處置使本營 (在東平縣南七里富山浦)

자료3.『경상도속찬지리지』(1469), 경주도, 동래현, 관방.

富山浦在縣南漆亦(余?)里去官門十六里 本水營天順庚辰(1460) 開雲浦移置
差都萬戶 成化丙戌(1466) 改稱僉節制使 有軍兵舡九隻 所騎舡軍八百二十名
無軍兵舡五隻

『경상도속찬지리지』(1469), 경주도, 동래현.

野人所屬 縣南十六里 富山浦恒居倭人五十五戶

자료4.『동국여지승람』권23, 경상도, 동래현, 古跡, 1481.

富山部曲(卽釜山)

자료5.『성종실록』권181, 성종 16년, 7월, 기유.

又富山浦第二十四船賜癸卯年米太二百碩 倂以拜恩賜, 聖恩日益重, 而謝詞
難盡之

한편 지금의 부산釜山이라는 표기는 성종 즉위년(1469) 12월(자료6)에 보이는 것이 처음이며, 그 뒤 현재까지 계속해서 사용되고 있다. 물론 성종 즉위년 12월부터 같은 왕 16년(1485) 7월까지는 부산포의 동음이자가 서로 사용되었다. 따라서 오늘날의 부산이라는 명칭 사용은 조선조 성종 때부터라고 할 수 있다.

필자가 여기에서 주목하는 내용은 부산포라는 지명의 유래와 아울러 그 위치분석이다.

먼저, 지명의 유래이다. 지명의 유래에 대해서는 『동국여지승람』을 비롯하여 『동래부지』,[1] 『여지도서』,[2] 『동래부읍지』[3] 등 자료7·8·9·10에서 설명하고 있는 것과 같이 부산포는 가마(솥)와 같은 모양을 가진 산 아래에 위치하여 붙인 명칭이라 하고 있다. 특히 이들 자료 가운데 『동국여지승람』이 부산이라고 지명표기가 시작된 성종때의 기록이라는 사실을 감안하면, 그 신빙성이 더욱 인정되는 자료라고 할 수 있다. 『여지도서』나 『동래부지』, 『동래부읍지』는 후대에 전기한 『동국여지승람』의 해당 기록을 차용한데 불과한 것으로 생각된다. 그리고 지금까지 자료7의 설명에 대한 이설이 없는 것을 고려하면 부산포라는 지명은 가마(솥)와 닮은 주위 산에서 유래되어 동음이자同音異字인 부산포富山浦에서 부산포釜山浦로 바뀐 것으로 해석된다.

자료6. 『성종실록』 권1, 성종 즉위년 12월 갑자.

東萊縣令潘熙辭 院相申叔舟韓明澮具致寬 以事詣闕啓曰 "熙嘗爲釜山浦僉

---

1) 奎章閣所藏本으로 영조·정조 때 제작된 『慶尙道邑誌』 가운데 하나이다.
2) 國史編纂委員會, 『韓國史料叢書20 : 輿地圖書(下)』, 探究堂, 1973.
3) 한국학문헌연구소, 『韓國地理誌叢書 邑誌』 20, 亞細亞文化社, 1987.

節制使 秋毫不犯 倭人咸服之 今授縣令 縣令卑官 不可以此示彼人也 今慶

尙道水軍節度使禹貢 秩滿當遞 請以熙代之"

　　자료7.『동국여지승람』권23(1481), 경상도, 동래현, 산천.

釜山在東平縣 山如釜形故名 其下卽釜山浦也 有恒居倭戶 北距縣二十一里

　　자료8.『동래부지』(1740), 동래부, 산천.

釜山在東平縣 山如釜形故名 下有釜山開雲兩鎭 舊有恒居倭戶 肅宗戊午移

館新草梁 距府二十一里

　　자료9.『여지도서』(1765), 경상도, 동래진 동래도호부, 산천.

釜山在府南二十一里 山如釜形故名 其下卽釜山浦也 有恒居倭戶 肅宗朝戊午

移館草梁

　　자료10.『동래부읍지』(1832), 동래부, 산천.

釜山在府南二十一里 山如釜形故名 其下卽釜山浦也 有恒居倭戶 肅宗朝戊午

移館草梁

　　다음은 부산이라는 산의 위치비정이다. 여기에 대해서는 동구 좌천동 뒷산
인 증산甑山이라는 설이 현재 대세를 이루고 있는 것이 사실이다. 그러나 당감
동 금용산金勇山과 범일동 자성대공원 일대를 지목하는 설도 있다. 현재 정설처
럼 되어있는 증산설은 신라 경덕왕때 대증현大甑縣이 동평현東平縣으로 개명되었
는데[4] 좌천동 뒷산인 증산은 신라시대 대증현에서 유래한 산명이라는 이론이
다. 그리고 부산이라는 머리글자 부釜도 같은 취기炊器에 속하는 증甑에서 유래
되었다 하고 있다. 이 설의 검증과정에서 조선후기의 순절도와 지방지도 등 각

---

4)『三國史記』권34, 지리지, 신라, 동래군 "東萊郡本居柒山郡 景德王改名 今因之 領縣二 東平縣
　本大甑縣 景德王改名 今因之 機張縣本甲火良谷縣 景德王改名 今因之"

종 그림 자료를 제시하고 있다.

여기서 먼저 살펴보아야 할 것은 증산이 대증현이라는 대증에서 유래되었다는 것과 증은 시루를, 그리고 부는 가마를 의미하는데 시루와 가마가 같은 취기에 속하므로 증산이 곧 부산으로도 표기될 수 있다는 부분이다. 그런데 우리가 간과하지 말아야 할 것은 『삼국사기』 지리지에 나타나는 지명들이 신라 경덕왕 이전에는 대부분 표음문으로 표기되었으나 경덕왕 때 표의문으로 바뀌게 된다는 점이다. 그 과정에서 중국 지명을 따른다든지 아니면 기존 명칭을 표의문으로 풀이해서 사용한 예가 대부분이다. 이런 사실을 감안하면 대증이라는 명칭도 자연 표의문으로 바뀌어야 하는 것이 순리라고 생각된다. 그러나 대증현은 바뀌지 않고 조선전기까지 대증산도 아니고 증산으로 그대로 산명을 유지하고 있었다는 논리이다. 더욱 주목되는 것은 조선전기까지 증산이라는 산명은 부산에서는 찾아볼 수 없다가 임진왜란 이후의 기록에서부터 나타나고 있다는 사실이다. 그것은 『동래부지』의 성곽조(자료11)에 임진왜란 때 이곳에 범천증산성凡川甑山城을 축조하였다는 기록이 처음이다. 즉, 증산이란 증성이 있는 산이라는 의미로 증산성 축조 후에 생긴 명칭임이 분명해 보인다. 그것은 임진·정유왜란 중 우리나라 남해안일대에 왜인이 축조한 성(왜성)을 증산성이라 부르고 있는 것과 마찬가지 현상이다.[5]

따라서 부산이라는 명칭의 표기는 앞에서 살펴본 바와 같이 임진왜란 이전인 조선 성종때부터 이미 사용한 것으로 밝혀져 선조때 이후에 명칭된 증산과는 우선 시기적으로 대차를 나타내고 있어 상호 무관함을 알 수 있다. 또 가마와 시루가 같은 취기라는 데서 부산이라는 명칭이 생겼다는 이론은 비학문적

---

5) 임진왜란과 정유재란때에 왜인이 축조한 양산 물금성, 거제 장문포성, 울주 서생포성, 울산 도산성, 사천 선진성 등을 증산성이라고 불렀다.

인 비약에 불과하며 논의의 대상이 되지 않는다고 할 수 있다. 결국 좌천동에 위치한 증산은 부산과는 직접적인 관계가 없다는 사실을 알 수 있다.

그러면 부산은 과연 어디인가. 문헌자료상 가장 먼저 편찬된 것으로 알려진 위의 자료1에서는 동래현과 동평현의 중간 경계가 되는 곳에 병교餠橋(軿桥)가 위치하는데 그 곳이 동래현에서는 서쪽으로 10리 25보 지점이고 동평현에서는 동쪽 6리 지점이라 하고 있다. 따라서 이를 합하면 동래현에서 동평현까지는 16리 25보의 거리라는 수치가 나온다. 그리고 자료2의 좌도수군도안무처치사본영조에는 본영이 동평현 남쪽 7리 지점의 부산포에 있다고 하여 동래현에서 동평현을 거쳐 부산포에 이른다면 수치상으로 23리 25보 지점에 위치하게 된다. 그러나 자료3의 관방조에서는 부산포는 현 남쪽 칠역리(漆亦里)에 있으며 동래현 관문에서 16리 지점이고, 수영이 있었던 곳이라 하고 있다. 앞의 현 남쪽의 현은 동평현을 의미하는 듯하며 칠역리는 지명이라기보다는 오히려 칠여리漆余里라는 거리를 나타내는 수치를 잘 못 표기한 것으로 볼 수 있다. 그것은 자료2에서 본영이 동평현 남쪽 7리 지점에 위치한다는 내용과 거리상으로 일치하기 때문이다. 그리고 16리라는 숫자는 동래현 관문에서 직선거리를 나타내는 수치로 해석되지만 거의 동시기에 편찬된 자료7에서는 북쪽 동래현과 21리 지점에 부산이 위치한다하고 이를 인용한 자료8·9·10도 그대로 싣고 있다. 또한 후대에 편찬된 『경상남도여지집성』(자료12)[6]이나 『동래군지』(자료13)에서는 20리 지점에 부산이 위치하는 것으로 기록하여 각 자료마다 수치상 차이를 보이고 있다. 물론 부산진 자체가 자주 이설되기는 하였지만 치소나 경계 중 어느 지점을 기점으로 한 수치인지도 분명하지 않아 문

---

6) 경상남도지편찬위원회, 『경상남도여지집성』, 1963.

헌자료를 이용한 위치비정에는 한계가 있다는 것을 알 수 있다. 특히 부산포와 부산진(영)은 위치상 분리해서 설명되어야 함에도 불구하고 모두 혼돈되게 공통으로 사용하여 어려운 점이 없지 않으나 상호 근접지역에 위치하는 것은 분명한 사실이다.[7]

그 밖의 문헌자료 가운데 참고되는 것은 신유申濡의 「登釜山次螺山韻」이라는 시운(자료14)이다.[8] 여기에 "山勢亞如釜 城門臨水開…波濤拔地廻 使華留滯日 登眺共徘徊"라는 구절을 모두 주목하고 있다. 우선 이 시운이 작성된 것으로 알려진 인조 21년(1643)은 시기적으로 임진왜란 이후에 해당한다. 임진왜란 이전의 부산진성은 삼포왜란과 임진왜란을 거치면서 훼손되고 그 자리에 범천증산성이 축조되었다. 그러므로 신유는 성종때에 축조된 부산진성의 성문을 바라볼 수 없는 시기에 부산에 들렀다고 할 수 있다. 따라서 신유가 바라본 성문은 임진왜란 이후에 증산성을 일부 수·개축해서 사용한 부산진성의 바닷가 성문을 보았을 것이다. 산의 형태는 물론이고 성문이 바다에 접한 것이나 파도치는 모습, 사신들의 숙박과 산책하는 모습 등 전체 시구에서 부산과 영가대永嘉臺[9] 주변 분위기를 느끼게 하고 있다. 임진왜란 이후의 진성 위

---

7) 예를 들면『大東地志』권7, 경상도, 동래, 坊面조에 보면 "東平 南初十五 終二十五 釜山 南初二十 終二十五"라 하여 동평은 동래읍에서 남쪽으로 시작되는 지점은 15리, 끝나는 지점은 25리라고 하여 일정구역의 경계가 있다는 것을 시사하고 있다. 그리고 부산의 경우도 시작되는 지점이 20리이고 끝나는 지점은 25리라 하여 그 범위 내에 부산포, 부산진성 등이 별도로 위치한다는 것을 알 수 있다.

8) 申濡는 조선 광해군에서 현종 사이에 생존한 문인으로서 인조 14년(1636) 별시문과에 급제해 같은 왕 20년 이조좌랑이 되고 효종 1년(1650) 도승지가 되었다. 효종 3년에는 謝恩副使가 되어 청나라에 다녀왔고 현종 2년(1661) 刑曹參判에 이어 戶曹·禮曹參判이 되었으며 소현세자를 따라 瀋陽(지금의 중국 랴오닝성 선양)에 다녀오기도 하였다. 글씨에 능하고『竹堂集』이라는 저서가 있다.

9) 永嘉臺는 광해군 6년(1614) 순찰사 權盼이 전선보관을 위한 선창을 만들면서 파낸 토사로 부산진성 옆에 언덕을 만들고 그 위에 설치한 건물이다.『嶺南邑誌』에 실린「釜山鎭鎭誌」에 "永

치가 밝혀지면 그 내부 또는 주변의 산이 부산이었다는 짐작을 가능하게 될
것이다.

또한 이를 보완하는 자료
로서 비교적 이른 시기 즉, 임
진왜란 전후에 제작된 그림과
지도가 있다. 그 중 하나는
임진왜란 이전에 제작된『해동
제국기』[10]에 실린「東萊富山浦
之圖」이다. 여기서도 아직 부
산포富山浦라 표기하고 있다.
성종 2년(1471) 영의정 신숙주
가 왕명에 의해 찬진한 해동
제국에 관한 기록이다. 해동
제국은 일본본국本國, 구주九
州, 대마對馬, 일기一岐, 유구국
琉球國을 총칭하는 말이며「동

그림 1『해동제국기』「동래부산포지도」, 1471년,
서울대학교 규장각한국학연구원 소장

래부산포지도」는 성종 5년(1474)에 예조좌랑 남제南悌가 삼포왜호의 실화失火
내용과 항거왜인의 호구조사 결과를 함께 보고하면서「熊川薺浦之圖」,「東萊

嘉臺 在南城外 船艙東壓臨大海 萬歷曆甲寅巡使權盻穿地爲濠 以藏戰船築小丘 爲臺權公卽
永嘉 人故名"이라 하고 있다.
10)『해동제국기』의 찬자 申叔舟는 본관이 高靈이고 자가 疙翁, 호가 希賢堂 또는 保閒齋이다.
공조참판 申橧의 아들이다. 이 책은 그의 견식과 경험 그리고 당시 일본에서 전래한 문헌과
예조에서 관장하는 관계 기록을 참작하여 교린관계에 대한 후세의 軌範을 만들기 위해 찬술
한 것이다. 연산군 때의 追錄을 제외하면 모두 본인의 찬술로 알려져 있다.

그림 2 「동래부산포지도」 세부

富山浦之圖」,「蔚山鹽浦之圖」 3매를 권두지도에 첨가해서 올린 것이다. 「동래부산포지 도」에는 부산포를 중심한 주변의 관청과 강, 산, 섬, 바다 등이 비교적 잘 나타나 있다. 내부에는 동래현을 비롯해서 동평현, 영청, 왜관, 절영도

등을 표시하고 있다. 그러나 부산이라는 지명은 보이지 않는다. 영청은 증산 아래 현재 좌천동 봉생병원 주변에, 왜관은 영청에서 동쪽 약간 떨어진 현재 자성대공원 서쪽에, 동평현은 금용산 아래의 현재 당감동 중앙에, 동래현은 황령산 북쪽 현재 동래읍성 주변에 성곽과 함께 남쪽으로 바다를 건너 절영 도를 각각 표시하고 있다. 주목되는 것은 이 그림이 화면 맨 중앙에 위치하는 현재의 자성대공원과 범천하구를 중심으로 그려져 있다는 사실이다. 자성대 정상에서 동북쪽으로 견강사3, 그리고 동쪽 하단부에는 조월암照(?)月菴이라 는 사원 건물이 표시되어 있다. 관계자료에 의하면 부산포에는 사사寺社 4개 소와 승려 7명이 상주한 것으로 알려져 있다.[11] 또한 그 주위에는 동천 하구 까지 밀집되게 건물을 배치하고 동천에는 다리가 놓여 있다. 필자의 생각으로 는 임진왜란 이전의 부산포를 묘사한 유일하고도 귀중한 자료라고 판단된다. 물론 부산이라는 표기가 없는 것은 제작자가 지도 명칭대로 부산포를 묘사 하였기 때문이다. 대부분의 항구들이 강과 바다가 만나는 하구지점이나 주위

---

11) 이상훈, 「임진왜란 중 적진포해전」, 『조선시대 경상도 고성지역 수군진보와 남촌진(적진 포)』, 고성군문화원, 2014, pp. 43~56.

구릉상에 주로 위치한다는 사실을 감안하면 당시 범천 하구에 위치하는 자성대공원 일대는 항구의 입지로서는 최적의 장소임은 분명하다. 특히 왜관이 이곳에 위치했던 것도 범천 하구의 수로를 이용한다는 입지조건이 충분히 고려된 결과라고 할 수 있다. 또 두 곳의 사암寺菴이 항구 내에 위치하는 것도 선원들의 무사한 항해와 안녕을 기원하기 위한 기도처로 해석되며 인접한 「웅천제포지도」에는 10개의 사사와 40명의 승려가 상주했던 것으로 알려져 있다.[12] 따라서 전기한 문헌자료 대로 가마꼴 산 즉, 부산 아래가 부산포라고 한다면 당시 부산포에는 현재의 자성대공원이 위치한 산외는 주위 산이 없었으므로 자성대공원이 곧 부산이라는 것을 증명해주고 있는 것이 된다.

다른 하나는 임란이후 비교적 이른 시기인 1663년경에 제작된 부산지역의 「목장성지도」이다.[13] 이 지도에는 부산지역에 분포하는 목장성이 묘사되어 있는데 현재 자성대공원 위치에는 8부 능선과 그 아래 해안선에 각각 목책을 설치하고 그 주위 해안부에는 해자가 둘

그림 3 「목장지도」 동래부, 釜山 부분

러진 성곽이 표시되어 있다. 정상부의 목책은 자성대를 나타내고 하단부는 임진왜란 이후의 부산진성을 나타낸 것이라 할 수 있다. 그런데 그 정상부에 묵서

---

12) 이상훈, 「임진왜란 중 적진포해전」, 『조선시대 경상도 고성지역 수군진보와 남촌진(적진포)』, 고성군문화원, 2014, pp.43~56.

13) 『牧場地圖』 「東萊府」, 1663, 지본채색, 24.0×36.0㎝, 국립중앙도서관 소장, 보물 제1595-1호.

로 된 '釜山'이라는 글자가 정확히 표기되어 부산의 위치를 확인시켜 주는 자료가 되고 있다. 전기한 『해동제국기』의 「동래부산포지도」에 나타난 부산을 다시 뒷받침하는 자료라고 할 수 있다.

이상과 같이 비교적 이른 시기에 작성된 문헌이나 그림 자료 등을 분석한 결과 부산은 현재 자성대공원이 있는 산을 말하는 것이 분명하고, 부산포는 그 바로 아래의 범천하구 일대에 위치했던 항구였다고 할 수 있다.

자료11. 『동래부지』 권18, 성곽.

凡川甑山城 在釜山西三里 倭人所築 今廢

甑山城 在府東一里 壬亂倭人所築今廢

자료12. 『경상남도여지집성』, 『동래부읍지』, 성지.

釜山鎭城 在府南二十里 僉使所居也 壬辰亂倭人築之 城周一千六百八十九尺

자료13. 『동래군지』 권상, 성곽.

釜山鎭城 周一千六百八十九 高十三尺

『동래군지』 권상, 루대정각.

子城臺 在南二十里 旧釜山鎭東 有小山突起 西北欠陷處 補

子城 故名之 上有明將萬世德記功碑

자료14. 『海槎錄』, 申竹堂海槎錄, 「登釜山次螺山韻」(1643).

山勢亞如釜形 城門臨水開 人煙古萊國 形勝太宗臺 島嶼連天遠 波濤拔地廻

使華留滯日 登眺共徘徊

3. 부산진성釜山鎭城

조선에서는 태조 때 왜구방비를 목적으로 경상도수군첨절제사를 두었다가[14] 세종 때 수군안무처치사로 바꾸고 경상도좌도안무처치사를 부산에 두었다.[15] 그 뒤 본영이 천순경신天順庚申(세조 6년, 1460)에 개운포開雲浦로 이치되고(자료3) 도만호를 두었다가 성화병술成化丙戌(1466)에 첨절제사로 개칭하였으며 다대포, 해운포, 서평포, 두모포, 개운포, 서생포, 염포, 포이포, 감포, 오포, 축산포, 칠포 등의 만호영을 소관하였다. 자료15[16] 성종 14년(1483)에는 부산포진첨절제사 설순조薛順祖가 부산포에 주진主鎭의 설치를 건의하였으나 성사되지 않았다.(자료16) 그러면서도 성종 16년(1485)에는 부산진성의 축조가 이미 절반 이상으로 진척되었으며,(자료17) 성종 21년에는 부산진성의 축조사업이 이미 일단락되었다.(자료18)

이렇게 처음 축조된 부산진성의 위치는 과연 어디인가 하는 것이 여기서 다루고자 하는 과제이다. 앞에서도 잠시 언급하였듯이 부산포와 부산진의 위치는 분명히 구분되어야함에도 불구하고 문헌에서는 혼돈해서 사용하고 있다. 분명한 것은 부산포에 수군시설인 부산진이 위치하였다는 것은 틀림없는 사실

---

14) 『太祖實錄』권5, 태조 3년(1394) 2월 계미에는 "慶尙道水軍僉節制使 安處善이 왜적 12명의 목을 베고 노획한 병기까지 모두 바치니 국왕이 명하여 宮醞과 무늬 있는 비단과 명주를 내려주었다"고 하여, 태조 3년 이전부터 수군첨절사가 있었던 것을 알 수 있다. 그러나 『燃藜室記述』에서는 태조 병오년(5년) 처음 僉節制使를 두었다고 하여 차이가 있다(『燃藜室記述 別集』권8, 官職典故, 水軍節度使).

15) 『世宗實錄』권10 세종 2년(1420) 10月 27日(壬戌) 3번째 기사에는 "水軍都節制使를 고쳐 水軍都按撫處置使라고 하였다"라고 하였는데 전기한 연려실기술에서는 "世宗辛丑年(3년)에 都按撫處置使를 두었다"고 하여 역시 차이를 보이고 있다.

16) 민족문화추진회, 『고전국역총서42 : 국역신증동국여지승람Ⅲ』, 1969.

이다. 마치 초읍동에 위치했던 미군 하얄리아부대를 부산에 있었다고 하는 것과 같은 의미로 볼 수 있다. 이 과제를 풀이하는 데는 먼저 전기한 『해동제국기』를 주목할 필요가 있다. 물론 이 책 편찬 당시까지 부산진에는 성곽이 축조되지 않았다. 그러나 부산의 지형이나 관청의 위치 등에 대해서는 비교적 정확하게 나타내고 있는 것은 사실이다. 우선 이 자료를 참조하면 부산진성은 영청으로 표기된 지금의 좌천동 봉생병원 주변이라는 것을 알 수 있다. 좀 더 구체적으로 말하면 현재 좌천동 봉생병원에서 그 북동쪽의 당시 해안선과 바다에서 바라볼 경우 자성대공원이 가려 시야에서 차단될 수 있는 계곡부나 저지대였을 것으로 추측된다. 그것은 조선전기의 연해 읍성[17]이나 수군진성[18]이 전방의 바다와 직접 대면하지 않는 즉, 바다에서 조망이 은폐되는 계곡부를 선택한다는 입지조건이 충분히 고려되었을 것이 예상되기 때문이다. 더욱이 남해안

그림 4 동구지역 옛 우물(봉생병원 옆)

에 축조된 초기 수군진성이 표고 20m를 전후한 낮은지점에 대부분 위치했다는 사실도 참고가 된다.[19] 흥미롭게도 본영으로 표시된 지점에 당시 수군들이 직접 사용한 것으로 추측되는 우물이 지금도 남아있다.[20] 이 우물이 위치한 지

---

17) 이일갑, 「남해안지역 연해읍성의 평면 형태에 관한 연구」, 『문물연구』 13, 2008.
18) 차용걸, 「고려말·조선전기 대왜 관방사 연구」, 충남대학교 대학원 박사학위논문, 1988.
19) 나동욱, 「부산진성을 통한 부산의 명칭유래 일고찰」, 『박물관연구논집』 18, 부산박물관, 2012.
20) 우물은 부산시 동구 좌천동 681번지에 위치하며 막돌로 축조한 원형우물이다. 인접한 수정

형을 참고하면 당시 해수면 위치와 성벽의 해안 쪽 가장자리에 대해 어느 정도 예측이 가능해진다. 그러나 조선 후기에 제작된 지도에서는 대부분 정공단 위쪽 증산 정상부까지 진성이 위치한 것으로 표시되고 있어 수군진보 입지조건 상 납득하기 어렵다.[21]

다음은 「부산진순절도」이다.[22] 이 순절도의 경우 상단 증산부분에는 증산성을, 하단 자성대공원 주변에는 성문을 포함한 성벽을 각각 묘사한 뒤 그 중간에 부산진성을 배치하는 구도를 하고 있다. 배가 떠 있는 해안선과 정상부 왜성, 그리고 하단부에 있는 후기 성곽과의 간격 등을 고려하면 초기진성은 현재의 정공단을 경계로 그 아래쪽에 위치했던 것으로 추측된다. 보다 후대에 제작된 「임진전란도」의 만공단[23]과 정공단[24] 화기에도 관계 기사가 나타나 있다. 그러나 순절도 자체가 후대에 묘사되면서 현지 환경을 충분히 고려한 결과라고 생각되지만 묘사과정에서 성곽을 다소 과장되게 표현하여 사실과는 약간 동떨어진다는 의심을 받고 있는 것은 사실이다. 인접한 「동래부순절도」와 「부산

동 295번지 수정시장 내에는 장대석으로 축조한 사각형 우물이 있다. 수정동 우물을 이설한 왜관이나 두모포진에서 사용한 것으로 추정된다.

21) 서울대학교 규장각편, 『朝鮮後期地方地圖 : 慶尙道編』의 「開雲浦鎭地圖」에는 증산 정상부에 성곽과 함께 '釜山故基', 그리고 「豆毛浦鎭地圖」에는 정상에 '釜山古址'라 표기하고 있다.

22) 「부산진순절도」는 견본채색의 그림으로 육군박물관에 소장중이며 보물 제391호로 지정되어 있다. 영조 36년(1760)의 「동래부순절도」와 함께 동래 화원이었던 변박의 작품으로 알려져 있다.

23) "壬辰倭賊毀釜山城 別築一城於舊城東南 卽今僉使所鎭城內 有山陵高就其頂 又築子城爲將臺一 丁酉天將萬經理世德逐倭至此三載 相持己亥凱還勒功立碑 其後八十四年壬戌 閔統使遷懼原碑之 泐而不傳移刻舊文 別立新碑"라 하여 新鎭城의 위치와 만공단 설치, 관리, 新碑설립에 대해 설명하고 있다.

24) "英廟朝丙戌 本鎭僉使李光國所築 而在釜山鎭舊城址 以爲忠壯公殉節於此故也 每年四月十四日 僉使行杞李庭憲卽鄭公幕賓同時殉節 故配享"라고 하여 舊鎭城이 정공단 주변에 위치한 것을 설명하고 있다.

진순절도」 제작자가 동일하고[25] 또한 그 뒤 같은 동래부에 종사하는 화원들이 묘사하는 과정에서 일어난 현상이라 할 수 있지만[26] 표주박처럼 중간이 잘록한 성곽의 평면은 「동래부순절도」, 「부산진순절도」, 「임진전란도」의 다대포진성과 부산진성이 가지는 공통적 특징이라 할 수 있다. 이런 평면은 당시 남해안 일대의 다른 수군진성에서는 찾아 볼 수 없는 형태임이 분명하다. 특히 아래쪽의 성벽과 성문은 부분적이지만 임진왜란 이후의 부산진성을 나타낸 것이 분

그림 5 변박, 「부산진순절도」
1760년, 육군박물관 소장

그림 6 변박, 「동래부순절도」
1760년, 육군박물관 소장

25) 김동철, 「왜관도를 그린 변박의 대일교류활동과 작품들」, 『조선통신사 사행록연구총서10』, 학고방, 2009 ; 이현주, 「조선후기 재지화원 소고 : 18세기 동래 재지화원 변박의 관수회화 연구」, 『문물연구』 14, 2008, pp.165~211.
26) 이현주, 「동래부 화원 이시눌연구」, 『역사와 경계』 76, 2010.

명하다. 결국 이 순절도는 임진왜란
이전과 이후의 성곽을 각각 함께 묘
사한 것이며 일부에서 제기한 내성
과 외성을 가진 구조는 아니다.[27] 그
리고 조선시대 수군진보성이 내·외
성의 구조를 가진 예는 남해안에서
는 아직까지 확인된 바가 없다. 앞으
로 고고학적 학술조사의 필요성이
제기되는 부분이다. 따라서 전기한
대표적인 두 자료를 참고하면 임란
이전의 부산진성은 현재의 봉생병원
에서 시작해서 그 북동쪽 정공단 아
래쪽 저지대에 위치했다는 가설을
우선 제기해 둔다.

그림 7 이시눌, 「임진전란도」
1834년, 서울대학교 규장각한국학연구원 소장

27) 崔岦(1539~1612)의 『簡易集(1631)』에 "釜山有內外城 外城海內 內城卽山"이라 하고 黃暹
의 『息庵集(1769)』에도 "釜山有內外城 外城蘸海 內城卽山"이라 하여 부산진성이 내외성
으로 구성된 성곽구조라고 설명하고 있다. 시기적으로 『간이집』은 「부산진순절도」(1760)
가 제작되기 이전의 기록이고 『식암집』은 9년 정도 이후의 기록이다. 문맥상으로는 『식암
집』이 『간이집』의 내용을 인용한 듯하다. 여기서 내외성의 구분은 임진왜란 때 축조된 범
천증산성의 산지부와 해안부를 구분해서 설명하거나 아니면 임진왜란 이후의 부산진성을
전기한 목장지도와 같이 상(만공단이 위치한 자성대부분)·하단(해안부의 신부산진성)을
이중구조로 보고 이를 설명한 것인지 자세하지 않다. 기록 당시의 환경을 고려하면 후자
에 해당할 가능성이 많다. 그러나 분명한 것은 부산진성은 내외성의 구조를 가진 것이 결
코 아니다.

자료15. 『동국여지승람』 권23, 경상도, 동래현, 관방.

釜山浦鎭 在縣南二十一里 有左道水軍僉節制使營 所管 豆毛浦海雲浦鹽浦
甘浦包伊浦漆浦烏浦丑山浦多大浦西生浦石浦 周一千六百八十九尺 高十三尺
有恒居倭戶 僉節制使一人

자료16. 『성종실록』 권160, 성종 14년 11월 임인.

釜山鎭僉節制使薛順祖上書辭職 又請設主鎭于釜山浦 命議于領敦寧以上
鄭昌孫沈澮議"釜山開雲兩處形勢, 難以遙度, 令曾經其道觀察使 節度使, 議
便否定之何如"尹弼商尹壕李克培議"仍舊爲便"洪應議"置鎭沿革 世祖已酌
緩急 審輕重 爲之已久 安得以一二人所見 遽爾改革哉 且順祖以老將無才辭
之 不可不敦勸以勉之"

자료17. 『성종실록』 권176, 성종 16년 3월 무술.

四道巡察使洪應來復命 上引見 謂曰"今設堡之地 皆要害乎"對曰"臣所見全
羅道六處 皆可設堡 臣已令拾石 慶尙道三浦 曾設城堡 但低微不完 有同兒
戲 釜山浦 僉使修築其城過半 臣令他浦 依釜山修築"

자료18. 『성종실록』 권243, 성종 21년 8월 기유.

是月 築慶尙道釜山浦城 周二千二十六尺

한편 부산진성은 중종 5년(1510) 4월 삼포왜란으로 일부 소실되었다.(자료19) 석
축보다는 문루나 동헌, 객사와 같은 목조건물을 중심으로 훼손되었을 것으로 예
상된다. 이것을 계기로 부산진성과 다대포성은 상호 이설과 합병을 거듭하다가(자
료20) 부산진성은 중종 29년(1534) 수리해서 좌수영으로도 이용된다.(자료21) 그 뒤
중종 39년 좌수영은 해운포로 다시 이설되고,(자료22) 부산진성으로 환원된다.

자료19.『중종실록』권11, 중종 5년 4월 기해.

柳繼宗馳啓曰 "今月初四日 倭賊攻陷釜山浦城 至初九日 留連傍近民家及多
大浦帝釋谷堡等處 出入攻掠 又以船載恒居倭人及家財 向海中而去 盡燒各
浦兵船 使不得追逐"

자료20.『중종실록』권12, 중종 5년 8월 계묘.

下備禦防略于慶尙道兵使 其一日 本道軍士及閑良 姑令合番待變 其二日 賊若大
至 小堡兵力 似不能支 左道海雲浦合于東萊帝釋谷 多大浦合于釜山浦 豆毛浦合
于機張 軍營浦 合于西生浦 右道牛古介 合于城高介 栗浦合于知世浦 待變

자료21.『중종실록』권78, 중종 29년 9월 임진.

韓效元啓曰 "聞將遣曹閏孫 巡察邊地 臣於經筵 已略啓之 猶未得盡達 自前
有置鎭羊腸串之議 誠若設之 依彌助項故事 置爲巨鎭 然置鎭於此串 則釜山
浦在內 以內鎭對倭似未便 故移置釜山於多大浦 又以釜山浦爲左道水營 令
水使居之 置鎭於羊腸串 以多大浦軍卒移充之 以堂上官爲僉使 則自爲巨鎭
矣 諸小鎭不緊之處 皆可罷也 且移水營移釜山等事 遙度則疑若有弊 然釜山
浦 則本對倭之處 客館亦大 水使可居 多大浦官舍 又甚宏壯 釜山僉使 亦可
居矣 惟客館可加營造 張順孫在時 常欲啓之 今於曹閏孫之往 凡小鎭可沿
可革 及軍卒移置等事 幷令觀之 且左道兵營 水營 皆在蔚山郡 相距不遠 若
移水營 則旣合於事體 又便於形勢 凡此等事 曹閏孫與監司 兵·水使 同觀便
否 以啓之意 令兵曹爲事目以送何如"傳曰 "所言至當 依啓"

자료22.『중종실록』권104, 중종 39년 9월 임술.

加德島築城使方好義竣事復命…仍以單子 "…一 左道形勢 左水營在雲海堡
(海雲堡) 北距東萊五里 西距釜山浦十五里 率東萊軍卒 救釜山及多大浦 又令
梁山蔚山左兵營 繼援于後…一 左道釜山浦 接待倭奴緊重之地 僉使須應得

宜 撫禦軍卒 恩威幷行 然後軍卒亦蘇復 至於倭人卜物 輪轉之時 無猥濫之

弊 所關非輕 有威望堂上官擇差 接待倭人 言語酬答 不失其宜 鎭服其心 使

無驕縱 何如

선조 25년(1592) 4월 임진왜란의 발발로 부산성이 함락되고,(자료23) 이듬해 2월 왜인들이 좌천동 뒷산과 범일동 자성대공원 아래 해안선을 잇는 위치에 소위 범천증산성을 축조한다.(자료24)[28]

정유재란에서 패한 왜군이 물러가고 조선에서는 선조 39년 범천증산성 가운데 범천하구 왜관 주변의 증산성을 일부 수·개축해서 부산진성으로 활용한다.(자료25) 그리고 그 주위에 위치했던 왜관은 서쪽(현재 고관)으로 이설된다.(자료26) 그러나 일본인의 반발도 만만치 않았다.(자료27) 개운포진과 두모포진은 임란을 계기로 과거 본영이 위치했던 곳으로 이설되었다가 두모포진은 다시 고관 근처 해안으로 이설된다.[29] 이렇게 임진왜란 이후에 수군의 이동과 맞물려서 부산진성은 현재의 자성대공원 주변에 자리 잡게 된다. 「사로승구도」를 비롯해서 진재화첩의 영가대도[30] 등 임란 이후의 각종 지리지나 지두에서 하나같이

---

28) 『東萊府誌』권18, 城郭조에도 "凡川甑山城 在釜山西三里 倭人所築 今廢" 및 "甑山城 在府東一里 壬亂倭人所築今廢"이라 하였다.

29) 開雲浦鎭은 宣祖 25년(1592) 蔚山에서 부산으로 이설되었고 豆毛浦鎭은 機張에서 인조 7년(1629) 좌천동 왜관 옆에 이설되었다가 숙종 4년(1678) 왜관을 초량으로 다시 이동시킨 후 2년 후 수정동 왜관이 있던 위치로 이설한다. 그러나 대동지지에서는 선조 25년에 개운포진과 함께 두모포진도 부산으로 이설된 것으로 기록하고 있다.

30) 영가대가 그려진 진재화첩은 동아대학교 박물관 소장품이다. 眞宰 金允謙(1711~1775)은 18세기 실경산수화가로 겸재 정선과 함께 진경산수화를 개척한 화가 중의 한분이다. 1770년 소촌도 찰방으로 임용되어 관할지역과 그 인근 즉, 진주를 중심한 합천, 거창, 함양, 산천과 부산 등 명승지를 유람하고 실경을 그린 14점의 화첩이다. 부산지역은 태종대, 영가대, 몰운대 등의 그림이 포함되어 있다.

그림 8 이성린, 「槎路勝區圖」, 1748년, 국립중앙박물관 소장

그림 9 김윤겸, 『영남기행화첩』부산진성 부분, 18세기 후반, 동아대학교박물관 소장

자성대주변을 진성으로 표시하고 있는 것은 같은 의미이다.[31] 그리고 진성의 평면형태가 일반적인 타원형이나 원형 또는 방형이 아니고 다각형인 것은 부산진성이 증산성의 성벽을 부분적으로 이용한 결과라고 할 수 있다. 따라서 현재 자성대공원 주변의 성곽은 부산진성의 지성이 아니고 임진왜란 이후 부산진성이 위치했던 곳이라는 것을 분명히 해둔다. 지성이란 조선시대 관방성이나 연해읍성에서는 찾아볼 수 없는 용어이며 구조이다. 따라서 부산진성은 우선 시기적으로 임진왜란 이전과 이후로 구분해서 위치를 비정할 수 있는데 이전은 현재 동구 좌천동 동북쪽 해안 저지대에, 이후에는 현재의 자성대공원 주변에 각각 위치하였다고 할 수 있다. 그리고 부산이라는 산명도 현재의 좌천동 뒷산인 증산이 아니고 임란 이후 조선말까지 부산진성이 위치했던 범일동 자성대공원이 곧바로 부산이라고 할 수 있다.

자료23. 『선조실록』권26, 선조 25년 4월 임인.

倭寇至…賊船蔽海而來 釜山僉使鄭撥 方獵於絶影島 謂爲朝倭 不設備 未及還鎭 而賊已登城 撥死於亂兵中 翌日陷東萊府 府使宋象賢死之 其妾亦死之

자료24. 『선조실록』권35, 선조 26년 2월 계묘.

慶尙左道觀察使韓孝純馳啓曰"…釜山東萊西平多大浦等處 畵地築城 設計城基 周回大槪五十餘里 東萊倉穀 則移置于釜山浦 日本軍糧 則輪到于釜山前渾阿次島云"

자료25. 『선조실록』권206, 선조 39년 12월 을묘.

左副承旨柳澗以備邊司言啓曰"釜山倭館 若設於舊基 則與今水使僉使所住

---

31) 전기한 규장각 소장 조선시대 후기 지방지도를 비롯해서 여지도서, 대동여지도, 영남읍지 등 각종 군현지도에는 모두 자성대 주변을 부산진성으로 표시하고 있다.

之處 慮或相逼 初令別擇處所營造 而其後因慶尙監司狀啓 '釜城內中間 有山
高峙 可以限隔 不至相妨'云 故依狀啓施行事 覆啓蒙允 第因橘倭出來期迫
姑令因前接對於絶影島矣 群議以爲 '釜城內 遽令倭人入接 殊爲未穩 不如因
初公事 別擇處所 營造之爲便'此意 慶尙監司左水使處更爲行會 可設處所看
審馳啓 開春卽時 營造爲當 敢啓"傳曰"允"

자료26. 『선조실록』권212, 선조 40년 6월 신해.

慶尙道觀察使鄭賜湖馳啓曰"臣巡到釜山 新造倭館入接房屋 已盡完了 宴享大
廳 今方竪柱 而或者疑不造於舊基 恐致失懽而生怨 臣之所見不然 自前倭館與
釜山 非在一城中者也 平時釜山在西邊 倭館在東邊五里許 今則釜山鎭 就倭子
所築之城 移設於倭館舊基之傍 卽東邊也 今造倭館 又在於西邊五里許 與釜山
相距遠近 與平時一樣 基之新舊 非所當論 渠何敢生怨 此則不足爲慮"

자료27. 『인조실록』권45, 인조 22년 7월 정유.

釜山倭館館守等言于洪喜男曰"釜城非徒昔日之倭館 內外城郭 亦是倭人之
所築 還給舊基 理所當然 況此館之基 於風水不好 定欲移創云"…監司具啓以
聞 備局回啓曰"釜城移館之事 決不可從 且國朝等字高下 乃是從前禮部修答
之格例 到今請改 尤極可駭 宜使之開諭"

4. 끝맺는 말

조선시대 부산의 원도심은 현재 부산시 동구와 부산진구의 경계가 되고 있는
범천凡川(현재 東川)을 동쪽 경계로, 그 남쪽과 서쪽 해변이나 강변지역이 중심이 되
었다고 생각된다. 이곳에는 초기 왜관, 부산포, 수군본영 등이 위치하였고 임진왜

란 이후에는 부산진을 비롯하여 개운포진, 두모포진이 이설되었다. 부산진에는 수군의 육상근무가 허락되면서 석성이 축조되었으나 삼포왜란과 임진왜란의 병화로 성이 함락되고 왜인들이 그 자리에 범천증산성을 축조하였다. 그러나 정유재란에서 패배한 일본군이 철수하고 그 자리를 조선에서 수·개축하여 부산진성으로 활용하였다. 임진왜란 이후 부산진성 주변의 왜관은 일시 두모포에 머물다가 초량으로 이설되고,[32] 부산진성 내부 고처高處에 왜군이 축조한 장대자리를 철군 후 명나라 장군 만세덕萬世德을 기리는 만공단萬公壇이 설치된 뒤 자성대라는 명칭이 생기게 된다. 이런 개략적인 사실이 조선시대 부산 원도심의 역사라고 할 수 있다.

이를 좀 더 자세히 알아보면 다음과 같다. 먼저 부산이 좌천동 뒷산인 증산이라는 설은 일제시대 小田省吾閱 및 都甲玄鄕이 편찬한 『釜山府史原稿』[33]와 경상남도에서 조사 보고한 『慶南の城址』[34]에서 신라시대 동평현의 전신인 대증현과 관련을 지어 증산이 곧 부산이라고 하였다. 해방 이후 이 자료를 비판 없이 받아들인 우리나라 연구자들은 『부산지방 지명의 유래』[35]를 비롯해서 『부산의 고적과 지명』,[36] 『부산의 맥』,[37] 『부산지명총람』,[38] 『가마골 역사이야기』,[39] 『부산의 역사와 정신』,[40] 『부산을 배웁시다』[41] 등의 저서와 과거에 편찬된 『부산시지』[42]에 이르기까지

32) 부산광역시사편찬위원회, 『부산시사』 1, 1989.
33) 小田省吾閱·都甲玄鄕編, 『釜山府史原稿』 1, 1938.
34) 경상남도, 『慶南の城址』, 1931.
35) 김의환, 『부산지방의 지명의 유래』, 태화출판사, 1970.
36) 김의환, 『부산의 고적과 지명』, 부산시, 1974.
37) 최해군, 『부산의 脈(상)』, 도서출판 지평, 1990.
38) 부산광역시사편찬위원회, 『부산지명총람』, 1995.
39) 주영택, 『가마골 역사이야기』, 도서출판 地平, 2000.
40) 김용욱, 『부산의 역사(歷史)와 정신(精神)』, 도서출판 전망, 2001.
41) 주경업, 『부산을 배웁시다』, 부산민학회, 2004.
42) 부산광역시사편찬위원회, 『부산시지』 1, 1974.

이설을 그대로 믿으면서 오늘에 이르게 되었다. 그러나 앞에서 이미 설명한 것처럼 증산이라는 산명은 임진왜란 때 왜군이 이곳에 범천증산성을 축조한 이후에 생긴 명칭으로 그 이전인 성종 때부터 시작된 부산이라는 지명과는 우선 시기적으로 차이가 있다. 전기한 자료11의 범천증산성이나 증산성(동래)을 비롯해서 양산 물금증산성, 울산 도산성 및 서생포성 등 우리나라 남해안 일대에 분포하는 왜성들을 대부분 증산성이라고 하였다. 필자 생각으로는 일본에서 성을 시로しろ 또는 오시로おしろ라고 읽고 있는데 당시 조선에서는 왜성이라는 의미로 일본말인 시로를 시루로 발음하면서 증으로 표기하여 증산성 또는 증산, 증대 등으로 기록한데 기인한 것이라 하겠다. 그러므로 증산이라는 산명이 부산지역에서 신라나 고려시대는 물론이고 조선 성종때 이전의 기록에서 아직까지 확인되지 않는 상황에서는 신라시대 대증현과 지금의 증산은 상호 아무런 관계가 없다고 하겠다.

그리고 증산설 외에도 백양산 줄기의 금용산을 지목하는 설도 있으나 이론상 납득하기 어려우며,[43] 시기적으로 임진왜란을 경계로 그 이전과 이후에 부산[44]이라는 지명이 바뀌었다는 유동적인 설도 역시 이해하기 어렵다. 그러나 전장에서 이미 언급한 것과 같이 『해동제국기』는 富山과 釜山을 혼용 표기하던 성종 초기에 편찬된 책이다. 이 책의 권두에 있는 「동래부산포지도」에는 범천하구에 위치한 부산포를 중심한 주변의 지형과 관청 등을 잘 묘사하여 조선 전기부터 자성대공원이 부산이라는 것을 증명해 주고 있다. 특히 자료7에서 부산은 가마와 같은 형태의 산에서 그 명칭이 유래하며 그 바로 아래에 부산포가 있다고 하였다. 당시 부산포 주위에는 자성대공원이 위치한 산 이외의 다른 산이 없고 그 형태 또한 가마와 같이 둥글고 볼록하기 때문이다. 또 여기에는 인접한

---

43) 고두동, 「부산의 지명해고 : 옛말로 풀어본 고장의 지명」, 『향토문화』 2, 1970.
44) 나동욱, 「부산진성을 통한 부산의 명칭유래 일고찰」, 『박물관연구논집』 18, 부산박물관, 2012.

웅천제포성과 함께 선원들의 무사한 항해와 안녕을 기원하는 견강사와 조월암 그리고 주변에 왜관이 위치하는 등 국제항구로서의 면모도 잘 갖추고 있었던 것이다. 임진왜란·정유재란이 끝나고 해안 쪽 증산성을 수리해서 부산진성으로 활용하고 성내 산정에 있던 장대부분을 정리해서 명나라 장군 만세덕을 기념하는 만공단을 설치한 것도 모두 범천하구의 부산포와 부산이 중심이 되었기 때문이라고 할 수 있다. 사실 자성대라는 명칭도 자료13과 같이 임진왜란 당시 왜군이 부산 정상부에 천수각과 같은 장대를 설치한 것을 보고 성중누각이라는 의미로 증산성이라는 단어와 함께 후대에 조선에서 붙인 명칭이며 자성子城이 곧 대성이나 모성에 부속된 소성을 의미하는 것은 결코 아니다. 특히 왜성

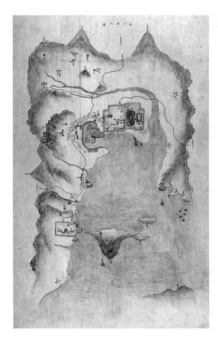

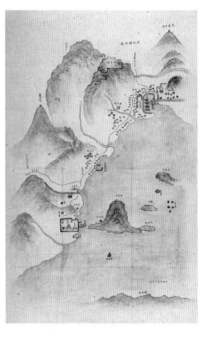

그림 10 「부산진지도」,
1872년, 서울대학교 규장각한국학연구원 소장

그림 11 「개운진지도」
1872년, 서울대학교 규장각한국학연구원 소장

의 경우 단성이라는 용어는 보이지만 자성이라는 명칭은 보이지 않는다.

그리고 범천증산성이란 오늘날 좌천동 증산(산지부)에서 범일동 자성대공원(해안부)을 잇는 하나의 성곽을 의미는 것으로 왜인들은 부산성이라 하였고 모성과 자성으로 분리해서 명칭 한 사실도 없다. 그러나 일제시대 일본인들이 경남지방의 성지를 조사한 보고서에 자성이나 지성 등 새로운 용어를 만들어 보고하고 있다.[45]

전기한 신유의 『해사록』 시운도 당시 부산진성 내의 부산에 올라 주변 경치를 보고 읊은 것으로 이해된다. 따라서 증산은 물론 금용산도 아니고 임진왜란을 전후해서 부산의 위치가 바뀐 것도 아니다. 처음부터 부산은 지금의 자성대공원이 있는 산이 분명하다 할 수 있다.

다음은 부산진성의 위치이다. 부산진성은 앞에서도 논의하였듯이 임진왜란을 경계로 그 이전과 이후로 위치가 구분된다. 그 중 이전은 다시 무성시기와 유성시기로 나눌 수가 있는데 무성시기인 초창기 부산진(영)은 『해동제국기』에 영청으로 표시된 지점 즉, 지금의 좌천동 봉생병원 주변에 성곽 없이 위치했던 것이다. 그것은 현존하는 주변의 우물이 증명한다 할 수 있다. 그 뒤 수군의 육상근무가 가능해지면서 성종 21년 이곳에 성곽이 축조된다. 진성의 범위가 확대되는 것은 물론 전략상 입지조건 등 다양한 논의를 거친 이후에 축조되고 유성시기를 맞게 된다. 그러나 얼마 못 되어 삼포왜란과 임진왜란을 겪으면서 진성이 훼손되고 그 자리에는 증산성이 축조되는 등 지형변경이 이루어져 위치조차 확인하기 어렵게 되었다. 다행하게도 임진왜란 이후에 제작되기는 하였지만 「부산진순절도」나 「임진전란도」와 같은 자료들이 남아있어 어느 정도 위치

---

45) 경상남도, 『慶南の城址』, 1931.

비정이 가능해진 것은 사실이다. 특히 부산진순절도 상단과 하단에 배치된 증산성과 후대의 진성, 「임진전란도」의 정공단과 만공단의 위치와 화기, 현장에 남아있는 우물 등은 당시 부산진성의 위치비정에 도움이 되는 자료들이라고 할 수 있다. 이들 자료를 참고한다면 임진왜란 이전의 부산진성은 현재 동구 좌천동 봉생병원에서 북동쪽 해안의 저지대에 위치하되 정공단 위치가 북쪽 경계가 되었을 것이 예상된다. 조선후기지방지도에 '부산고기' 또는 '부산고지'라

그림 12 「개운진지도」중 釜山故基 부분

는 화기가 증산 정상부 가까운 내부에 표기되어 있는 것을 보고[46] 부산과 부산포의 옛 중심지로 이해하는 사람도 없지 않으나, 이는 임진왜란때 축조한 범천증산성을 의미하는 것이다. 즉, 일본에서는 증산성을 부산성으로 명칭하고 있었으므로 부산고기는 부산왜성의 옛터라는 의미이다. 다시 말하면 산 이름이 이동되는 일은 없기 때문이다.

한편 임진왜란이 끝나자 부산진성은 해안 쪽의 증산성을 일부 수·개축해서 진성으로 이용된다. 이곳 부산진성 이설에 대해서는 앞장에서 문헌과 그림 등 각종 자료를 통해서 설명한 것과 같이 비교적 관계 자료가 풍부한 편이다. 그 가운데 「부산진순절도」 하단의 성문과 성벽 그리고 성내에 설치된 만공단, 다각 구도의 평면형태, 영가대와 굴항의 위치 등 현재의 자성대공원 주변이 부산진성이라는 사실을 분명히 하고 있으며 여기에 대한 부정적인 견해도 없는 것으로

---

46) 서울대학교 규장각한국학연구원편, 『朝鮮後期地方地圖 : 慶尙道編』의 「開雲浦鎭地圖」, 「豆毛浦鎭地圖」 등에서 정상에 釜山故基 또는 釜山古址라 표기하고 있다.

알고 있다. 특히 성문, 성벽 등 근대 서양인들이 제공하는 사진자료에서도 잘 나타나 있어 그 확인이 가능하다. 현재 자성대공원 입구에 설치된 안내판의 설명서는 조선후기지방지도 중 부산진성을 해설한 자료를 검토하지 않고 그대로 이용한 결과라고 할 수 있다.[47] 따라서 부산진성은 우선 시기적으로 임진왜란을 경계로 이전과 이후 단계로 그 위치가 구분되는데 이전은 동구 좌천동 해안 지대, 그리고 이후는 동구 범일동 자성대공원 주변에 각각 위치하였던 것이다.

종합하면 부산이란 현재 자성대공원이 있는 산을 명칭한 것이고, 부산포는 그 아래 동쪽 범천하구와 부산 사이의 해안 일대에 분포하던 항구라고 하겠다. 그리고 부산진성은 임진왜란 이전에는 지금의 좌천동 봉생병원에서 그 북동쪽 해안 저지에, 그리고 이후에는 현재의 자성대공원(부산) 주위에 각각 위치하였다고 할 수 있다. 따라서 원도심 재생 차원에서 자성대라는 명칭은 부산이라는 원래 명칭으로 복원되어야 마땅하다고 하겠다.

「부산포와 부산진성의 공간적 위치분석」, 『문물연구』제25호, 2014.

---

47) 서울대학교 규장각한국학연구원편, 『朝鮮後期地方地圖 : 慶尙道編』의 「釜山鎭地圖」의 해설 부분(p. 41)에 "임진왜란으로 부산진을 함락한 왜적은 이곳에 주둔하면서 부산진의 지성을 축조하였는데, 이것이 지도에 보이는 부산진성이다"라고 설명한 것을 그대로 실은 것이다.

왜성倭城과 증성甑城

1. 머리말

임진왜란과 정유재란 사이에 왜군 주도로 국내에 축조한 성곽을 우리는 보통 왜성이라 명칭하고 드물게 증성 또는 증산성甑山城이라고도 한다. 사실 왜성이 란 왜의 성이라는 의미로서 일본에서는 당시의 성을 전국성戰國城 또는 근대성 이라는 명칭을 주로 사용하고 있다. 국내 일각에서는 왜의 성이므로 일본에 있 는 성이어야 하는 것이 맞지 않느냐는 반응도 없지 않다. 그리고 증성이라는 명 칭에 대해서는 시루와 닮았다는 의미로 붙인 것이라는 정도로 일반인들이 이 해하고 있다. 최근 필자는 부산이라는 지명이 증산에서 유래되었다는 기존의 사실들이 잘못되었다는 점을 지적한바 있다.[1] 그것을 설명하기 위한 자료수집 과정에서 놀랍게도 증산 또는 증산성이 위치하는 곳 대부분이 왜성의 위치와 일치한다는 사실을 알게 되었다. 그래서 문헌상에 나타나는 왜성과 증성 관계 자료를 분석하고 왜성이라는 명칭사용의 보편성과 증성의 의미를 새롭게 파악 하기로 하였다. 그리고 일반적으로 왜성의 원류가 되는 일본 근세성곽은 그 기 원을 천주교와 함께 유입된 서양문물의 일부 요소라는 사실도 파악하게 되었 다. 따라서 여기서는 왜성과 증성의 명칭관계는 물론 왜성의 원류에 대해서 이

---

1) 심봉근, 「부산포와 부산진성의 공간적 위치분석」, 『문물연구』 25, 2014.

번 기회에 필자의 소견을 제시하고자 한다. 여러분의 질정을 기대한다.

2. 왜성

왜성이라는 용어는 최근 경남의 왜성지[2]를 비롯해서 왜성,[3] 왜성의 연구,[4] 한
국남해안의 왜성,[5] 한국남해안왜성축성술연구,[6] 한국의 왜성연구[7] 등 한일 양국
의 연구자들이 일반적으로 사용하고 있는 단어이다. 그러나 대부분 용어의 개
념에 대한 구체적인 언급 없이 그냥 사용하고 있는 실정이어서 개중에는 거부
감 또는 의문을 가지기도 한다. 따라서 여기서는 각종 문헌자료에서 왜성이라
는 용어를 언제부터 그리고 어떤 의미로 사용하였는지에 대해 살펴보기로 하겠
다. 먼저 관계자료 중 대표적인 예를 들어 소개하면 다음과 같다.

> 자료1. 四路兵進圍島山。督軍攻戰。焚燒寨柵。賊勢倍盛。無策可施。董
> 將自晉州督進諸軍。先擊泗川本城之賊。賊見我兵勢。走入大陣。一元縱兵追
> 殺。因圍法叱島。劉將領諸將。自九木亭進順天佛隅。行長已設講廳于綿紬藪
> 下。先使數倭奉獻寶劍一雙于提督。因邀講約。提督許之。行長出大兵。陣倭
> 橋五里之外。自以三千兵進來。提督以劉中軍爲提督威儀。元帥以兵營虞候白
> 。

---

2) 부산대학교 한일문화연구소, 『경남의 왜성지』, 1961.
3) 倭城址研究會, 『倭城』 I , 1976.
4) 城郭談說會, 『倭城の研究』 I ~ V, 1979~2002.
5) 심봉근, 『한국남해안의 왜성』, 『문물연구』 4, 2000.
6) 이형재, 「한국 남해안 倭城 축성술 연구」, 동아대학교 대학원 박사학위논문, 2010.
7) 나동욱, 『한국의 왜성의 연구』, 동아대학교 고고미술사학과 박사학위논문, 2012.

翰南。具兵使粧束。各率數百人。徒手入送。議禮畢還歸時。三協合擊。時義智自流山來在倭橋。共設宴具。將至講廳。右協兵在西邊。覘賊不密。先放火箭。喊呼突起。行長等驚駭退走。提督遂放火炮。督軍追擊。左協李芳春以馬兵先遮賊路。外陣賊兵護入二酋。餘賊未及入城者。在途搏戰。凡斬九十八級。天兵被害亦多。大軍因進圍倭城。陳璘董率水兵千餘艘。以李舜臣爲先鋒。由瓦頭猫島。鼓譟颭旗而進。列圍海洋。各船皆以黑三生爲風席。各色旗麾。縱橫其間。所見極壯。方追賊時。三衛軍猶未及。權慄大怒。拿兵使將刑。陪臣止之。時余在前鋒。與主將相失。圍城之後。乃得相遇。[8]

자료2. 劉綎結寨城濠。爲持久之計。令我軍輸入木石。以助其役。賊多張旗幟于城。上連設炮樓於其間。排短寨于堞上。列立蒭人於其內。常時放丸。使銳軍不得近城。是夜提督令諸軍。各備五枝炬三柄。俟大陣鳴鑼放火。一時舉火吶喊。若將向懿。滅火還陣。賊亦發喊連炮。火蔓城外。移時乃止。翌日舟師進薄倭城北船滄。出入挑戰。賊兵爭入水中。敢死圍擁。我軍血戰。斬獲居多。潮出乃退。夜夜初昏賊兵持薪散出。徹夜明火于外柵之間[9]

자료1·2는 『난중잡록亂中雜錄』 무술년(1598) 9월조 기사이다. 조명연합군과 왜군의 울산 도산성島山城 전투 상황을 비교적 자세히 기록하고 있는 내용 중 일부이다. 기사 가운데 왜군이 축조한 도산성을 두고 왜성이라는 단어를 사용하고 있다. 도산성은 학성鶴城 혹은 울산왜성, 증성甑城으로 현재도 명칭하고 있다.

자료3. 備邊司啓日…經變以後, 軍政廢弛,依上敎, 別遣詳知倭城形制者,

8) 『亂中雜錄』卷3, 戊戌年 九月 二十日(선조 31년).
9) 『亂中雜錄』卷3, 戊戌年 九月 二十一日.

馳赴巡察使營下, 道內城子, 雖不能一時改築, 其中尤甚防緊, 而頹壞不修者,

爲先修築, 參以倭城形勢, 刻期畢功待變, 而其他移他境者, 秋成後一一刷還,

守令邊將, 亦令該曹選擇. 傳曰:"允"[10]

　　자료4. ○兵曹啓曰:"北道城制, 一依倭城改築事, 承傳矣. 被擄人等, 前後

出來者, 不爲不多, 而其中前佐郎姜沆·部將孫文彧·務安居武出身丁夢鰍, 久

在倭中, 亦必詳知日本城池機械矣. 此人, 北兵使軍官稱號下送, 出入諸鎭敎

誨後, 如有成效, 仍差本道邊將, 以酬其勞何如?" 傳曰:"允".[11]

　　다음 자료3·4는『선조실록』기사이다. 비변사에서 북쪽지역(함경도, 평안도) 성

곽을 왜성 형제를 참조해서 개축할 것을 선조에게 건의하여 윤허 받은 뒤 병조

와 비변사가 축조시기와 축조인력 등을 논의 한 내용이다. 여기에도 왜성 형제

라는 단어가 사용되고 있다. 그러나 내용 중에 일본의 성지라는 용어를 사용하

고 있는 것으로 보아 일본 국내에 위치하는 성은 왜성이라는 용어보다는 일본

성이라고 구분해서 사용한 것을 알 수 있다.

　　자료5. 上曰:"馬山可以築城乎?" 德馨曰:"小臣不見馬山, 不知形勢矣. 若

可據險, 則右兵使可以入處. 釜山亦有賊營, 鍊兵數千, 堅守倭城, 則可以據

險, 但固城·泗川·昆陽·順天等處, 人烟一空, 前面唐浦·蛇梁之間, 虛棄無形,

極爲悶慮. 臣往見湖·嶺二南, 則山城虛費人力處甚多, 不得已一道中央, 爲久

遠計處, 竝棄之, 非徒人力可惜, 計亦(悞)[誤] 矣. 今勢力俱竭, 舟師格軍糧

餉, 辦出無路, 則設備於陸地, 勢所不及. 如據某處, 以爲定計, 則日計不足,

10)『宣祖實錄』227卷 宣祖 三十三年 七月十七日 戊午.
11)『宣祖實錄』133卷 宣祖 三十三年 七月二十四日 乙丑.

歲計則有可爲之事矣。但人心已失, 守令雖欲守城, 誰肯從之? 不得已慰勞人心, 然後緩急可與共守, 亂來十年, 民固於百役, 膏血已盡, 命脈僅存"。[12]

다음 자료5는 『선조실록』의 선조와 이덕형李德馨의 대화 기사이다. 남해안지역 방어용 성곽과 산성 등을 논의하는 과정에서 왜성이라는 단어를 사용하고 있다. 특히 부산, 고성, 사천, 순천 등지에 왜성이 분포하는 것을 알 수 있다.

자료6. ○備邊司啓曰: "知倭城形止之人, 入送築城事, 前日允下矣。今方解冰, 所當卽爲入送事, 本道監司狀啓以爲: '本道境接鞨鞨, 朝夕待變, 故城無頹壞不修之處, 但慶源·防垣等城, 比他極闊, 其他各堡, 如梁永·造山·阿山等城, 可改者, 亦非一二, 而本道武士及民人, 皆編軍伍, 本番之外, 又有添防, 民役極苦。若又驅之於築城之役, 則外寇未至, 民自內潰, 雖有金城湯池, 誰與守之云云。' 姑令各鎭, 隨力隨改, 期使不煩民力, 而城池繕修, 斯爲得計。知城制之人, 姑勿下送何如?" 傳曰: "下送當否, 更問于監·兵使"。[13]

자료7. ○備邊司啓曰: "竹山山城, 今將修築。經紀之責, 所當專委府使, 而其間不無藉用他邑之力, 督發之際, 亦有守令不得自專之事。此是畿甸防守之地, 元係大將管內之任, 令京畿防禦使李光岳, 竝爲句管, 往來檢飭之意, 下諭宜當。且本邑, 方有鉅役, 且當大路之傍, 雖合兩邑, 而數小官屬, 不堪奔走。本縣寺奴婢, 除出七八口, 令該司, 免其身貢限, 畢役間, 屬于山城, 專委使喚亦當, 敢啓"。傳曰: "允。我國城子失制, 山城則雖因山勢築之, 然其制度, 略倣倭制, 須存深慮爲之可也。此意竝諭。且遣相地官, 與李光岳·本官守令, 眼

---

12) 『宣祖實錄』133卷 宣祖 三十四年 正月十七日 丙辰.
13) 『宣祖實錄』133卷 宣祖 三十四年 正月七日 丙午.

同, 相其形勢, 城門可當處及他幸有相地之事, 遺之之也".[14]

다음 자료6·7은 선조가 비변사의 건의를 받아드리고 전교하는 과정에서 우리나라 산성들이 왜성 형제를 모방하고 있다고 지적한 내용이다.

　　자료8. 邑城　周二千一百九十七尺　.古邑城, 東五里土城周三千二百八尺.
林郎浦城　北四十五里　海邊. 倭城, 右二處倭人所築[15]
　　자료9.　竹島倭城　南十里　宣祖壬辰倭人所築　周五百八十尺　外城周六
百十五尺. 馬沙倭城　北四十里　土築　周七百餘尺.[16]
　　자료10.　永登浦鎭　舊設仇未浦置水軍萬戶　仁祖元年移于見乃梁西三里　英
宗二十七年廢　三十二年復設　有倭人所築　石城水軍萬戶一員[17]
　　자료11.　熊浦城　倭人所築[18]

마지막 자료8·9·10·11은 『대동지지』에 실린 기사로서 기장 임랑포성, 거제 영등성, 김해 죽도성, 마사성, 진해 웅포성 등을 왜성이라 표기하고 있다.

지금까지 소개한 자료들을 종합하면 왜성이라는 명칭은 생소한 용어가 아니라 조선 조정에서 임진왜란과 정유재란 사이에 왜군 주도로 국내에 축조한 성곽에 대해서만 사용한 단어임을 알 수 있다. 그리고 사용시작은 문헌상 자료1·2에 나타난 선조 31년(1598)부터이며 이후 조선 후기까지 계속해서 사용되었다

14) 『宣祖實錄』182卷 宣祖 三十七年 十二月 二十一日 丙寅.
15) 『大東地志』機張 城池.
16) 『大東地志』金海 城池.
17) 『大東地志』巨濟 鎭堡條.
18) 『大東地志』熊川 城池條.

는 것도 알 수 있다. 따라서 왜성이라는 용어는 임진, 정유 양란시 우리국내에 일본인 주도로 축조한 성을 의미하며 당시 일본인이 자국 내에 축조한 성에 대해서는 일본성이라고 구분해서 사용하였다. 그러나 일반적으로는 왜국이라는 단어와 함께 왜성이라는 용어를 자주 사용하였는데 왜구, 왜성, 왜노倭奴 등의 단어와 함께 일본에 대한 폄하적 의미가 일부 포함되었던 것으로 이해된다. 결국 왜성이라는 단어는 임란이후 조선조정과 국민들이 평소 보편적으로 사용한 국내의 일본성이라는 의미라고 할 수 있다. 그러므로 학술적 용어로 계속 사용해도 무방하다고 생각된다.

3. 증산과 증성

증산 또는 증성이라는 용어이다. 임란이후 왜성과 관련된 각종 문헌에서 자주 접할 수 있는 단어이다. 증甑이란 시루를 의미하며 시루와 닮은 성을 시루성이라 하며[19] 시루산에 위치하여 증산성이라고 하는가 하면 증성이 위치하여 증산이라 하는 경우도 있다. 전자는 임진왜란 이전 기사에서, 그리고 후자는 이후 기사에서 주로 확인되고 있다. 관련기사를 살펴보면 다음과 같다.

자료1. 春正月 以翌宗爲伊湌 昕連爲波珍湌 林權爲阿湌, 二月 築大甑山 城, 夏四月 倭人侵東邊[20]

자료2. (中略) 甑山, 在郡西南十二里 大野中[21]

---

19) 『萬機要覽』軍政編四, 關防, 慶尙道, 蔚山. '甑城 一名島山。倭賊築城於此。其形如甑。故名'.
20) 『三國史記』卷一 新羅本紀一 祇摩尼師今十年.

자료3. 甑山城 在縣西十四里 石築周一千二百六十九尺 高十尺 內有 一井
今廢[22]

자료4. 甑山 在縣西四十三里[23]

모두 임진왜란 이전 기사이다. 자료1은 『삼국사기』 신라본기 기사로 지마왕 10년 2월에 대증산성을 축조하였다는 내용이다. 당시 산성이 축조된 대증산의 위치는 아직 확인되지 않았지만 같은 책 지리지에 동래군 영현에 해당하는 동평현東平縣이 경덕왕 이전에는 대증현大甑縣으로 되어 있다.[24] 이 기사의 동평현은 현재 부산시 부산진구 당감동 일대에 해당하여, 대증산은 당감동 주변의 산명일 가능성이 예상된다. 그러나 현재 양산시 물금읍 증산리에 위치하는 증산曾山의 경우 처음에는 대증산으로 명칭되었다가 뒷날 증산甑山으로 약칭되었고, 일제시대 다시 지금의 증산曾山으로 바뀌어졌다는 견해가 있다.[25] 더욱이 동평현이 양산군에 일시 편입된 사실도 있어 주목된다. 사실 대증산성의 신라 지마왕 10년이라는 시기성을 감안하면 고고학적으로 석성보다는 토성이 유행한 시기이므로 부산의 당감동 주변과 양산 물금읍 증산지역의 토성지 잔존여부가 지명고증을 위한 하나의 관건이 될 수 있을 것이다.

또 하나 주목되는 자료2에 보이는 것과 같이 현재 양산시 물금읍 증산리 증

---

21) 『東國輿地勝覽』卷二十二 梁山郡 山川.
22) 『東國輿地勝覽』卷 十八 扶餘縣 古跡.
23) 『東國輿地勝覽』卷 三十二 巨濟縣 山川.
24) 『三國史記』卷三十四 地理志 新羅 東萊.
25) 김종권, 『역완 삼국사기』, 선진문화사, 1960, p.14. 卷一 新羅本紀 祇摩尼師今 十年 2월 기사 번역문에 大甑山(甑山)으로 표기하고 있다. 그리고 동아세아문화재연구원, 『양산 물금황산 언』, 2012, p.23. 에서도 현재의 曾山里는 大甑山에서 甑山으로 그리고 일제시대에 현재의 명칭인 曾山里로 바뀐 것으로 소개하고 있다.

산에 임진왜란 때에 축조한 왜성이 위치하고 있다는 사실이다. 뒷장에서 다시 논의 되겠지만 장차 검토가 필요한 사안이라 할 수 있다.

자료3·4는 전기한 양산과 같이 『동국여지승람』 부여현 고적조와 거제현 산천조에 나타나는 증산 또는 증산성에 관한 기사이다. 주지하다시피 『동국여지승람』은 임진왜란 이전에 편찬된 자료여서 그 다음에 나타나는 왜성과는 아무런 관계가 없는 순수한 우리말의 시루산 또는 시루산성으로 이해된다. 따라서 양산 증산성을 제외하면 모양이 시루처럼 오뚝하게 생긴 산이나 그 정상이나 기슭에 성곽이 위치하여 붙인 명칭이라 할 수 있다. 그런데 다음에 설명하는 임진왜란 이후에 편찬되거나 작성된 문헌에서는 대부분 왜성을 증성 또는 증산성으로 별칭하고 있다.

자료5. 晴。留釜山。午與上使從事。上釜山甑城登砲樓。海門通闊。漁舟點點。有嶠遠遠露出於絶影島之外。問諸土人。則云是對馬島。淸明之日。入於眺望者如是分明云[26]

자료6. 病中未赴兩使甑城之遊 卽次秋潭誇示之韻[27]

자료5는 『동사록東槎錄』 기사로서 "맑음, 부산에서 머물렀다. 낮에 상사·종사와 함께 부산 증성의 포루에 오르니 해문海門은 넓게 통하고, 어주魚舟는 점점이 떠 있다. 절영도 밖에 아물아물 보이는 산이 있으므로, 그 지방사람에게 물으

---

26) 『東槎錄』: 姜弘重의 手記로 인조 2년(1624) 8월 20일부터 다음해 3월 26일까지 기록으로 인조 2년 9월 20일(신미)기사이다.

27) 『扶桑錄』, 扶桑日錄, 을미년(1655년) 4월 21일 기사이다. 종사관 南龍翼이 효종 6년 6월부터 이듬해 2월까지 9개월 사이에 일본에 파견될 때 기록으로, 을미년은 효종 6년이다. 이 시는 효종 6년 4월 남용익이 일본으로 가기 전에 부산에 도착하여 증산에서 모인 놀이에 가지 못하고 지었다.

니, 이는 대마도로, 청명한 날에는 이같이 분명히 보입니다."라고 하였다는 내용이다. 여기서 부산왜성을 부산증성이라 표기하고 있다.

자료6은 『부상록扶桑錄』에 실린 내용으로 "병중에 정사·부사의 증성놀이에 가지 못하고 추담이 자랑하여 지어준 시에 곧 차운함"이라 하여 부산왜성을 역시 증성이라 하고 있다.

자료7. 聖周之山西走七八里, 一支稍北出斗起爲巘曰甑城, 以其形名. 山上舊有詩樓, 故亦曰詩樓城. 方言呼甑爲詩樓, 二者固無辨. 然爲山名均不雅, 且城之稱無所據, 人以是病之. 山下宅曠勢阻, 遠近峯巒溪澗, 咸拱揖環抱于此, 同表兄成上舍靈一氏過而樂之, 築精舍數椽. 仍山名, 存其讀而易其字, 扁曰實佑成齋, 著己姓以標之也. 旣而屬余記, 三反而益勤.[28]

자료7은 "성주산 산줄기가 서쪽으로 7, 8리를 달리다가 그 가지 하나가 조금 북쪽으로 갈라져서 우뚝 치솟아 봉우리를 이루었는데, 이름을 시루성이라 하니 그 모양을 따서 산의 이름을 지은 것이다". 그런데 산 위에 옛날 시루詩樓가 있었다 하여 또한 시루성이라고도 한다. 방언에서 증甑을 시루詩樓라고 하니, 둘 중에 어느 쪽인지 분간을 할 수 없다. 그러나 산 이름으로 말하면 두 가지가 모두 전아典雅하지 못하고, 또 이를 성城이라고 하는 것도 그 전거를 찾을 수가 없으므로, 사람들은 이것을 병통으로 여겨왔다. 산 밑은 자리가 넓으면서도 지세가 막혔으며 원근의 산봉우리와 골짜기의 물이 모두 이 마을을 둘러싸고 있는데, 표형表兄인 상사上舍 성영일成靈－ 씨가 이곳을 지나다가 보고 마음에 들어서 여기에다 정사 몇 칸을 지었다. 그리고 산 이름을 따라서 그 독음讀音은 그대로

---

28) 『修堂集』卷六 實佑成齋記.

둔 채 글자만 바꾸어서 실우성재實佑成齋 라고 편액을 걸었으니, 자신의 성을 드러내어서 이를 표출한 것이다. 그리고는 나에게 이에 대한 재기齋記를 부탁하여 왔는데, 세 번이나 사양하였으나 더욱 청이 간절하였다." 라고 하여 시루성의 명칭에 대해 설명하고 있어 주목된다.

자료8. 永川郡澤水赤如血, 蔚山甑城前野, 慶州城內外, 蟾蛙遍野往來, 不知其數。河陽縣門前大野, 蚯蚓遍地, 不見地色, 一日而止。[29]

자료8은『현종실록』기사인데 "영천군의 못물이 붉기가 피 빛과 같았고, 울산의 증성 앞들과 경주성 안팎에 두꺼비와 개구리가 들판을 뒤덮고 오갔는데 그

그림 1 「해동지도」울산부 부분, 18세기, 서울대학교 규장각한국학연구원 소장

---

29)『顯宗實錄』卷十 顯宗六年 三月 丙申(10일).

숫자를 알 수 없었으며, 하양현의 문 앞 큰 들판에 지렁이가 땅을 뒤덮어 땅 색깔이 보이지 않았는데 하루 뒤에 없어졌다" 하고 있다. 이 기사에도 울산왜성을 울산증성이라 표기하고 있다.

자료9. 兵營城 石築。周九千三百十六尺。太宗戊子。合屬於右道昌原府合浦內廂。世宗丙午。左道兵營復立。兼判本府事。宣祖甲午。別設營於本府內廂。甑城 一名島山。倭賊築城於此。其形如甑。故名。外甑城 在西生鎭。亦倭所築。[30]

자료9는 『만기요람』에 실린 울산에 위치했던 병영성에 관한 내용이다. 석축. 둘레 9,316척. 태종 8년 무자(1408)에 우도의 창원부 합포내상에 합쳤다가, 세종 8년 병오(1426)에 좌도의 병영을 다시 설립하여 판경주부사를 겸임케 하였다. 선조 27년 갑오(1594)에 따로 병영을 본부내상에 설치하였다. 증성 일명 도산성이라고도 한다. 왜적이 여기에 성을 쌓았는데 모양이 시루와 같다 하여 시루성이라 하였다. 바깥 시루성, 서생진에 있으며, 역시 왜적이 쌓은 것이라고 하여 울산왜성과 서생포왜성을 증성이라 표기하고 있다.

자료10. 三千浦堡 南二十里. 自晉州移于通陽浦, 成宗十九年築城, 置權管. 後又移于固城縣. 宣祖丁酉倭石曼子據於此, 與蔚山之島山順天之倭橋稱爲三窟. 堡城今稱倭甑城.[31]

---

30) 『萬機要覽』軍政編四, 關防, 慶尙道, 蔚山.
31) 『大東地志』慶尙道, 泗川縣, 鎭堡.

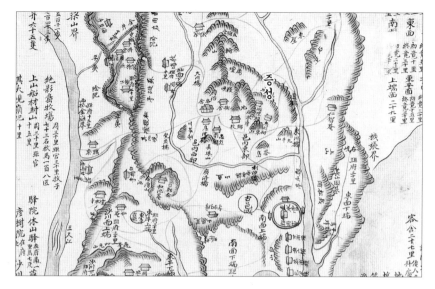

그림 2 「해동지도」 동래부 부분, 18세기, 서울대학교 규장각한국학연구원 소장

　자료10은 삼천포보를 설명하는 내용인데 남으로 20리에 있으며 진주로부터 통양포에 옮겼다. 성종 19년에 성을 쌓고 권관을 두었는데 후에 고성으로 옮겼다. 선조 정유왜란에 석만자가 이곳을 근거로 일어났다. 울산 도산과 순천 왜교[32]와 더불어 삼굴이라 칭한다. 이 보에 있는 성을 왜증성이라 칭한다고 하여 사천왜성을 왜증성이라 하고 있다.

　자료11. 凡川甑山城 在釜山西三里 倭人所築 今廢. 甑山城 在府東一里 壬亂倭人所築 今廢.[33]

---

32) 왜교를 예교曳橋라고도 기록하고 있다. 전라남도 순천시 해룡면 신성리에 있는 돌로 만든 성이다. 정유재란 때 小西行長이 호남 공격을 위한 전진기지 겸 최후 방어기지로 삼기 위하여 쌓은 성으로, 일본인들은 순천성이라 부르고 우리 측에서는 예교, 順天倭城 혹은 倭橋라고 부른다.
33) 『東萊府誌』卷18, 城郭.

자료11은 부산왜성과 동래왜성을 소개한 내용이다. 여기서도 왜성을 증산성으로 소개하고 있다. 주목되는 것은 범천증산성이 부산의 서쪽 3리에 있고, 증산성은 부의 동쪽 1리에 있다는 부분이다. 범천증산성이 좌천동 뒷산이라는 일반적인 상식을 감안하면 그 동쪽 3리 지점의 부산은 자연히 현재의 자성대공원이 된다. 그리고 부의 1리 지점에 있는 증산성은 안락동 뒷산의 동래왜성이다. 이 경우 부산이 증산에서 유래되었다는 기존의 설명은 증산성이 같은 자료에 2곳에서 나타나고 있어 혼돈을 주고 있다. 그러나 증산성이라는 단어가 임진왜란 이후 축조된 왜성에서 유래되었다는 사실을 참고하면 쉽게 이해될 수 있을 것이다. 그밖에도 후대에 편찬된 『대동지지』나 『해동역사』 등에서 우리나라 남해안에 분포하는 왜성을 증성이라고 표기하고 있으며 『연려실기술』에는 함경도 경성鏡城[34]과 단천端川[35]에 증산성과 증산폐보가 있다는 기사가 보인다. 지금까지 소개된 각종 문헌자료를 우선 간략히 정리하면 16세기 말엽 왜성 축조의 배경이 되는 임진왜란을 경계로 그 이전 시기와 이후시기로 나누어 설명 가능하다.

먼저 『삼국사기』 지리지나 『동국여지승람』과 같이 임진왜란 이전에 편찬된 문헌자료에 나타난 대증산성이나 증산성, 증산은 성이 위치한 장소와 성곽의 형태를 두고 붙인 명칭이라 할 수 있다. 자료1·4는 현재위치나 성곽유무 파악이 어려워서 동일 예로 취급할 수도 없다. 다만 여기서 주로 다루고 있는 왜성과는 우선 시기적으로 무관하다는 것은 분명해 보인다. 그리고 자료2·4의 경우 증산으로만 표기되어 있으나 자료2의 양산시 물금리 증산의 경우는 그 정상부를 중심으로 그 기슭에 이르기까지 임진왜란 때 축조된 왜성이 분포하고 있어 증산성이라는 새로운 명칭을 사용하게 되었다. 자료4의 경우 증산을 소개하고 있

---

34) 『燃藜室記述』별집 권17, 邊圉典故, 廢山城, 咸鏡道, 鏡城.
35) 『燃藜室記述』별집 권17, 邊圉典故, 鎭堡, 廢鎭堡附, 咸鏡道, 端川.

으나 증산성을 소개한 것은 물론 아니다. 따라서 임진왜란 이전의 기사는 왜성과는 무관한 순수한 산명에서 유래한 것이 대부분이라 할 수 있다.

다음은 임진왜란 이후의 기사이다. 자료5·6은 17세기 전반에 작성된 음운인데 여기서는 부산왜성을 증성이라 표기하고 있다. 좌천동 뒷산 또는 자성대부분의 부산왜성을 말하고 있는데 주변 경관을 고려하면 후자에 해당할 가능성이 많아 보인다. 이유에 대한 자세한 설명은 없으나 왜성을 증성으로 표기한 것은 사실이라 할 수 있다. 흥미 있는 것은 자료7이다. 개인 문장이어서 진의 파악이 어렵지만 산의 지맥이 우뚝하게 독립해서 위치하는 것을 보고 붙인 명칭인지, 아니면 옛날 산위에 시루가 있었던 것에 연유된 것인지 자세하지 않다 하고 있다. 현지사정에 대한 것이 어두운 것이 사실이지만 재기문 중에 "이를 성이라고 하는 전거도 없어서"라는 구절을 참고하면 일반적으로 고개를 재라고 하는 것과 관련되어 시루고개를 한자로 증성甑城이라 표기한 것이라는 생각도 든다. 특히 기문에 성곽에 대한 정보가 전혀 보이지 않는 것도 참고한 것이다. 그러나 우리들에게는 무의미한 것은 아니라는 지적을 해둔다. 또 자료8·9는 모두 울산왜성과 서생포왜성에 대한 내용이다. 여기에도 모두 증성이라는 단어를 사용하고 있다. 그리고 자료10은 삼천포보를 설명하는 내용에서 순천왜성, 울산왜성, 사천왜성을 왜증성 또는 왜교라 하고 있다. 자료11은 부산왜성과 동래왜성의 소개부분이다. 이 자료는 부산의 위치를 정확히 고증하는 내용이어서 주목된다.

마지막으로 함경도 경성과 단천에 있는 증성 대해서는 자세하지 않지만 위치상 왜성이 분포할 곳이 아니다. 그리고 이전의 『동국여지승람』 관방조[36]와 고적

---

36) 『東國輿地勝覽』 卷49 端川郡 關防조에 "甑山堡 在郡西 一百九十里 今上王二十三年 置權管" 이라 하고 있다.

조[37]에도 성곽이 나타나고 있어서 왜성과는 관계없는 앞선 시기의 것임을 알 수 있다.

이상의 내용들을 종합하면 임진왜란 이전의 증산 또는 증산성은 산의 형태에서 유래된 것이 대부분이고, 이후의 것은 왜성의 별칭으로 증산 또는 증산성이라 표기한 것으로 이해된다. 별칭의 이유는 형태가 시루처럼 생겼다는 것이 일반적인 상식이다. 그러나 필자는 별고에서 이미 언급한 것과 같이 일본에서 성을 시로しろ라고 혼독하는 것에 기인한다고 생각된다. 당시 왜인들이 왜성을 시로しろ 또는 오시로おしろ라 발음하는 것에 주목하고 우리나라 사람들이 시로しろ를 시루로 잘못 연상하여 평소 사용되는 과정에서 한자 '증甑'으로 표기한 것에 지나지 않는다고 생각한다.[38]

4. 일본근대성의 전말

가. 서양문물의 동점東漸

1) 조총鳥銃

승자총통勝字銃筒은 임진왜란 당시 조선의 대표적 소총小銃이었다. 임란 직전인 1589년 일본 통신사로 파견됐던 황윤길 등이 귀국길에 대마도주로부터 철포鐵砲, 즉 조총 2정을 선물로 받아 왔지만 조선 조정에서는 별다른 관심을 보이지

---

37) 『東國輿地勝覽』卷50 鏡城都護府 古蹟조에 "甑山 在府南八十七里 土築 周一千二百七十五尺 內有二池 有倉基"라 하고 있다.

38) 심봉근, 「부산포와 부산진성의 공간적 위치분석」, 『문물연구』25, 2014.

않았다. 당시 조선에서는 고려 말 이후 활발하게 화기를 개발, 북변 오랑캐와 서남해안에 자주 출몰하는 왜구를 제어 할 수 있었기 때문이다. 일본은 조선보다 약 2세기 늦게 화기개발이 시작되었으나 철포를 급속도로 발전시켜 을묘왜변에서 조선군이 고전을 면치 못하게 하였다.

조선의 승자총통은 점화방법이 지화식指火式이었으나 일본의 조총은 화승식火繩式이었다. 조총의 명중률은 승자총통에 비해 월등하게 높았다고 한다.

"나는 새도 능히 맞힐 수 있다"는 의미에서 조총鳥銃이라 명칭되었고 선조는 "천하의 신기神器"라고 경탄하였으며 이순신장군은 조총을 승자총통을 압도하는 화기로 인식했다.

한편 일본은 무로마지室町시대 아시카가요시미쯔足利義溝 막부가 1548년 중국 영파寧波에 견명선遣明船(正使 策彦周良)을 보낸 것이 마지막으로 중국과는 공식적인 무역거래가 단절되었다. 그러나 이를 대신해서 일본 서남해안에서 활동하던 왜구들의 물자약탈과 중계무역 등 해적활동을 하게 된다. 1498년 포르투갈선의 인도도착을 시작으로 이를 기점으로 동남아 진출을 도모하면서 인도, 말레이, 인도네시아, 필리핀, 중국, 일본을 연결하는 대항해시대를 맞이하게 된다. 특히 영파부근의 쌍서항双嶼港을 해상 밀무역 센타로 삼은 포르투갈인들은 왕직王直을 대표로, 왜구들과 함께 중국, 일본 및 동남아 일대에서 해적활동과 밀무역을 일삼게 된다. 일본의 경우 석견은산石見銀山 은의 대량생산은 중국과 포르투갈인의 인기 수출품이 되었고 수입품은 초산硝酸과 연鉛을 비롯해서 화승총, 화약, 향로, 중국산 생사 견직물, 설탕, 약품 등으로 알려져 있다. 특히 초산과 연은 일본산 유황과 함께 조총의 화약제조에 있어서 중요한 역할을 담당하였다. 1543년 왕직의 중국선에 동승했던 것으로 짐작되는 포르투갈 사람이 큐슈九州 남방 다네가시마種子島에 도착했다. 유럽사람이 일본에 도착한 최초의 일이다.

다네가시마 도주島主 다네가시마 도키타가는 포르투갈 사람으로부터 화승총을 구입, 철포와 화약 사용법과 제조법을 가신들에게 교습토록 하였다.[39] 이것이 확산되어 1550년에는 교토京都 인근을 비롯한 전국 봉건영주들 전쟁에서 철포의 사용 소문이 돌았다. 사카이堺, 네고로 등 여러 곳에서 철포가 대량 생산되었다. 철포는 다이묘大名(영주)들이 갖고 싶어 하는 신병기였다. 특히 1557년 포르투갈인이 마카오에 무역거점을 확보한 뒤 큐슈 여러 항구에 무역선을 보냈다. 1562년 구매다久米田 전투에서 대량의 소총이 사용되었고 나가시노長篠전투에서 오다노부나가織田信長 연합군은 3,000명의 소총부대를 동원해 15,000명이나 되는 다케다武田 신켄군에 대승을 거두었다. 소총의 등장은 전국戰國시대의 전쟁 방식인 기병전에서 보병전으로 바뀌는데 큰 영향을 주었고, 30만 자루의 소총이 만들어졌다.

철포제작에는 총신이 화력에 견딜 수 있는 강도를 유지하게 하는 것과 초석硝石에서 화약을 만들어 내는 제작기술이 필요하였는데 당시 일본은 철이 많았고 단야법鍛冶法도 발달해 있었다. 철포 제조 장인匠人은 전국적으로 확산되어 하나의 번藩 또는 몇 개의 번 단위로 조직되기 시작했다. 여기서 주목되는 것은 제철 기술 못지않게 새로운 문물에 대한 일본인의 호기심, 그리고 기술을 곧바로 익혀 자기 것으로 소화 흡수하는 능력이다. 지금도 구니모토國友에는 옛 단야공鍛冶工의 후예들이 집단으로 모여 사는 동네가 남아 있다.[40]

39) 中島樂章,「大航海時代の なかの 信長・秀吉・家康」,『大航海時代の日本美術』九州國立博物館, 2017.
40) 角山榮,「堺と南蠻貿易」,『南蠻』, 堺市博物館, 2003.

2) 천주교

1549년 가고시마鹿兒島에 프란치스코 하비에르가 도착한다. 원래 인도에서 기독교 포교의 사명을 갖고 아시아에 온 예수회 창립자 중 한사람이었다. 그는 향로산지로 알려진 모르츠카제도諸島를 둘러본 다음(A.D.1546~1547) 일본에 갈 결심을 하게 된다. 향로수집을 위해 본국에서 가져온 모직물은 동남아인에게는 무용이었고, 대신 은이 필요하게 되었는데 일본에서 은이 대량생산된다는 정보를 얻었기 때문이다. 하비에르는 중국 밀무역선을 타고 현지에서 사귄 가고시마 출신 야지로ヤジロ의 안내로 일본에 도착한 것이다. 하비에르는 이듬해인 1550년 가을 나가사키長崎현 히라도平戶를 거쳐서 교토에 이르기까지 왕성한 포교활동을 펼쳤다. 그는 1551년 인도로 귀환하였다가 중국포교를 목적으로 1552년 광동성 서남근해 상천도上川島까지 갔으나 명조의 벽을 넘지 못하고 서거했다. 아마 포교와 금의 수집을 위해서는 중국산 생사와 견직물이 필요하다는 것을 알았기 때문이다. 1552년 프란치스코 하비에르가 무로마치 막부로부터 포교를 승인받은 이후 1570년 경, 현재의 나가사키 현에 해당하는 지역에 복음이 전해졌다. 하비에르가 히라도에 도착한지 20년 만이었다. 이후 천황의 반대에도 불구하고 오다 노부나가織田信長의 원조로 천주교는 빠르게 전파되었다. 즉, 1569년 루이스 푸로이스 신부의 교토 거주허락을 비롯해서 1576년 교토 남만사 건축허가, 1581년 아즈치성하에 세미나리오(신학교) 건립허가 등 기독교에 대해서는 호의적이었다. 그러나 1582년 도요토미 히데요시豊臣秀吉가 정권을 잡으면서 상황이 바뀌었다. 그는 1587년 기독교에 대한 금교령을 내려 교회시설을 몰수하고 선교사들을 추방하였다.[41] 1596년 11월 예수회 바오로 미키 수사를 포

---

41) 히데요시는 노부나가시대 一向宗과 같이 기독교인 숫자가 늘어나면 제압이 불가하다는 점과 마카오와 나가사기 무역권 장악을 위해서였다. 포르투갈인이 일본인을 노예로 매매한다

그림 3 「남만병풍」, 16~17세기, 지본금지착색, 六曲一雙, 남만 문화관 소장

함한 24명이 금교령을 어긴 죄로 체포되어 교토에서 나가사키까지 끌려갔다. 1597년 1월, 교토에서 이들을 따라온 2명을 포함하여 26명이 나가사키의 니시자카에서 순교당하였다. 포르투갈은 카톨릭과 당시 발달된 여러 서양문물을 일본에 전하면서 무역을 했다. 따라서 에도시대江戶時代(1603~1867) 초기에는 서양문물을 적극적으로 수용하여 자신의 것으로 만들고자 하는 일본인 특유의 노력으로 16세기 중반 이후 100여년간 일본에는 포르투갈을 중심으로 한 무역이 활발해진다. 하지만 점점 기독교가 대단한 세력으로 확산되어 가자 도쿠가와 이에야스는 위기감을 느끼고 17세기 중반부터는 기독교를 탄압하고 쇄국정책을 편다.[42]

　는 사실과 스페인이 영토확장을 위해 선교사를 이용하고 있다는 소문을 들었기 때문이다.
42) 이에야스는 기독교가 히데요시 가문과 밀착되고, 스페인령 필립핀의 기독교인 군사력 위협, 예수회로 인한 일본과 중국간 중계무역 영향력 저하 등이 이유였다.

나. 왜성축조의 여명

포르투갈인의 1543년 다네가시마 철포전래와 1549년 하비르신부의 가고시마 도착은 일본으로서는 천주교와 서양문물을 처음 접하는 중요한 계기가 되었고 이것을 시작으로 에도시대까지 다종다양한 문물이 교류되었다. 중요한 것 가운데 하나가 철포와 화약이다. 철포는 기병전에서 보병전으로 전투방식을 바꿀 정도로 전쟁에서 중요한 부분을 차지했다. 그리고 보병전투를 위한 성곽이 종래의 산성으로서는 불합리하다는 것을 인식하고 철포를 사용하는 보병에게 알맞은 성곽축조의 필요성이 제기되었을 것이다. 철포의 능률적 사용을 위한 성곽의 축조는 철포 제작국의 기술도입이 자연스런 현상이다. 어쩌면 철포, 화약, 성곽이 Set가 되어 전래되었을 가능성이 높아 보인다. 화약제조를 위한 초석과 연을 포루투갈 상인의 수입에 의존했던 것을 보아도 알 수 있다. 특히 당시 일본에 파견된 신부들은 종교학 뿐만 아니라 군사학에도 뛰어난 기능을 가진 기사출신이라는 점을 감안하면 성곽축조에 신부들의 자문역할이 지대하였을 것이 예상된다. 그들은 오다노부나가 막부로 부터 두터운 신임을 얻고 선교와 무역활동에 큰 성과를 올렸다. 1568년 일향종一向宗을 탄압하는 대신 1576년 교토에 남만사南蠻寺 건립을 허가하고 1581년 아즈치성 아래에 예수회 수도원 건립을 허가하는가 하면 1582년 일본 유럽사절단을 보내면서 교황청 선물로 아즈치성[43]을 그린 병풍이 포함되는 등 기독교 신부들과는 밀접한 관계를 가졌다고 할 수 있다.[44]

---

43) 이즈치安土城은 1576에서 1579년 사이에 축조되었으며 성내에는 五重七塔이 있었다고 한다.

44) 織田信長은 1582년 2월20일 九州 有馬晴信, 大友宗麟, 大村純忠의 주선으로 10대 전반 청소년으로 구성된 유럽사절단을 파견한다. 正使에 伊東マンソョ(1570~1612), 千千和ミゲル(1569~?), 副使에 原マルチノ(1568~1629), 中浦ジュリアン(1570~1683)이었다. (1569~?), 副

그리고 세스페데스 신부가 고니시유키나가小西行長을 따라 웅천왜성에서 3년
간 머물었다는 이야기는 선교활동은 물론 주변의 왜성축조에도 자문역할이 충
분이 예상되는 부분이다. 한편 왜성의 고고학적 특징 가운데 진출입이 용이한
수로변에 위치한 구릉과 야산 정상부를 포함한 그 말단 평지를 성내부로 삼는
입지, 곡륜과 본성, 천수각 등을 갖춘 다곽식 구조, 외곽 해자. 경사각 성벽, 자
연석 또는 가공석을 이용한 허튼층(바른층)쌓기 등이 우리성곽과는 차이점이라
할 수 있다. 반면 지중해연안을 비롯한 서양 성곽들이 치성, 각루, 해자, 총안,
여장, 축조수법 등에서 우리나라 성곽과 유사점이 인정되는 부분도 없지 않다.

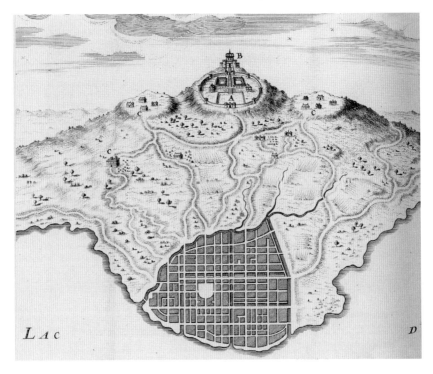

그림 4 安土城 조감도

使에 原マルチノ(1568~1629), 中浦ジュリアン(1570~1683)이었다.

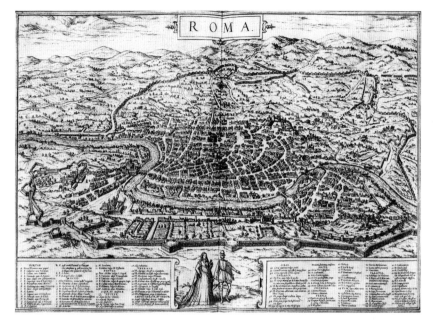

그림 5 로마시 조감도

이런 특징은 세계 성곽들의 일반적인 추세라고 할 수 있다. 그러나 왜성의 특징
은 서양 성곽과는 유사성이 매우 많다.

특히 몬테네그로의 해안에서 야산 정상부에 걸쳐 축조한 코토르Cotorro 성[45]
은 입지와 해자 뿐만 아니라 기단부 경사각도, 성석크기와 바른층쌓기, 치성배
치, 천수각과 동일 높이의 종탑건립, 성벽 내부에 배치된 다곽식 건물 등 왜성
의 특징과는 유사함을 누구나 느낄 수 있다. 그리고 스페인 그라나다의 알람

---

45) 아드리 해의 복잡한 Cotorro만 깊숙이 자리잡은 아름다운 항구도시. 로부첸산 기슭에서부터
   바다까지 이어진 견고한 성벽으로 둘러쌓여 있으며 성벽안 구시가지에는 가장 번영했던 12
   세기~15세기 무렵의 흔적이 그대로 남아있다. 성벽, 검은 산, 푸른 바다가 어우러져 만들어
   내는 풍경은 동화속의 한 장면과 같다. 1979년 유네스코 세계문화유산으로 지정되었다.

그림 6 코토르성 성벽 및 해자

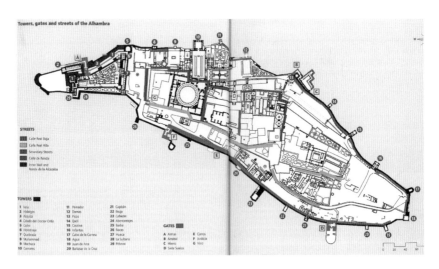

그림 7 알람브라성 배치도

브라Granada's, Albambra성,[46] 똘레도Toledo성[47]은 16세기 전후에 축조된 것으로 다곽식 구조와 평면형태 역시 죽도왜성[48]과도 매우 유사함을 감지할 수 있다.

뿐만 아니라 천전견구사절天正遣歐使節의 병풍회屏風繪(아즈치성),[49] 나고야名護屋 성도병풍의 조감도[50]나 평면도는 천정견구사절이 이태리에서 받아온 세계도시 지도 중 로마시의 조감도[51]와도 많이 닮아 있다 그리고 일본 국내의 구마모도熊本성이나 나고야성 등 대명들의 성곽 평면도에서도 마찬가지 특징이 확인된다. 더욱이 천정견구사절의 교황청 선물 가운데 아즈치성도가 포함된 것은 1579년 아즈치성 낙성을 감안하면 사절을 포함해서 교황청 소속신부들의 일본 국내의 포교활동은 물론 정부와의 긴밀한 협조관계를 과시한 결과물로도 해석될 수 있다. 따라서 아즈치성은 노부나가의 업적을 찬양하기 위해 서양 신부들의 자문을 받아 서양식으로 일본 최초로 축조한 서양식성이기도 하다. 이렇게 일본 근대성이 유럽신부들의 자문에 의해 축조되고 왜성과 시작을 같이 한다면 왜성 축조 배경에도 16세기부터 본격적으로 일본에 전래된 철포나 천주교와 같은 서양문물의 유입과 절대 무관하지 않다고 할 수 있다.

---

46) 우경화 번역,『그라나다의 알람브라』, 2015, 스페인.
47) 김준환 편역,『또레도-마드리드』, 스페인, 2013.
48) 동아대학교박물관,『강서 죽도성지』, 2006.
49) 九州國立博物館,『大航海時代の日本美術』, 桃山展 圖錄, 2017, p.45.
50) 九州國立博物館,『大航海時代の日本美術』, 桃山展 圖錄, 2017, p.106.
51) 九州國立博物館,『大航海時代の日本美術』, 桃山展 圖錄, 2017, p.49.

5. 끝맺는 말

　지금까지 소개된 자료를 종합해서 끝맺는 말에 대신하면 다음과 같다. 먼저 왜성이란 명칭이다. 임진왜란과 정유재란 사이에 왜군 주도로 우리나라 국내에 축조한 성곽을 왜성이라고 하였다. 그것은『조선실록』등 조선시대 공식문헌에서 왜성이라는 단어를 대부분 사용하고 있기 때문이다. 다만 구분되는 것은 동일시기에 일본 국내에 일본인이 축조한 성곽의 경우 우리나라에서는 일본성이라 다른 명칭을 사용하고 있다는 점이다. 따라서 왜성이라는 명칭은 조선 조정에서 왜인들 주도로 국내에서 축조한 성이라는 의미에서 주로 사용한 단어로 정의되며 조선 선조 때부터 지금까지 학술용어로 사용하고 있다.

　다음은 증성 또는 증산성이라는 명칭이다. 이 명칭은 성의 형태가 시루를 닮았거나 아니면 시루를 닮은 산에 성이 위치하여 붙힌 명칭으로 우리들은 이해하고 있다. 주목되는 것은 문헌상 증산이나 증성이라는 명칭이 임진왜란을 경계로 그 이전과 이후로 구분해서 의미를 달리해서 나타나고 있다는 사실이다. 즉, 부산의 대증현, 양산과 거제의 증산과 같이 이전에 기록된 명칭은 대부분 시루산 또는 시루산성과 같이 산의 형태를 보고 명명된 것이 대부분이다. 그리고 그것을 한자로 풀이해서 기록하는 과정에서 증산이나 증산성이라 하고 있다. 그러나 이후의 것은 또 다른 의미를 내포하고 있는 것으로 판단된다. 울산증성, 서생포증성, 부산증성, 사천증성, 양산증산성 등은 임진, 정유양란때 축조한 왜성에 대한 별칭으로 증산이라 하고 있다. 증성 또는 증산성이 왜성의 형태를 보고 명칭한 것인지 자세하지 않지만 필자가 이미 지적한 것과 같이 일본에서 성을 시로しろ라고 훈독하는 것과 관련된 것으로 추정된다. 당시 왜인들이 왜성을 시로しろ 또는 오시로おしろ라 부르는 것을 보고 우리나라 사람들이 시로

しろ를 시루라고 혼돈해서 평소 사용되는 과정에서 한자 '甑'으로 표기한 것에 지나지 않는다는 생각이 든다. 이것이 사실이라면 증성은 성성이라는 의미가 되며 마치 우리들이 흔히 역전 앞이라는 단어와 동일한 의미를 갖고 있다고 하겠다.

마지막 왜성의 원류가 되는 일본 근대성곽의 시작이다. 일본 고유의 것으로 설명하는 연구자가 대부분이다. 전국시대 말 일본성은 산성에서 평산성으로 입지가 바뀌어 지고 석축, 해자, 토루, 천수각 등 성 내외구조와 형태, 규모에서 대변혁기를 맞이한다. 성내는 철포이용에 편리한 보병적 전투기능과 하늘에 맞닿는 오중칠탑의 종교기능건물 그리고 성주의 거관 등 복합된 특수구조와 기능이 요구되면서 화려하고 장대해 진다. 가장 먼저 축조된 노부나가의 아즈치성은 1576년에 시작하여 1579년에 완공된다. 하비르가 가고시마에 도착한지 20년 후의 일이다. 현재 알려진 아즈치성의 조감도는 유럽지역 15-16세기 성곽들과 매우 닮고 있다. 철포, 화약을 비롯한 천주교 등 서양문물의 일본전입 과정에서 근대성곽도 예외는 아니었다. 왜성도 그 맥락을 같이 한다고 하겠다.

「왜성과 증성 명칭고」, 『문물연구』 제33호, 2018.

남해군의 관방성關防城과 목장성牧場城

1. 머리말

주지하다시피 경남 남해군은 반도 말단에 위치한 도서島嶼지역이다. 지리적인 자연환경은 인간활동에 천혜의 복지라는 장점을 가진 반면, 해로를 이용한 왜구의 침범은 바다가 국경선으로 돌변하여 주민들이 육지로 피난하는 등 잦은 피해를 입는 단점도 많았다. 여기에 대비해서 축조한 시설이 곧 관방성이다. 그리고 반도지역이나 도서지역의 경우 지리적인 장점을 이용 경계지점에 성을 쌓고 그 속에 우마를 비롯한 가축을 양육하는 시설을 보통 목장성이라 하고 있다. 조선시대 남해군의 경우 관방성과 목장성이 혼재하고 있는 편이다. 우리나라 남해안지역에는 300여개소 이상의 성곽이 분포하고 20여개소가 남해군 내에 위치하여 비교적 높은 성의 분포 밀도를 보이고 있다.[1] 그것은 왜구의 소굴로 알려진 대마도對馬島, 일기도壹岐島, 오도열도五島列島 등 서북 구주九州지방과 근접하는 도서지역이기 때문이다.

한편 여기서 주로 논의하는 관방성과 목장성은 필자 등이 최근 발표한[2] 군내의 치소성과는 달리 관방성은 왜구침입에 대비한 군사시설물이고 목장성은 양마시설이다. 목장성이 군마양성이라는 측면에서는 군사시설이라 할 수도 있

---

1) 경남발전연구원 역사문화센터, 『문화유적분포지도-남해군-』, 2004.
2) 심봉근 · 전순신, 「고고학적으로 본 경남 남해군현의 치소」, 『문물연구』 35, 2019.

다. 그런데 두시설이 시기적으로 같은 조선시대에 축조되고 축조수법 또한 동일하다할지라도 위치, 구조, 형태, 규모 등 고고학적 특징에 따라서 양자가 구별되고 있다. 주목하는 것은 이동면 난음리 난곡사 주위에 조선시대 인접주민들이 세운 비석이다. 최근 남해군에서는 이 비석을 근거로 목장성인 남해장성(대지포에서 앵강만에 이르는 직선상의 15㎞ 길이의 석축성)을 관방성이라고 소개하고 있다.[3] 그러나 필자는 비석 내용과 관계없이 금산목장성으로 바로잡도록 하겠다. 그리고 관방성으로서 문헌상에 일찍부터 소개되고 있었지만 위치확인이 미상으로 남아있던 우고개보성은 남면 당항리 두곡마을 구릉상에 위치하는 고진성으로 파악하였다. 그 밖에 창선면 지족리 신흥마을에서 당저리 해창마을에 이르는 사이에 위치하는 지족해변성은 직선상의 장성이라는 형태는 목장성과 유사하지만 진주목과 남해현의 경계지점에 축조하였다는 것은 관방성도 무시할 수 없는 실정이므로 그 성격 파악이 어려우며, 고현면 관당성(성담을동성)의 위치 및 성격, 창선 구도성, 미조항진의 처음 개설지역, 노량진과 호포진의 연혁 등은 본론에서는 미해결과제로 남겨두고 앞으로 관심을 두고 검토할 예정이다. 선학동배의 아낌없는 질정을 기다린다.

2. 조선시대 축조 성지

가. 노량진성露梁津城

설천면 노량리 산 54번지 산성산(해발 159.9m) 정상부 일대에 있다. 육지 하동

---

3) 남해군지편찬위원회, 『남해군지』上, 2010.

군 금남면과 남해군 설천면을 연결하는 교통의 요충지에 위치하는데 남해대교 남해도 입구의 야산 정상부에 타원형 테뫼식으로 축조된 석축성이다. 성 내부에는 민묘, 참호 등 근대 시설물이 들어서면서 원상을 크게 훼손시켜 놓고 있다. 잔존부위에 의하면 자연할석을 이용하여 내탁식 조잡한 허튼층쌓기를 하고 그 위에 일반 담장처럼 협축한 석축이 있다. 성내 중앙부 정상에 건물지 초석이 남아있고 남쪽 경사면에 문지로 추정되는 개구부 시설이 있다. 축조시기는 자세하지 않지만 허튼층쌓기와 조잡한 축조수법 등 그 특징을 참조하면 조선시대 후기라고 짐작된다. 육지와 가장 근접하면서 북서쪽 바다와 육지관망이 용이한 야산 정상부에 위치하고 인접해서 조선시대까지 운영된 덕신역德新驛과 노량원露梁院이 있고 태종조에 만호[4]를 두었다는 기록도 참고할 사항이다.[5] 둘레 1.5㎞, 잔존높이 1m 정도이다.

나. 성담을등산성(관당성官堂城)

관당성은 고현면 오곡리梧谷里 관당마을 409번지 일원에 있었다고 전한다. 최근 전傳관당성 조사결과는 석축없이 건물지 일부만 확인되어 문헌상의 관당성과는 무관함을 알 수 있다.[6] 주목되는 것은 고현면 대사리大寺里 603번지 일대에 위치하는 소위 성담을등산성이다. 오밋등, 오미재터, 대리비산 등으로 구전

---

4) 『太宗實錄』卷十四 七年丁亥七月戊寅일조「南海縣 長串, 赤梁等處近差萬戶 而無所屬軍人兵船 乃以仇羅梁露梁軍船 分屬兩處 兵勢孤弱 防禦虛疏 不緊長串 乞依舊使仇羅梁露梁萬戶兼領其赤梁萬戶革去」라 하고 있다.
5) 『新增東國興地勝覽』卷31 南海縣 驛院조에「德新驛 在縣北三十五里」라 하고「露梁院 在露梁南岸去縣北四十里」라 하고 있다.
6) 경남발전연구원 역사문화센터, 『남해 관당성지』, 2006.

되어 온 구릉상에 테뫼식 석성이 일부 잔존하고 있다. 경사가 급한 단애면은 자연암반 그대로를 이용하고 평지나 연약지반에는 내탁과 협축을 혼용한 석축을 배치하고 있다. 협축부 폭은 4m 정도이며 남북에 각각 문지가 있고 폭은 4.2m 정도이다. 기와편과 자기편이 대량 수집되었다는 조사 보고서[7]가 참고된다. 관당성에 관한 문헌들이 한결같이 석성으로 표기된 것을 감안하면 관당들에 인접한 석성인 성담을등산성이 무관하지 않을 듯 싶다.

다. 호포진성湖浦津城

서면 대정리 382번지에 있는 옥기산玉崎山 정상부(해발 252m)에 테뫼식 타원형으로 축조된 석축성이다. 문헌상으로는 확인되지 않지만 막돌로 지대석 없이 허튼층쌓기 수법을 취하고 있어서 전기한 노량진성과 매우 유사하다. 전자와 함께 조선시대 후기 축조로 짐작된다. 둘레 300m 정도, 최고높이 2m, 폭 1.5m이고 남쪽에 문지 흔적이 있다. 서쪽 바다와 동쪽으로 남해읍을 연결하는 도로와 서쪽 순천, 여수만 해안선 관망이 용이한 지형이다

라. 임진성壬辰城

남면 상가리 291번지에 위치하며 경상남도 기념물 제20호이다. 기업산 제2봉 정상부(해발 108.1m) 주변에 능선을 따라 평면 타원형 석축의 내성과 그 주변에 토축의 외성이 있다. 막돌로 축조한 석축성으로 이래부분은 바른층쌓기, 윗부분은 허튼층쌓기이다. 허튼층쌓기 부분이 임진왜란 때 수축한 민보성民堡城으로 추측

---

7) 경남발전연구원 역사문화센터, 『문화유적분포지도-남해군-』, 2004.

된다. 소형으로 둘레 286.3m, 높이 2~6m, 면적 16,460㎡이며 최근 지표조사와 시굴조사과정에서 동·서문지와 건물지, 집수지, 수혈 등이 확인되었다. 주목되는 것은 집수지 내부 조사에서 2단으로 바른층쌓기 호안석렬과 함께 내부에서 신라시대로 편년되는 단각고배편이 출토되어 초축시기에[8] 주목하고 있다. 특히 고현면 대국산성에서도 동일 형태의 집수정이 확인된바 있다.[9] 이를 참고하면 신라시대 평산현平山縣이 처음에는 이곳에 설치되었다가 뒷날 지금의 평산포로 이동된 것으로 짐작되어 매우 흥미롭다.

마. 평산진성平山鎭城

남면 평산리에 위치하며 조선시대에 축조된 포곡식 평면 타원형 석성이다. 현존하는 성은 부락 내부를 중심으로 해안선인 북벽을 제외한 나머지는 부분적으로 확인 가능하며 지대석과 그 위에 기단석을 배치하는 허튼층쌓기 수법은 조선전기 축성 특징을 잘 나타내고 있다. 잔존한 유구의 확인되는 둘레는 대략 500m 정도이며 조선후기에 제작된 지도(그림1)가 현존하여 형태와 구조

그림 1 「남해평산진지도」
1872년, 서울대학교 규장각한국학연구원 소장

---

8) 동서문물연구원, 「남해 임진성 발굴조사 약보고서」, 2014.
9) 경남문화재연구원, 『남해 대국산성』, 2005.

파악이 가능하다.

바. 고진성古鎭城

남면 당항리 590번지 두곡마을 주변 구릉상에 위치하는 포곡식 타원형 석축성이다. 주민들은 고려 공민왕 10년(1361) 왜구에 대비해서 축조하였다고 전하지만 현존하는 체성이나 치성, 지대석, 기단석 배치와 허튼층쌓기 수법 등 그 특징은 조선시대 전기 축조 연해읍성이나 관방성과 대차가 없다. 그러나 지금까지 고유 명칭없이 고진성古鎭城으로만 불려져왔다. 내부에 우물터와 건물지가 확인되고 남, 서, 북쪽에 옹성으로 추정되는 유구가 남아있어 문지를 예상하게 한다. 길이 380m, 잔존높이 3m, 폭 5m이다.

사. 곡포보성曲浦堡城

이동면 용소리龍沼里 202번지 화계마을 옛 성남초등학교 주위에 있다. 체성은 평면 방형에 가깝고 지대석과 기단석, 허튼층쌓기 등 축조수법은 조선시대 전기에 축조된 연해읍성이나 관방성과 다를 바 없다. 내부에 초등학교가 위치하면서 울타리 역할을 했던 체성은 겨우 기단부만 부분적으로 남아있고 관아와 같은 내부시설이나 구조는 교사신축으로 훼손되어 확인이 어려운 상태이다.

아. 성고개보성城古介堡城

이동면 신전리 성현마을 주변 구릉상에 위치하는 테뫼식 석축성이다. 체성

평면은 타원형으로 허튼층쌓기 수법인데 겨우 남쪽과 북쪽에서 체성 기단부 일부가 확인되고 있다. 성내 대부분이 경작지로 개간되고 민묘도 축조되면서 원상을 크게 훼손시켜놓은 상태이다. 내부에서 조선시대 이전의 토기편이 수습 되고 남쪽 체성부분에 토축흔적이 남아있다. 조선시대 이곳에 관방성인 보를 설치하면서 성현보라고 명칭한 것을 감안하면 조선 이전에도 성곽이 위치하였 음을 추측하게 한다.

자. 비자당산성(난포현 치소)

이동면 난음리 비자당마을 서북쪽 강진만을 향해 돌출한 반도형 독립구릉(해 발 51.9m)의 8부 능선상에 있다. 체성은 등고선을 따라 내탁형식의 석축을 배치하 고 그 내부를 성내로 삼은 테뫼식이다. 석축 면석은 훼손이 심하지만 체성 내부 적심석의 결구상태로 미루어 보아 바른층쌓기 수법으로 보인다. 현재 주위 대부 분이 해안선을 매립한 농경지로 변해 당시의 지형 파악이 어려운 것은 사실이지 만 성곽의 입지로서는 훌륭하다 할 수 있다. 현재 성내는 비자목으로 인공조림 되고, 정상부를 비롯한 비자림 사이에는 건물지 유구가 계단상을 이루고 그 주위 에는 기와편과 토기편, 인석蘭石 등 성곽과 관련된 유물들이 다수 채집되고 있다. 수습된 유물의 특징과 체성의 축조수법을 참고하면 성은 신라에서 고려시대를 거쳐 조선전기까지 사용된 듯하며 신라시대가 중심이었다고 추측된다.

차. 상주포보성尙州浦堡城

상주면 상주리 1055번지 상주초등학교 교정 주위 소구릉 남사면에 평면 타원형으로 축조된 석축성이다. 평지부분은 초등학교가 들어서면서 대부분 훼손시켰고 구릉 사면에만 일부 석축이 잔존하고 있다. 지대석과 기단석을 갖춘 전형적인 조선시대 전기 허튼층쌓기 수법의 협축식 석성이다. 길이 약 500m, 높이 3m정도 남아있다.

카. 미조항진성彌助項鎭城

조선시대 성종대에 왜구의 피해를 가장 많이 입은 지역이다. 즉 성종 9년(1448) 2월 왜선 3척이 미조항에 상륙하여 조선군 8명이 부상하고 왜인 10명이 피살되었다. 그리고 성종 17년(1456) 10월에도 왜선 5척과 왜인 40명이 상륙하여 아군 9명이 피살되는 등 피해가 막심하여 다음해 초에 성곽을 개보수하게 된다.[10] 현재 미조면 미조리 미조초등학교 서쪽 담장에 개축한 성벽이 일부 잔존하고 있다. 석축성으로 지대석과 기단석을 갖춘 평면 선형船形의 협축식 체성으로 조선시대 전기 연해읍성이나 관방성 축조수법을 가

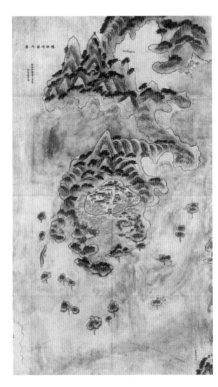

그림 2 「미조항진지도」
1872년, 서울대학교 규장각한국학연구원 소장

---

10) 차용걸, 「고려말·조선전기 대왜 관계사 연구」, 충남대학교 대학원 박사학위논문, 1988.

지고 있다. 현재 미조초등학교 주변 일대에 길이 150m, 높이 1~2m 정도가 잘 남아있으며 조선후기에 제작된 지도(그림2)에 당시의 구조와 형태를 어느 정도 파악 가능하다.

타. 적량진성赤梁鎭城

창선면 진동리에 있는 구릉의 완사면에 위치하는 평면 원형의 석축성이다. 현재 마을 주위에 옹성과 체성의 석축이 부분적으로 잔존하며 축조수법은 조선전기 연해읍성이나 진보성과 동일하다. 조선후기에 제작된 적량진도(그림3)에는 평면 타원형 체성에 옹성을 갖춘 동, 서, 남문과 여장이 잘 표시되어 있다.

파. 구도성龜島城

창선면 부윤2리 거북섬에 있다.

그림 3 「적량진도」
1872년, 서울대학교 규장각한국학연구원 소장

북쪽 예방 끝에 석축이 일부 남아 있으며 임진왜란 때 수군을 매복시켜 왜적을 방비하였다고 전한다.[11]

---

11) 경남발전연구원 역사문화센터, 『문화유적분포지도-남해군-』, 2004.

하. 남해장성南海長城

이동면 난음蘭陰리, 신전新田리를 거처 삼동면 동천洞天리 내산, 물건勿巾리 대지
포大池浦에 이르는 구간에 위치한 직선상의 석축성이다.(경상남도 기념물 제154호)

현존하는 15㎞의 체성은 위치에 따라 규모나 축조수법이 약간씩 차이가 있
다. 즉 자연석을 이용한 허튼층쌓기 축조수법은 조선시대 전기 읍성이나 관방
성과 유사점도 없지 않으나 기본적으로 소형 기단석과 낮은 성고, 좁은 성폭
등은 차이점이라고 할 수 있다. 이동면 난음리 난곡사 뒤뜰에 세워진 석비에는
이 성을 관방성이라고 명기하고 있다.[12]

---

12) 석비 내용은 다음과 같다. "여기에 상고해 보면 신라 경덕왕 때 난포에 내포현을 설치하였
다. 그 당시 삼국이 각기 서로 침벌하고 군, 현에 군사들이 각자 살아감을 꾀하기 위하여 혹,
산봉우리에 산성을 쌓아 도적을 피한 흔적이 있으며 바닷가에도 그러한 흔적이 있다. 남해
는 동·서로 양분해서 적을 막는 곳이 있는데 난포에서 유천까지 돌로서 일자성을 쌓았는데
처음과 끝이 해변에 이르렀고 길이는 5리를 넘었으며 그 이름을 관방성이라 하였다. 성의 북
쪽에 병사성이 있었고 그 허리 중간 최고 처에 성현보가 있으며 보 남쪽에 연기를 피워 올려
보고하고 경계하는 곳이 있었고 성안의 북쪽으로는 난포현, 남쪽으로 상주현이 있고 동쪽으
로 미조항에 수영이 있었다. 서로 각 머리는 관방성에 닿았고 한쪽은 대지포 해변으로 들어
가고 한 곳은 수장포 해변으로 들어갔는데 그러한 성이 남해에 있는데 어느 임금 때 어느 해
에 쌓았는지 모르겠다.
그 안에 염산, 동천, 고천, 적량 등이 있다. 그 곳에 전답이 있었는데 태복이 점유하여 변방에
있는 백성은 원통을 신원하지 못하고 앉아서 수 백 년 동안 전해오는 전답을 잃어 버렸다.
지금까지 원통한 것이 골수에 빼어들고 슬펐으나 태복에서는 빼앗은 것이 충속이 되어 홍선
에서 거두는 것을 본 받아 염치없는 욕심을 나타냈다. 또한 도적을 막는 관방성을 마성이라
하여 그 안에 있는 전답을 모두 빼앗을 계책으로 태복에 거짓으로 보고하니 태복에서는 말
점호하는 부하 직원들을 보내 백성을 살피지 않고 다만 부역만을 주역으로 삼는 것은 나라
임금을 속여 태복으로 삼으려는 계책이었다. 도리 아닌 짓을 한 것에 읍인 전만호 정양길,
유학 정효영, 최준걸 등이 슬퍼하여 나라에 호소하니 나라에서 허락하여 본도에 특별한 강
명관을 시켜 그 곳에 가서 조사하여 조치하라고 하니 사관으로 사천현조영유석이 실제로 주
장하고 고을태수 김만상이 감목관이 되어 김중임과 같이 난포현에 가서 성을 서너번 순찰하
여 살펴보니 도적들이 닿았고 관방한 것을 알아 결국은 마성이 아니고 관방성이란 것을 알

았다. 사관은 다 같이 상부에 이 사실을 보고했다. 다음해 정월 일에 최준걸이 두 번째 상경하여 원통함을 영의정 신상국 앞에 실상을 폭로하니 영의정으로부터 그렇게 하라는 허락을 받았다. 변방 백성은 옛 물건과 전답을 잊어버리지 아니하고 우리 변방이 두 번째 살아 난 것이 이때부터이므로 영의정 신상국의 백성 사랑과 사관의 강명과 목관의 공정함을 영원히 잊지 않기 위해 돌을 깎아 세웠다."

강희康熙 44년(숙종 31, 1705) 을유년 11월 28일에 상주리정기서尚州里正記書 유학幼學 강적주姜適周, 김진우金振佑, 일면풍헌日面風憲 유학 하윤옥河潤沃, 미조리정彌助里正 김여생金汝生, 도감都監 유학 강수姜璲, 신전리 정薪田里正 이준석李俊碩, 시문리정矢門里正 하여河汝, 행감관行監官 송시망宋時望, 편수각승片手刻僧 법수法守는 기록하고 새기다.

세월이 오래지나 비석의 자획字劃이 마멸磨滅되었기 때문에 서너 명이 뜻을 함께하여 비석을 수리하고 추가하여 새겼다. 송재곤宋在坤, 송봉곤宋奉坤, 최철모崔鐵模, 이정규李廷圭, 최준걸崔儁傑 7대손代孫 최덕희崔德禧가 협력協力하였다. 단기4287년(1954)□□3일

按與地新羅景德置內浦縣於蘭浦而嘗時三國角立互相侵伐郡縣兵象各自圖生或築山城於峯巒或城定界於要路避寇痕跡沿海皆然至於島東西中分各 有禦敵之耶自蘭浦至柳川石築一字城頭尾皆至于海渠長不過五里而名曰關防城城之北頭有兵使山城腰中最高處有城峴堡堡南有煙臺報警之所此城內北則蘭浦縣南則尚州縣東則設水營於彌助港以爲鼎足倚角之勢其爲關防禦寇之跡至今昭然識一見可和其難誣也此城內又有八字城而頭接於關防城中腰而東一枝入於大池浦海濱一枝止於水杖浦然不知何代何年之所築而其內則小錦山涷川古川赤梁大地也往在丁酉其處田畓有太僕冒占而逮民不得伸寃坐失累百年之業至今寃痛深入骨髓噫世降澆漓冒奪成風興善牧子輩效此而密逞 不壓之欲前所謂關防禦寇之城又指謂馬城其內田畓欲爲盡集之計瞞告太僕以因遣点馬興卽廳摘奸則卽廳点馬不顧民情只以附益本寺爲主誣罔天聽當割屬之擧其人之偏暗不是道也邑人前萬戶鄭梁吉幼學鄭光衡崔儁傑等慷慨

叫閽得蒙兪音令本道別定剛明官查處而査官則泗川縣監趙令公裕錫實主張茲事我太守金侯萬相監牧官金侯重 眼同巡審甲申仲冬偕到于蘭浦往來城趾再三審覈禦寇關防明白而決非馬城之由同報上可翌年正月日崔儁傑再度上京伸暴寃狀于提調領議政申相國前快得額可使我邊民安堵而不失舊物民日吁誰之德大哉相國之愛民査官之剛明太守牧官之公正不回也實我邊民再生之秋也因伐石爲銘而爲永世不朽之地 康熙四十四年乙酉十一月二十八日尚州里正記書幼學姜適周金振佑日面風憲幼學河潤沃彌助里正金汝生都監幼學姜璲薪田里正李俊碩矢門里正河汝行監官宋時望片手刻僧法守

歲月滋久 字畫浸泐 三四同志 修石追刻

宋在坤 宋奉坤 崔鐵模 李廷圭

崔儁傑七代孫 崔德禧 協力

檀紀四二八七年□□三日

거. 지족해변성只族海邊城

창선면 당저리 해창마을에서 지족리 신흥마을 사이 1021번 지방도를 따라 해안선과 평행하게 직선상으로 석축성이 축조되어 있다. 문헌상에는 입전되지 않으나 해안선을 따라 지대석과 기단석을 갖춘 허튼층쌓기 수법은 조선전기 읍성이나 영진보성 축조수법과 유사하지만 성폭이나 성고에서는 차이가 있다.

너. 창선 상죽리유적

창선면 상죽리와 옥천리 남산 일원에 위치한다. 진주목장 창선도지도에 의하면 지금의 상죽리와 옥천리 배후 산지가 목장지로 추정되며 목관牧官은 상죽리에 점마장點馬場은 옥천리에 각각 위치했던 것이 예상되지만 지표상으로는 확인하기 어렵다. 주민 전언에 의하면 주변에 위치했던 토성은 자연 훼손되어 흔적 찾기가 어렵다고 한다.[13]

더. 창선 진동리유적

창선면 진동리 243번지 일원에 위치하며 현재는 골프장으로 변했다. 골프장 건설당시 발굴조사 결과에 의하면 직선상의 석축을 비롯해서 곡선형, 타원형 등의 담장이 확인되어 조선시대 목장과 관련된 내부 시설물 흔적으로 추정하고 있다.[14]

---

13) 경남발전연구원 역사문화센터, 『문화유적분포지도-남해군-』, 2004.
14) 경상문화재연구원, 『남해 진동리유적』, 2013.

3. 관방성과 목장성

가. 관방성

조선시대 읍성에 대해서는 충청도[15] 경상도[16] 등 지역별로 괄목할 연구들이

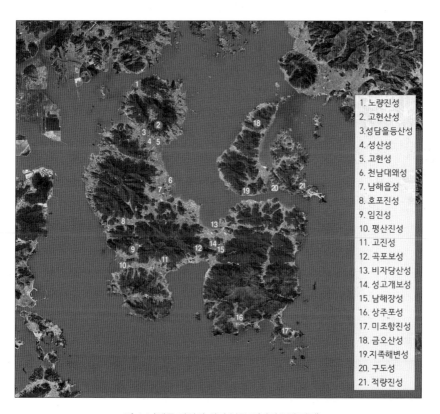

1. 노량진성
2. 고현산성
3. 성담을등산성
4. 성산성
5. 고현성
6. 천남대왜성
7. 남해읍성
8. 호포진성
9. 임진성
10. 평산진성
11. 고진성
12. 곡포보성
13. 비자당산성
14. 성고개보성
15. 남해장성
16. 상주포성
17. 미조항진성
18. 금오산성
19. 지족해변성
20. 구도성
21. 적량진성

그림 4 남해군 지역의 성지 분포도(카카오맵 편집)

---

15) 심정보,『한국읍성의 연구 -충남지역을 중심으로-』, 학연문화사, 1995.
16) 이일갑,「경남지역 연해읍성에 대한 연구」, 동아대학교 대학원 박사학위논문, 2007.

최근 생산되고 왜성[17]과 관방성,[18] 목장성[19]에 대해서도 마찬가지이다. 원래 성이란 방어의 수단으로 축조된 시설물이어서 엄격한 의미에서는 치소성도 관방성에 해당된다. 특히 고려시대까지는 더욱 그러하였다고 생각된다. 고려 후기 관방성에 관한 기록들은 수남방戍南方 또는 수합포戍合浦와 같이 수戍로 나타나고 있다.[20] 조선시대는 세종조에 대부분의 산성이 폐쇄되고 평지 군사적 요충지에 영營, 진鎭, 보堡가 설치되는데 이를 보통 관방 또는 관방성이라고 했다. 따라서 관방성은 행정업무를 주로 담당하는 읍성과는 달리 바다나 육지의 국경지대 또는 관문지역을 수비할 목적으로 성을 축조하고 전임무관이 파견되어 근무하는 곳이라고도 설명할 수 있다.

남해군지역 관방성에 대한 기록은 태종 7년 7월 경상도병마절제사 강사덕이 각 포구의 문제를 가지고 올린 글 가운데 "요사이 남해현의 장곶, 적량 등지에도 만호를 보내기는 하였지만 그들에게 전속된 군인과 병선은 없습니다. 구라량과 노량에 있는 군사와 군선을 두곳에 소속시켰으나 형세가 외롭고 병력이 약해 방어가 허술하게 됩니다. 장곶은 요긴하지 않은 만큼 이전대로 구라량과 노량의 만호가 관할하게 하고 적량의 만호는 없앨 것입니다"[21]라고 하여 조선 태종주에

---

17) 이형재, 「한국 남해안 왜성 축성술 연구」, 동아대학교 대학원 박사학위논문, 2010. 나동욱, 「기장왜성의 축조수법」, 『동아시아의 문물』1, 2012.

18) 차용걸, 「고려말·조선전기 관방사 연구」, 충남대학교 대학원 박사학위논문, 1988 ; 이일갑, 「조선시대 남해안지역 영진보성 외곽시설에 대하여」, 『문물연구』35, 2019.

19) 정의도, 「조선시대 목장성의 운영과 현황」, 『한국의 고고학』32, 2016 ; 나동욱, 「경상지역의 목장성」, 『한국의 고고학』32, 2016.

20) 『高麗史』卷八十二兵志二 鎭戍조에 「元宗十一年十一月 萬戶高乙麻 領兵二萬 戍南方以備三別抄」라 하고 「忠烈王八年八月 遣上將軍 印候 戍合浦」라 하고 있다.

21) 『太宗實錄』卷十四 七年丁亥七月戊寅일조 「南海縣 長串, 赤梁等處近差萬戶 而無所屬軍人兵船 乃以仇羅梁露梁軍船 分屬兩處 兵勢孤弱 防禦虛疏 不緊長串 乞依舊使仇羅梁露梁萬戶兼領其赤梁萬戶革去」라 하고 있다.

남해에 장곶, 노량, 적량 등지에 만호가 파견된 관방이 있었음을 시사하고 있다.

한편 조선시대 이전인 신라 또는 고려시대의 관방성은 문헌상에 나타나는 영현이나 속현의 치소성을 제외하고 자세하지 않다. 그러나 후술하는 바와 같이 조선시대 관방이 초기에는 신라시대 영현이나 고려시대 속현의 치소성이 위치했던 남면 임진성과 이동면 비자당성에서 시작되었다는 것은 이미 신라시대부터 영현이나 속현이 관방성 역할을 병행하고 있었음을 시사하고 있다. 그리고 조선시대의 경우는 수군의 육상근무가 가능해진 성종조부터 해방의 요충지에 관방성을 축조하기 시작하게 된다. 특히 중종조의 삼포왜란과 선조조의 임진왜란과 같은 전란을 겪으면서 남해연안지역의 관방성 축조는 더욱 활발한 양상을 보인다고 할 수 있다. 이를 보다 구체적으로 살펴보면 다음과 같다.

먼저 군내에서 가장 먼저 관방성이 시작된 곳은 남면 임진성과 이동면 비자당성이다. 전기한 것과 같이 두 곳 모두 신라시대부터 영현 또는 속현의 치소가 고려시대까지 위치했던 곳이다. 조선시대 초기에는 축성의 여유가 없어 관방성을 기존의 치소성 시설을 그대로 활용한 것으로 판단. 추정컨데 신라와 고려시대의 영현이나 속현의 치소가 행정적인 역할과 함께 관방성 역할을 병행하였음을 의미하고 있다. 즉『대동지지』남해현 진보조에 "平山浦鎭 在平山古縣 初設于加石 後還設 古縣址 城周一千五百五十八尺 水軍萬戶一員"[22]이라 하여 평산포진을 처음에 가석(임진성, 신라시대 서평현 치소)에 설치하였다가 뒷날 평산으로 이설한 것으로 기록하고 있다. 그리고 같은『대동지지』진보조에 "曲浦舊堡 東二十里 蘭浦古縣址 中宗十七年 移牛峴堡 于此置權管 城周九百六十一尺 英宗二十七年革"[23]이라 하여 곡포구보가 난포고현지(비자당성)에 위치하였다가 우고

---

22) 한양대학교 국학연구원,『大東地志』, 南海 鎭堡조, 1974.
23) 한양대학교 국학연구원,『大東地志』, 南海 鎭堡조, 1974.

개보를 거쳐서 곡포로 이설하였다는 내용이어서 평산진과 우고개보(곡포보)가 처음 서평현과 난포현의 치소에서 시작되었음을 알 수 있다.

다음은 『동국여지승람』 남해현 관방조에 입전하는 평산포영,[24] 성고개보,[25] 우고개보,[26] 그리고 『신증동국여지승람』 같은 조의 미조항진,[27] 곡포보,[28] 상주포보,[29]

---

24) 『동국여지승람』 남해현 관방조에 "平山浦營 有石城 周一千五百五十八尺水軍萬戸一人"이라 하고 『여지도서』에는 "平山浦堡萬戸 武從四品 軍官二人 鎭史二十四人 知印十四人 使令八名"이라 하고 있다. 그리고 『증보문헌비고』에는 "平山浦城 在南二十五里 石築 周一千五百五十八尺"이라 하고 『조선환여승람』도 마찬 가지 내용이다.

25) 『동국여지승람』 남해현 관방조에 "城古介堡 在縣南二十二里 有石城 周七百六十尺 設權管戍之"라 하고 『여지도서』,『증보문헌비고』,『조선환여승람』에도 같은 내용을 싣고 있다. 그러나 『대동지지』에는 "城峴舊堡 南二十里 成宗十九年 置權管戍 周七百三十五尺"*이라 하여 수치 상 약간의 차이를 보이고 있다.

* 한양대학교 국학연구원, 『大東地志』, 南海 鎭堡조, 1974.

26) 『동국여지승람』 남해현 관방조에 "牛古介堡 在縣南二十五里 有石城 周九百十三尺 設權管戍之"*라 기록하고 『증보문헌비고』,『여지도서』,『조선환여승람』에도 같은 내용을 싣고 있다. 그러나 대동지지에는 "牛峴舊堡 南二十五里 置權管 城周九百十三尺 中宗朝 移于曲浦"라고 이동시기를 밝히고 있다.

27) 『신증동국여지승람』 남해현 관방조에 "彌助項鎭 在縣東八十七里 成化丙午置鎭後爲倭賊所陷 革之嘉靖壬午復設石築周二千一百八十六尺 高十一尺 水軍僉節制使一人"이라 기록하여 초축(1486)과 수축시기(1522)와 규모를 설명하고 있다. 다른 문헌도 동일 내용을 담고 있으나 『대동지지』에는 혁폐革弊란을 두고 "彌助項舊鎭 在今縣西十二里 城周八百三十五尺"이라 하여 서쪽 12리 지점에 구진지舊鎭址가 위치하는 것을 설명하고 있다.

28) 『신증동국여지승람』 남해현 관방조에 "曲浦堡 在縣南三十里 石築 周九百六十尺 高十一尺 嘉靖壬午革牛古介堡 移置于此設權管戍之"라 하고 『여지도서』에도 같은 내용을 담고 있다. 『증보문헌비고』에는 "曲浦城 在南三十里 石築 周九百六十尺高十一尺 中宗十七年革牛古介移置于此"라 하며, 대동지지에는 "曲浦舊堡 東二十里 蘭浦古縣址 中宗十七年 移牛峴堡 于此置權管 城周九百六十一尺 英宗二十七年革"라 하고 있다.

29) 『신증동국여지승람』 남해현 관방조에 "尙州浦堡 在縣南六十里 石築 周九百八十五尺 嘉靖壬子 革城古介堡移置 于此設權管戍之"라 하여 그 규모와 축조시기를 알려 주고 있으나 가정 임자壬子는 임오壬午의 오기인 듯하다. 그리고 『여지도서』,『증보문헌비고』,『조선환여승람』,『대동지지』에도 같은 내용을 담고 있으나 대동지지의 경우 영조 27년(1522)에 혁파되었다*.

* 『大東地志』 南海 鎭堡조에 "尙州浦舊堡 東南四十五里 中宗十七年移城峴堡于此置權管 城

같은 책 진주목 관방조의 적량진[30]이다. 모두 성곽유구가 현존하고 있어 그 확인이 가능하다. 그렇지만 우고개보의 경우 지금까지 위치확인이 어려워 미상유적으로 남아있었다. 그러나 문헌사료를 참고하고 현지를 조사한 결과 남면 당항리 두곡마을에 위치하는 고진성古鎭城이 곧 우고개보성이라는 것을 알 수 있었다. 그것은 남면 당항리 두곡마을에 위치하는 고진성의 축조수법과 규모가 조선전기 연해읍성이나 관방성과 매우 유사하고 문헌상 남해현 남쪽 25리라는 방향과 거리, 다음 이설지인 곡포보에 근접지점으로, 현존명칭 또한 옛날 진성이라는 의미의 고진성 등을 감안한 결과이다. 더욱이 남해읍성 남쪽 25리에 해당하는 지역에 조선전기 축조로 추정되는 성곽이 고진성외 전무하다는 점도 검토한 결과이다.[31]

한편 관방성의 분포와 축조시기는 왜구침입의 성쇠에 따라 차이를 보이고 있다 문헌상에 나타나는 관방성은 우선 지리적으로 남해읍성의 남쪽지역에 해안선과는 다소 격리된 야산 산록부나 구릉 정상부에 먼저 배치하였다가 나중에는 점차적으로 해안선에 근접한 지역으로 이동하는 현상을 나타내고 있다. 즉, 시기적으로 이른 성종조에는 임진성, 비자당성, 우고개보성, 성고개보성 등과 같이 구릉 정상부나 산록부에 설치하였다가 중종조에 이르러서 평산포, 곡포, 상주포 미조항 등 해안선에 근접한 지역으로 이동하였고 영조조에는 일부 곡포보, 상주포보를 혁파하고 평산포, 미조항, 적량진만 남겨두는 등 당시의 전황

周九百八十五尺 英宗二十七年革"이라 하고 있다.

30) 『동국여지승람』 진주목 관방조에 "赤梁 在州南一百十三里 有石城 周一千一百八十二尺 水軍 萬戶 一人"이라 하고 다른 지지에서도 같은 내용을 담고 있다. 다만 『대동지지』 남해군 진보조에 "赤梁鎭 在興善島中 距州一百十里 西距南海三十里 城周一千二百八十二尺 舊有萬戶 高宗十四年 陞僉使 水軍同僉節制使兼左倉領運差使貟"라 하여 고종 14년(1880)에 첨절제사로 승격하였다는 기사는 숙종 14년(1668)을 잘못 기록한 것으로 보인다.

31) 『增補文獻備考』에 평산포 현남 25리, 우고개 현남 25리, 곡포 현남 30리, 성고개 현남 22리라고 기록하고 있다.

을 어느 정도 짐작 가능하게 하고 있다.

다음 노량진과 호포진의 산성이다. 노량진산성은 산돌이나 냇돌을 이용한 허튼층쌓기 축조수법으로 조선시대 후기 특징을 분명히 하여 조선전기에 축조된 전형적인 관방성과는 차이가 있으며, 그렇다고 전기한 태종조에 만호가 파견되었던 관방성도 물론 아니다. 다만 육지와 가장 근접한 야산 정상부에 위치하고 인접해서 조선시대까지 운영된 덕신역德新驛과 노량원露梁院이 위치하는 것이 참고할 사항이다.[32] 조선후기에 제작된 남해지도에는 노량진에 충무공사당과 해창海倉을 표시하고, 그 전방의 바다에 하동을 향해 "關防 露梁津距邑三十七里(北接昆陽界)"라 기록하여[33] 조선후기 나루터를 감시하던 관방시설로 판단된다.[34] 따라서 전기한 군사적 관방성과는 성격상 차이가 있다는 것을 알 수 있다. 호포진 주변에 위치하는 옥기산성도 마찬가지 현상이다. 조선후기 제작 남해지도에는 대정부락에 사창社倉이 있고 바다에는 순천을 향하는 뱃길을 표시하며 "關防 湖浦津距邑二十里(西接全羅道順天界)"[35]라 기록하여 역시 나룻터의 관방과 관계되는 시설이라는 것을 짐작 가능케 하고 있다.[36] 그밖에 문헌상으로는 입전하지 않지만 지표조사를 통해서 확인된 고현면 성담을등성을 비롯해서 창선면 구도성, 지족해변성 등은 앞으로 그 성격규명을 위해 정밀발굴조사나 문헌검토가 이루어져야 할 과제라고 생각된다.

---

32) 『新增東國輿地勝覽』卷31 南海縣 驛院조에 「德新驛 在縣北三十五里」라 하고 「露梁院 在露梁南岸去縣北四十里」라 하고 있다.

33) 서울대학교 규장각, 『朝鮮後期地方地圖-慶尙道 上-』, 民族文化, 2005.

34) 『增補文獻備考』卷32, 輿地考 20, 關防 8, 海防 2에 「露梁 在北三十八里 宣祖 二十五年 李舜臣 大捷倭賊於此」이라 하여 해방으로서 참고 된다.

35) 서울대학교 규장각, 『朝鮮後期地方地圖-慶尙道 上-』, 民族文化, 2005.

36) 『增補文獻備考』卷32, 輿地考 20, 關防 8, 海防 2에 「湖乙浦 在南十五里」라 하여 해방으로 표기하고 있어 주목된다.

마지막 주목되는 것은 성고개보성이다. 문헌상에는 조선시대에 보를 설치한 것으로 나타나 있다. 그러나 명칭이나 지명에서 주지하는 바와 같이 조선시대에 보를 설치하기 이전 성이 위치하고 있었음을 시사하고 있다. 그리고 성내 지표조사에서도 회청색 경질토기편이나 적갈색 토기편이 수습되고 있어 과거에 축조된 용도미상의 성곽을 조선시대에 관방성으로 이용한 것이 아닌가하는 의문을 갖게 하기 때문이다. 참고가 된다면 단종조에 축조된 것으로 파악되는 금산목장성이 이곳을 거쳐서 난음으로 연결되고 있다는 사실인데 장차 구체적인 조사와 검토가 요구되는 부분이다.

나. 목장성牧場城

조선시대 초기에 명의 공마를 위해 태조대에 전관목장이 세워졌고 세조대에는 강원도 일대에 목장이 설치되었다. 임진왜란 이전에는 전국에 159곳의 국립목장이 있었고 제주도 김만일은 말 1만필을 사육할 정도로 활성화되었다. 그러나 임진왜란이후 점차 쇠퇴를 거듭하기 시작하다가 효종대에 북벌계획에 따라 일시 복원되기도 하였지만 계속되지 못하고 1905년 을사보호조약으로 결국 폐장을 맞이하게 되었다.[37] 조선시대의 목장성은 원형 또는 타원형, 방형 평면의 관방성과는 달리 직선상의 행성 또는 장성 형태를 하고 있는 것이 특징이다. 그리고 위치적으로도 관방성은 외부로부터 은폐가 용이한 산록 계곡부나 평지에 축조되고 사방에 문지와 내부에 건축물을 배치하지만 목장성은 육지형의 경우 해안의 반도지역, 곶, 그리고 도서형은 문자 그대로 도서지역에 주로 분포하고

---

37) 정의도, 「조선시대 목장성의 운영과 현황」, 『한국의 고고학』 32, 2016.

있다. 전기한 육지형은 성곽이 축조되었으나 도서형은 대부분 성곽이 없다. 성곽이 잔존하고 있는 육지형의 경우 관방성과 같이 석축, 토루, 목책 등 축성재료나 축조수법 등이 다양하지만, 목장성은 관방성보다 성폭이 좁고 성고가 낮으며 위치에 따라 다르지만 석축의 경우 소석을 많이 이용하고 조잡한 축조수법을 가지면서 직선상을 하고 있는 것이 특징이다. 그리고 목장성 내에는 말, 소, 양, 돼지, 염소, 노루, 고라니 등을 사육하지만 말이 대부분을 차지하며 교통, 군사, 경작, 교역, 식용 등으로 이용되었다. 지금까지 파악된 전국 목장성은 152개소이며 존치된 것이 98개소(도서 53, 육지 30, 제주도 15), 폐목장 51개소(도서 41, 육지 10) 소재불명 육지 3개소이다. 경상도의 경우 27개소 가운데 존치 20개소(진주 3, 거제 8, 고성 2, 남해 1, 울산 1, 장영 1, 동래 3, 김해 1) 폐목장 7개소(거제 2, 고성 1, 칠원 1, 웅천 1, 김해 2) 이다. 그 가운데 경상도 존치 목장은 현재 남해군에 속하지만 과거 진주목 소속 3개소 즉 홍선장, 창선장, 적량도는 모두 창선면내에 위치하고 남해현 존치장 1곳은 곧 금산장이다.[38] 금산장은 금산 동쪽 계곡 동천 곶凍川串[39]을 중심으로 국가에서 말을 사육하기 위한 금산목장 즉 양마장을 설치하였다. 조선시대 문헌으로서 비교적 이른 시기에 편찬된『경상도속찬지리지』에 "牧場 在縣東 錦山串 周廻五十五里一百二十一步四尺 入放馬 三百四十四疋 水美草惡"[40]이라 하고『동국여지승람』남해현 산천조에 "凍川串 在縣東 三十里 周五十五里 有牧場"[41]이라 하며『동국여지지』[42]에도 같은 내용을 싣고 있다. 그리

---

38) 나동욱,「경상지역의 목장성」,『한국의 고고학』32, 2016.

39)『增補文獻備考』卷32 輿地考 20 關防 8 海防 2「凍川串 在東三十里 周五十五里 有牧場」이라 하고 있다.

40)『慶尙道續纂地理志』南海 牧場조.

41)『東國輿地勝覽』南海縣 山川조.

42)『東國輿地志』慶尙道 南海縣 山川조.

고 『조선왕조실록』 단종 원년조에 "議政府 據三道都體察使啓本啓曰·南海縣錦山 串 週回九十里 土膏水足 雖當冬月 草不枯 可放馬三千匹 請令點馬別監 發旁近諸 浦 當番船軍 築牧場 從之"[43]라 하고 『증보문헌비고』[44] 등 각종 지리지에도 목장 성이 있었음을 말해 주고 있다. 그리고 국립중앙도서관 소장 경상도 남해현과 진주목[45] 목장성지도(1678)에도 금산장을 삼동면 대지포에서 이동면 곡포, 난음

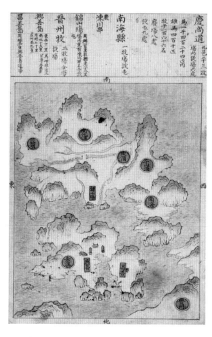

그림 5 「목장지도」 남해현과 진주목, 1678년,
국립중앙도서관 소장

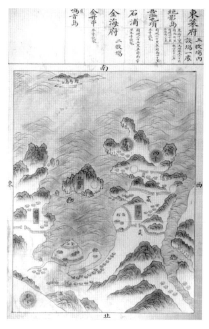

그림 6 「목장지도」 동래부, 1663년,
국립중앙도서관 소장

---

43) 『朝鮮王朝實錄』端宗 卷7 元年癸酉 7月 丙子조.

44) 『增補文獻備考』卷125 兵考18, 慶尙道 牧場조.

45) 『牧場地圖』「慶尙道」, 1678, 지본채색, 24.0×36.0㎝, 국립중앙도서관 소장, 보물 제1595-1 호. 지도 상단에 "晉州牧 二牧場合場設場 興善島 東西十里 南北十五里 州南九十里 馬雌雄並 三百五十二匹 昌善島 周廻五十里 興善島牧場"이라 명기하고 있다.

으로 이어지는 직선상의 성벽으로 표시하고 있어서[46] 목장성이 위치하였음을 말해주고 있다.

금산장의 석축은 문헌상으로는 단종대에 축조된 것으로 파악된다. 그러나 뒷날 금산장을 목장성이 아니고 관방성이라는 인접 주민들의 청원을 조정에서 받아들여 이를 기념하는 석비까지 이동면 난곡사 주변에 세웠다. 비문에 의하면 당시의 정확한 사정 파악은 어렵지만 축조목적을 두고 마성과 관방성으로 양분된 시비가 계속되어 지방관청에서 주민편을 들어 관방성으로 결론한 것으로 파악된다. 전기한 목장성지도 작성 후 30여년이 지난 뒤에 석비가 세워진 셈이 되어 주목된다. 왜냐하면 목장성지도 작성과정과 시기를 고려하면 지방관헌에서도 목장성임을 충분히 인지하였을 것이 예상되지만 당시 관방성으로 결론내려 주민편을 든 것은 이해하기 어렵다. 혹시 당시 조선의 양마장 폐쇄정책과 정치적인 상황 등이 맞물려 민심수습 차원에서 주민 편을 들어준 것이 아닌가 하는 의문도 없지 않다. 그러나 목장성이 분명한 것은 사실이다. 금산목장성을 문화재로 지정하는 과정에서 남해장성으로 명칭한 것도 이런 이해충돌을 피해보자는 의미가 포함되었다고 하겠다.

한편 창선도목장은 『동국여지승람』 진주목 산천조에 "興善島 在州南海中 有牧場[47]라고 하여 일찍부터 목장이 위치했던 것이 알려져 있었으나 도서지역에 해당하여 성의 축조는 없었을 것이 예상된다. 다만 창선면 상죽리에 목장시설로 추정되는 토축 일부가 잔존하고 있었다고 전하지만 현재는 수목이 밀집하여 확인하기 어렵고 창선면 진동리 골프장 건설부지 내에서도 집마장과 관련되는

---

46) 『牧場地圖』「慶尙道」, 1678, 지본채색, 24.0×36.0cm, 국립중앙도서관 소장, 보물 제1595-1호. 지도 상단에 "凍川串 錦山場 周廻一百里在縣東二十五里場內東有凍川串本寺設也"라고 명기하고 있다.

47) 『東國輿地勝覽』卷三十 晉州.

것으로 추정되는 유구가 일부 확인되어 창선면 전체가 목장이었다는 것을 알 수 있다. 특히 전기한 경상도 남해현과 진주목 목장지도에는 북동쪽에 창선목장, 중앙에 흥선목장, 남동쪽에 적량도 목장으로 구분하고 있으나 섬 전체가 목장으로 이용된 것으로 파악된다. 주목되는 것은 창선면 지족리 신흥마을에서 당저리 해창마을에 이르는 사이에 축조된 석축의 해변성이다. 해안선을 따라 장성으로 축조된 석축 체성은 형태상으로 목장성과 매우 유사하다 할 수 있다. 그러나 위치나 축조수법, 규모 등의 특징을 고려하면 진주목과 남해현의 경계선과 같은 관방성으로도 해석될 수 있어서 현재로서 판단하기 어렵다. 이 해변성은 창선도의 남서쪽 해안선으로 남해현과 대면하는 장소이고, 남해현에 위치하는 금산목장성과도 근접하는 거리여서 장차 축조목적이나 성격에 대한 조사와 검토가 필요한 실정이다. 신라시대에 축조된 관문성이나[48] 조선시대 통영 원문성[49] 등은 중요 외곽지역을 차단하기 위해 장성을 축조하고 있어서 주목이 되고 있기 때문이다. 전기한 경상도 목장성지도 가운데 비교적 존치유적이 잘 남아있는 곳으로 표기한 동래부의 절영도, 오해야항 등의 목장성은[50] 부산 영도구를 비롯해서 동구 초량동, 서구 초장동, 사하구 괴정동, 다대동 등지에서 부분적으로 성곽이 확인되고 있는 실정이다.[51]

48) 박방용, 「신라도성연구」, 동아대학교 대학원 박사학위논문, 1997.
49) 통영군사편찬위원회, 『통영군사』, 1986.
50) 나동욱, 「조선시대 오해야항 목장 고찰」, 『박물관연구논집』 11, 부산박물관, 2004.
51) 『牧場地圖』「東萊府」, 1663, 지본채색, 24.0×36.0cm, 국립중앙도서관 소장, 보물 제1595-1호.

4. 끝맺는 말

지금까지 남해군 내에 분포하는 조선시대 축조 관방성과 목장성에 대해서 알아보았다. 이를 요약해서 끝맺는 말에 대신하면 다음과 같다.

남해군 내에는 조선시대에 축조된 읍성을 비롯한 관방성, 목장성, 왜성 등 다양한 목적의 성곽이 분포하고 있다. 여기에서 논의하는 관방성과 목장성은 조선시대 남해군의 정체성을 파악하는 중요한 자료라고 생각된다. 그중 관방성은 남해군의 지리적 환경이 왜구와 근접되게 대면하여 사방이 노출된 상태여서 이를 방비할 목적으로 축조된 성이다. 특히 왜구가 자주 출몰하는 남쪽 앵강만을 중심으로 수군의 육지근무가 가능하게 된 성종대 부터 축조하기 시작하였다. 초기에는 새로운 성을 축조하지 않고 기존의 평산현고성, 난포현고성, 성고개고성 등 전대에 축조된 치소성 등을 이용하다가 나중에 성고개, 우고개 등과 같이 구릉이나 야산 산록부에 성곽을 직접 축조하였다. 중종조에는 삼포왜란을 계기로 남해안지역에 대한 보다 적극적인 방어태세를 갖추면서 곡포, 상주포, 평산포 등 남쪽 해안선 근접지역에 진보를 이동하여 축조하였다. 그러나 임진왜란 이후 왜구출몰이 소강상태를 이루자 영조대에는 남해안 수군 진보가 대부분 혁파되고 남해군도 평산포진, 미조항진, 적량진만 조선조 말기까지 남게 되었다. 노량진성과 호포진성의 경우는 관방성 역할이 예상되지만 현재로서는 해창과 조창이 위치하는 나루터 감시를 목적으로 축조한 것으로 파악된다. 남면 당항리고진성은 문헌상에 보이는 우고개보성이며 난포현 치소에서 시작하여 우고개보를 거처 곡포보로 이설한 것으로 파악되었다. 주목되는 것은 성고개보인데 문헌상으로는 조선시대에 보를 설치하면서 성고개라는 지명을 사용한 것을 감안하면 조선시대 이전에 이곳에 성이 위치하였음을 시사하고 있다.

뿐만 아니라 성내 지표조사에서도 전대의 회청색 경질토기편과 적갈색 토기편이 다수 수습되어 미상의 기존 성곽을 조선시대에 다시 이용한 것으로 판단된다. 한편 목장성은 이동면 난음리 난곡사 뒷뜰에 위치한 석비를 근거로 최근 목장성인 남해장성(금산목장성)을 관방성으로 소개하고 있다. 그러나 1678년 작성된 경상도 남해현과 진주목 목장지도는 물론 각종 문헌사료와 성의 규모와 형태, 위치 등 고고학적 제 특징이 금산목장성으로 파악되었다. 또 진주에서 뒷날 남해로 편입된 창선지역에도 상죽리, 진동리 등지에서 목장흔적을 확인할 수 있다. 그러나 성은 축조하지 않았던 것으로 파악되었으며 관계문헌에서도 마찬가지 현상을 보이고 있다. 따라서 창선면은 섬 전체가 목장이었던 것을 짐작할 수 있다. 다만 창선도 내에 위치하는 지족해변성에 대한 성격규명은 앞으로 검토되어야할 과제이다.

종합하면 관방성은 전략상 남해안에 출몰하는 왜구에 대비한 주민보호가 주목적이었으므로 왜구의 성쇠에 따라 위치 이동이나 혁파가 이루어졌다는 것을 알 수 있다. 그리고 목장성은 금산목장과 같이 광활한 지역의 경우 경계지역에 성을 축조하여 방목으로 발생하는 농민의 피해를 최소화 하였고 창선과 같은 작은 도서지역에는 성곽은 축조하지 않고 섬 전체를 목장으로 이용한 것을 알 수 있다.

「조선시대 남해군의 관방성과 목장성」, 『문물연구』 제37호, 2020.

참고문헌

-단행본-

『三國志』

『三國史記』

『三國遺事』

『日本書紀』

『高麗史』

『朝鮮王朝實錄』

『慶尙道續撰地理志』

『東國輿地勝覽』

『新增東國輿地勝覽』

『海東諸國記』

『三千浦埋香岩刻(香村洞)』

『亂中雜錄』

『扶桑錄』

『東國輿地志』

『牧場地圖』

『輿地圖書』

『燃藜室記述』

『戶口總數』

『萬機要覽』

『忠烈祠志』

『輿圖備志』

『大東地志』

『增補文獻備考』

『朝鮮寰輿勝覽』

『修堂集』

『韓國近代邑誌』

『嶺南邑誌』

『慶尙道邑誌』

『東萊府邑誌』

『東萊府誌』

『東槎錄』

『輿猶堂全書』, 경인문화사, 1969.

고성군지편찬위원회, 『고성군지』, 2015.

남해군지편찬위원회, 『남해군지』 上, 2010.

삼천포시지편찬위원회, 『삼천포시지』, 1994.

통영군사편찬위원회, 『통영군사』, 1986.

하동군편찬위원회, 『하동군지』, 1996.

부산광역시사편찬위원회, 『부산시지』 1, 1974.

부산광역시사편찬위원회, 『부산시사』 1, 1989.

부산광역시사편찬위원회, 『부산지명총람』, 1995.

경상남도지편찬위원회, 『경상남도여지집성』, 1963.

경상남도, 『慶南の城址』, 1931.

계명대학교박물관, 『성주 성산동고분 특별전 도록』, 1988.

고전간행회 동국문화사,『증보문헌비고(上)』27, 1957.

국사편찬위원회,『한국사료총서 20 : 여지도서(下)』, 탐구당, 1973.

국립진주박물관,『사천』, 2015.

국립진주박물관,『국제무역항 늑도와 하루노쓰지』, 2016.

김정학,『任那と日本』, 小學館, 1977.

김정학,『韓國の考古學』, 河出書房新社, 1972.

김용성,『신라 고고학의 탐색』, 진인진, 2015.

김용욱,『부산의 역사(歷史)와 정신(精神)』, 도서출판 전망, 2001.

김의환,『부산지방의 지명의 유래』, 태화출판사, 1970.

김의환,『부산의 고적과 지명』, 부산시, 1974.

김종권,『역완 삼국사기』, 선진문화사, 1960.

김준환 편역,『또레도-마드리드』, 스페인, 2013.

도수희,『한국지명 신연구』, 제이앤씨, 2010.

문화재청,『문화재대관- 사적-』, 2010.

민족문화추진회,『고전국역총서42 : 국역신증동국여지승람Ⅲ』, 1969

박종환 외,『중국어의 비밀』, 궁리, 2012.

부산대학교 한일문화연구소,『경남의 왜성지』, 1961.

부산박물관,『부산의 성곽, 보루를 쌓아 근심을 없애다』, 2016.

백승옥,『가야 각국사연구』, 도서출판 혜안, 2003.

서울대학교 규장각,『朝鮮後期地方地圖-慶尙道 上-』, 民族文化, 2005.

서태원,『조선후기지방군제연구-영장제를 중심으로』, 도서출판 혜안, 1999.

심봉근,『한국에서 본 일본미생문화의 전개』, 학연문화사, 1999.

심봉근,『한국 남해연안성지의 고고학적 연구』, 학연문화사, 1995.

심정보,『한국읍성의 연구-충남지역을 중심으로-』, 학연문화사, 1999.

양주동,『증정 고가연구』, 일조각, 1965.

연민수 외,『역주 일본서기』2, 동북아역사재단, 2013.

우경화 번역,『그라나다의 알람브라』, 스페인, 2015.

이기동 외,『신라 최고의 금석문 포항 중성리비와 냉수리비』, 주류성, 2012.

이병도,『한국사-고대편-』, 을유문화사, 1959.

이병도 역주,『삼국유사』, 1956.

이병도,『국역 삼국사기』, 춘조사, 1934.

이수홍,『청동기시대 검단리유형의 연구』, 함춘원, 2015.

이일갑,『조선의 읍성』, 국학자료원, 2021.

이현혜,『삼한사회 형성과정연구』, 일조각, 1984.

이희준,『신라 고고학연구』, 사회평론, 2007.

장학근,『조선시대 군사전략』, 국방부군사편찬연구소, 2006.

정중환,『가라사초』, 부산대학교 한일문화연구소, 1962.

주경업,『부산을 배웁시다』, 부산민학회, 2004.

주영택,『가마골 역사이야기』, 도서출판 地平, 2000.

주보돈,『신라지방 통치체제의 변화과정과 촌락』, 신서원, 1998.

차용걸,『한국축성사연구-고대산성의 성립과 발전-』, 진인진, 2016

천관우,『가야사 연구』, 일조각, 1991.

최해군,『부산의 脈(상)』, 도서출판 지평, 1990.

한국인문과학원,『한국근대읍지』33, 1991.

한국인문과학원,『조선환여승람』4, 1993.

한국학문헌연구소,『한국지리지총서 읍지20』, 아세아문화사, 1987.

한양대학교 국학연구원,『대동지지』, 남해 진보조, 1974.

九州國立博物館,『大航海時代の日本美術』, 桃山展 圖錄, 2017.

吉田東伍,『日韓古史斷』, 富山房, 1977.

末松保和,『任那興亡史』, 吉川弘文館, 1949.

梅原末治 外,『朝鮮古文化綜鑑』1, 1946.

三上次男,『滿鮮原始墳墓の研究』, 東京, 1961,

城郭談說會,『倭城の研究』I~V, 1979~2002.

小島憲之 外,『日本書紀』2, 小學館 , 1996,

小田省吾閱·都甲玄鄕編,『釜山府史原稿』1, 1938.

倭城址研究會,『倭城』I, 1976.

鮎貝房之進,『俗字攷, 俗文攷, 借字攷』, 太學社, 1952.

井上秀雄,『新羅史基礎研究』, 東出版, 1974.

許玉林,『遼東半島石棚』, 1994.

-보고서-

강산문화재연구원·거제시,「거제남산패총유적 시굴조사 약보고서」, 2019.

강원문화재연구소,『고성 송현리유적』, 2007.

강원문화재연구소,『강릉 방동리유적』, 2007.

강원문화재연구소,『고성 초도리II-화포리유적』, 2010.

강인구,『한국의 전방후원분무기산과 장고산 측량조사보고서』, 한국정신문화연구원, 1987.

강인구,『자라봉고분』, 한국정신문화연구원, 1992.

경남고고학연구소,『고성 두호리유적』, 2000.

경남고고학연구소,『사천 이금동유적』, 2003.

경남고고학연구소, 『늑도A패총』, 2006.

경남고고학연구소, 『고성 거류산성 시굴조사보고서』, 2006.

경남고고학연구소, 『사천 덕곡리유적1-2』, 2006.

경남대학교박물관, 『고성 연당리고분군』, 1994.

경남문화재연구원, 『고성 교사리유적』, 2003.

경남문화재연구원·사천시, 『문화유적분포지도-사천시-』, 2003.

경남문화재연구원, 『고성 무선리유적』, 2005.

경남문화재연구원, 『남해 대국산성』, 2005.

경남문화재연구원, 『동래 고읍성지』, 2007.

경남문화재연구원, 『동래읍성』, 2008.

경남문화재연구원, 『동래읍성해자Ⅰ』, 2008.

경남문화재연구원, 『동래읍성해자Ⅱ』, 2010.

경남발전연구원 역사문화센터, 『문화유적분포지도-남해군-』, 2004.

경남발전연구원 역사문화센터, 「부산-거제간 연결도로 민간투자사업 대상부지내 추정고
　　　　분 발굴조사약보고서」, 2004.

경남발전연구원 역사문화센터, 『사천 방지리유적1-3』, 2005-2007.

경남발전연구원 역사문화센터, 『거제 장목고분』, 2006.

경남발전연구원 역사문화센터, 『남해 관당성지』, 2006.

경남발전연구원 역사문화센터, 『고성 고읍성』, 2016.

경남발전연구원 역사문화센터, 『남해 남치리 백제석실』, 2016.

경상대학교박물관, 『의령 운곡리고분군』, 1999.

경상대학교박물관, 『의령 경산리고분군』, 2004.

경상문화재연구원, 『남해 진동리유적』, 2013.

경상문화재연구원, 『고성 율대리 산55번지 유적』, 2017.

경상문화재연구원·거제시, 『거제옥산성지』, 2019.

경성대학교박물관, 『김해 대성동고분 I·II』, 2000.

국립광주박물관, 『해남 월송리조산고분』, 1984.

국립광주박물관, 『광주 명화동고분』, 1996.

국립광주박물관·해남군, 『해남 방산리 장고봉고분 시굴조사보고서』, 2001.

국립문화재연구소, 『나주 신촌리9호분 발굴조사보고』, 2001.

국립중앙박물관, 『한국 지석묘연구』, 1967.

국립중앙박물관, 『송국리III』, 1978.

국립중앙박물관, 『고성패총 발굴조사보고서』, 1992.

국립중앙박물관, 「양산 다방리패총 발굴조사보고」, 『청당동』, 1993.

국립진주박물관, 『고성 율대리2호분』, 1990.

국립창원문화재연구소·경남대학교박물관, 『소가야문화권 유적정밀지표조사보고서』, 1994.

국립창원문화재연구소, 『함안 성산산성』, 1998.

국립창원문화재연구소, 『고성 내산리고분군』, 2002.

국립창원문화재연구소, 『함안 성산산성II』, 2004.

국립창원문화재연구소, 『함안 성산산성III』, 2006.

국립가야문화재연구소, 『함안 성산산성 발굴조사 보고서IV』, 2011.

국립가야문화재연구소, 『함안 성산산성VI』, 2017.

극동문화재연구원·하동군, 『하동 정안산성 정밀지표조사보고서』, 2015.

극동문화재연구원·하동군, 「하동 정안산성 학술 발굴(시굴)조사 약보고서」, 2016.

동서문물연구원, 『고성 신용리유적』, 2009.

동서문물연구원, 『함안 괴산리유적』, 2011.

동서문물연구원, 『거제 다대산성』, 2012.

동서문물연구원, 「남해 임진성 발굴조사 약보고서」, 2014.

동아대학교박물관, 『고성 송천리솔섬석관묘』, 1977.

동아대학교박물관, 『사천 예수리고분군』, 1978.

동아대학교박물관, 『김해 부원동유적』, 1981.

동아대학교박물관, 『가야문화권 유적정밀조사보고』, 1984.

동아대학교박물관, 『상노대도 부록 : 고성 동외동패총』, 1984.

동아대학교박물관, 『합천 영암사지』, 1985.

동아대학교박물관, 『울주 간월사지』, 1985.

동아대학교박물관, 『울주 화산리성지』, 1990.

동아대학교박물관, 『거제 고현성지』, 1991.

동아대학교박물관, 『창녕 교동고분군』, 1992.

동아대학교박물관, 『거제 오양성지』, 1994.

동아대학교박물관, 『거제시 문화유적 정밀지표조사보고서』, 1995.

동아대학교박물관, 『거제시 성지조사보고서』, 1995.

동아대학교박물관, 『거제 거림리유적』, 1997.

동아대학교박물관, 『진주-통영간고속도로예정구간 문화유적정밀지표조사보고』, 1997.

동아대학교박물관, 『거제 아주동유적』, 1998.

동아대학교박물관, 『양산 평산리유적』, 1998.

동아대학교박물관·경상남도, 『남강유역 문화유적발굴도록』, 1999.

동아대학교박물관, 『하동 고소성지 시굴조사보고서』, 2000.

동아대학교박물관·고성군, 『문화유적분포지도-고성군-』, 2004.

동아대학교박물관,『고성 송학동고분군』, 2005.

동아대학교박물관,『사천늑도C』, 2005.

동아대학교박물관,『강서 죽도성지』, 2006.

동아대학교박물관,『고성읍성지』, 2006.

동아대학교박물관,『진주 내촌리유적』, 2007.

동아대학교박물관,『사천 용현유적』, 2008.

동아세아문화재연구원,『문화유적분포지도-거제시-』, 2005.

동아세아문화재연구원,『거제 폐왕성 문화유적시굴조사보고서』, 2006.

동아세아문화재연구원,『사천늑도 진입로개설구간내 문화유적발굴조사보고서』, 2006.

동아세아문화재연구원,『거제 폐왕성 집수지』, 2009.

동아세아문화재연구원,『진해 마천동유적』, 2011.

동아세아문화재연구원,『거제 둔덕기성 동문·건물지』, 2011.

동아세아문화재연구원,『양산 물금황산언』, 2012.

동아세아문화재연구원,『거제 둔덕기성』, 2017.

동아세아문화재연구원,「거제 방하리 고분군 발굴조사자문회의 자료」, 2019

동아세아문화재연구원,『거제 방하리 고분군』, 2021.

동의대학교박물관,『김해 양동리 고분문화』, 2000.

문화재관리국,『마산 성산패총 발굴조사보고서』, 1974.

문화재관리국,『황룡사 발굴조사보고서 I』, 1984.

문화재관리국,『황남대총(북분)』, 1987.

부경문물연구원·기장군,『기장 고읍성 학술조사 보고서 : 기장고읍성 보존 및 정비 방안 마련을 위한 비지정문화재기초조사』, 2012.

부경문물연구원,「남해 봉황산 나래숲 조성부지내 유적 발굴조사 자문회의자료」, 2015.

부경문물연구원, 『남해 봉황산유적』, 2016.

부경문물연구원, 『고성 봉동리 동촌유적』, 2016.

부산대학교박물관, 『늑도주거지』, 1989.

부산대학교박물관, 『울산 검단리마을 유적』, 1995.

부산대학교박물관, 『늑도패총과 고분군』, 2004.

부산광역시립박물관, 『당감동성지Ⅰ』, 1996.

부산광역시립박물관, 『당감동성지Ⅱ』, 1998.

부산박물관, 「배산성지 일원 시굴조사 학술자문회의자료」, 2016.

서울대학교박물관, 『흔암리주거지4』, 1978.

영남매장문화재연구원, 『의령 천곡리고분군』, 1997.

우리문화재연구원, 『사천 향촌동유적』, 2011.

우리문화재연구원, 『사천 향촌동 61번지유적』, 2013.

울산문화재연구원, 『울산 달천유적 제1차발굴조사』, 2008,

울산문화재연구원, 『울산 교동리192-37유적』, 2009.

울산문화재연구원, 『울산 달천유적 제3차발굴조사』, 2010.

울산문화재연구원, 『울산 명산리유적』, 2011.

울산문화재연구원·기장군, 『기장산성』, 2014.

전남대학교박물관, 『복암리고분군』, 1996.

전남대학교박물관, 『장성 영천리 횡혈식석실묘』, 1990.

전라북도박물관, 『전북유적조사보고 제3집』, 1974.

창원대학교박물관, 「창원 남산동 유적 현지 설명회자료」, 1997.

한겨레문화재연구원, 『고성 송학리309-1번지 유적』, 2012.

한국문물연구원, 『기장읍성』, 2016.

한국문물연구원, 『사천 용현유적』, 2010.

해동문화재연구원, 『남해 금오산성 북문지 복원을 위한 시·발굴조사』, 2011.

長崎縣敎育委員會, 『對馬』, 1974.

-학술지·논문-

고두동, 「부산의 지명해고 : 옛말로 풀어본 고장의 지명」, 『향토문화』 2, 1970.

권상열, 「고성 율대리고분 발굴조사」, 『한국고고학보』 23, 1989.

김동철, 「왜관도를 그린 변박의 대일교류활동과 작품들」, 『조선통신사 사행록연구총서10』, 학고방, 2009.

김대환, 「부산지역 금관가야설의 검토」, 『영남고고학』 33, 2003.

김선기, 「고창지역 주형지석을 가진 지석묘에 대하여」, 『호남고고학보』 5, 1997.

김용성, 「연산동 고총의 성격」, 『연산동 고분군과 그 피장자들곽』, 부산대박물관·연제구청 학술심포지움요지, 2016

김원룡, 「금해 무계리지석묘와 그 부장품-청동기를 반출하는 신례-」, 『동아문화』 1, 1963.

김형주, 「고대국어의 음절종성 ㄱ,ㄷ,ㅂ 음고」, 『석당논총』 14, 1988.

나동욱, 「한국의 왜성연구」, 동아대학교 고고미술사학과 박사학위논문, 2012.

나동욱, 「조선시대 오해야항 목장 고찰」, 『박물관연구논집』 11, 부산박물관, 2004.

나동욱, 「부산진성을 통한 부산의 명칭유래 일고찰」, 『박물관연구논집』 18, 부산박물관, 2012.

나동욱, 「기장왜성의 축조수법」, 『동아시아의 문물』 1, 2012.

나동욱, 「경상지역의 목장성」, 『한국의 고고학』 32, 2016.

노재현, 「가야지역 분포 성곽의 축조수법 비교연구」, 『신라성곽의 축성연구와 운영, 그리고 가야성곽연구』, 한국성곽학회 2017년도 추계학술대회 발표요지, 2017.

류우창, 「고대 부산지역 정치체의 성격 - 독로국을 중심으로」, 『한국고대사연구』 95, 2019.

박방용, 「신라 도성연구」, 동아대학교 대학원 박사학위논문, 1997.

박영구, 「동해안지역 청동기시대 취락 연구」, 영남대학교 대학원 박사학위논문, 2015.

박성현, 「신라의 거점성 축조와 지방제도의 정비과정」, 서울대학교 대학원 박사학위논문, 2010.

박종기, 「신라시대 향 부곡의 성격에 관한 시론」, 『한국학론총』 10, 1988.

부산직할시사편찬위원회, 「제8편 문화재 명승」, 『부산시사』 4, 1991.

배덕환, 「영남지방 청동기시대 환호취락연구」, 동아대학교 대학원 석사학위논문, 2000.

배덕환, 「청동기시대 환호취락의 전개양상」, 『석당론총』 30, 2007.

배덕환, 「영남지역 청동기시대 주거지연구」, 동아대학교 대학원 박사학위논문, 2008.

백승충, 「삼한시대 부산지역의 정치집단과 그 성격-변진독로국을 중심으로」, 『港都釜山』 18, 2002.

서승완, 「외벽축조기법을 통해본 파주덕진산성의 변화」, 『신라성곽의 축성연구와 운영, 그리고 가야성곽연구』, 한국성곽학회 2017년도 추계학술대회 발표요지, 2017.

선석열, 「신라의 지방통치과정과 연산동고분군」, 『연산동 고총고분군과 그 피장자들』, 부산대박물관·연제구청 학술심포지움요지, 2016.

선석열, 「독로국의 위치비정과 그 역사적 의미」, 『항도부산』 39, 2020.

성낙준, 「함평 예덕리 신덕고분 긴급수습조사약보」, 『韓國の前方後圓墳』, 日本雄山閣出版, 1992.

송만영, 「한반도 중부지역취락의 발전과 정치체의 형성」, 숭실대학교 대학원 박사학위논문, 2010.

신창수, 「고성 내산리 고분군 발굴조사와 성과」, 『고자국(소가야)의 타임캡슐송학동고분군』, 제3회 국제심포지움 발표요지, 동아대학교박물관, 2001.

심봉근, 「일본지석묘의 일고찰」, 『부산사학』 3, 1972.

심봉근, 「경남지방출토 청동유물의 신례」, 『부산사학』 4, 1980.

심봉근, 「동아대학교박물관 소장 청동유물신례」, 『고문화』 20, 1982.

심봉근, 「거제 고현성지 연구」, 『석당논총』 17, 1991.

심봉근, 「마산 자산동성지와 합포성지에 대하여」, 『한국사학논총』, 일조각, 1992.

심봉근, 「사천 성황당산성」, 『한국남해연안성지의 고고학적 연구』, 1995.

심봉근, 「고성 동외동패총 출토 미생계유물」, 『석당논총』 27, 1998.

심봉근, 「신라성과 고구려성」, 『고구려산성연구』, 학연문화사, 1999.

심봉근, 「거제 아주동지석묘 출토 청동촉」, 『한국사와 고고학』, 2000.

심봉근, 「한국남해안의 왜성」, 『문물연구』 4, 2000.

심봉근, 「부산포와 부산진성의 공간적 위치분석」, 『문물연구』 25, 2014.

심봉근, 「부산지역 고대성지의 성격검토와 과제」, 『문물연구』 31, 2017.

심봉근, 「하동군 치소이동과 정안봉산성」, 『석당논총』 70, 2018.

심봉근·전순신, 「고고학적으로 본 경남 남해군현의 치소」, 『문물연구』 35, 2019.

심정보, 「대전의 고대산성」, 『백제연구』 20, 1989.

심종훈, 「둔덕기성을 통해본 거제의 중심군형과 속현」, 『거제 둔덕기성』, 동아세아문화재연구원, 2017.

안재호, 「청동기시대 취락연구」, 부산대학교 대학원 박사학위논문, 2006.

이건무 외, 「창원 다호리유적 발굴진전보고(1)」, 『고고학지』 1, 1989.

이동주·심봉근, 「경상남도 남해군지역의 성지분포와 성격연구」, 『청촌논총』 20, 2018.

이병도, 「삼한문제의 신고찰(二)」, 『진단학보』 3, 1935.

이상길, 「한국 창원덕천리유적 발굴조사개보」, 『고문화담총』 32, 1997.

이상길, 「무문토기시대의 생활의례」, 『환호취락과 농경사회형성』, 1998.

이상훈, 「임진왜란 중 적진포해전」, 『조선시대 경상도 고성지역 수군진보와 남촌진(적진포)』, 고성군문화원, 2014.

이수훈, 「신라 중고기 촌락지배연구」, 부산대 박사학위논문, 1995.

이영식, 「고대 한일교섭의 가교, 거제도-가야의 독로국과 신라의 상군」, 『동아시아고대학』 22, 2010.

이은창, 「대전시 괴정동 출토 일괄유물조사약보」, 『고고미술』 8-9, 1969.

이일갑, 「경남지역 연해읍성에 대한 연구」, 동아대학교 대학원 박사학위논문, 2007.

이일갑, 「남해안지역 연해읍성의 평면 형태에 관한 연구」, 『문물연구』 13, 2008.

이일갑, 「경남 남해안 지역 영·진·보성에 대한 검토」, 『영남고고학보』 45, 2008.

이일갑, 「조선시대 남해안지역 영진보성 외곽시설에 대하여」, 『文物研究』 35, 2019.

이현주, 「조선후기 재지화원 소고 : 18세기 동래 재지화원 변박의 관수회화 연구」, 『문물연구』 14, 2008.

이현주, 「동래부 화원 이시눌연구」, 『역사와 경계』 76, 2010.

이형재, 「한국 남해안 왜성 축성술 연구」, 동아대학교 대학원 박사학위논문, 2010.

임영진, 「광주 월계동의 장고분2기」, 『한국고고학보』 31, 1994.

전순신, 「독로국의 위치에 관한 이론의 비교 분석」, 『문물연구』 40, 2021.

전영래, 「완주 상림리 출토 중국식 동검에 관하여」, 『전북유적조사보고』 6, 1976.

정의도, 「조선시대 목장성의 운영과 현황」, 『한국의 고고학』 32, 2016.

정중환, 「독로국고」, 『백산학보』 8, 1970.

조영현, 「고총분의 구조에서 보이는 왜계고분의 요소」, 『가야, 그리고 왜와 북방』, 김해시, 2004.

진덕재, 「4-6세기 신라의 동해안지역 경영」, 『한국동남해안의 선사와 고대문화』, 한국상고사학회 40회 학술발표대회, 2012.

차용걸, 「고려말·조선전기 대왜 관방사 연구」, 충남대학교 대학원 박사학위논문, 1988.

천관우, 「삼한의 성립과정」, 『사학연구』 26, 1976.

최성락 외, 「함평 중랑유적」, 제43회 한국 역사학대회 고고학부 발표자료집, 한국고고학회, 2000.

최종석, 「고려시대 치소성 연구」, 서울대학교 대학원 문학박사학위논문, 2007.

최희준, 「신라 당항성의 연혁과 선덕왕대 나당관계」, 『선사와 고대』 47, 2016.

角山榮, 「堺と南蠻貿易」, 『南蠻』, 堺市博物館, 2003.

柳澤一男, 「全南地方の榮山江型橫穴式石室の系譜と前方後圓墳」, 『前方後圓墳과 古代日朝關係』, 朝鮮學會編, 同成社, 2002.

柳澤一男, 「5-6世紀의 韓半島 西南部와 九州」, 『加耶 洛東江에서 榮山江으로』, 제12회 加耶史 國際學術大會, 2006.

三本愛三, 「鷹島海底遺蹟의 自然科學的な調査」, 『鷹島海底遺蹟Ⅱ』, 1994.

有光敎一, 「昭和十三年度古蹟調査報告」, 朝鮮古蹟硏究會, 1940.

有光敎一, 「朝鮮磨製石劍の硏究」, 『考古學 叢書』 2, 京都大學 文學部, 1959.

鮎貝房之進, 「借字攷(1)」, 『朝鮮學報』 7, 1955.

中島樂章, 「大航海時代の なかの 信長·秀吉·家康」, 『大航海時代の日本美術』 九州國立博物館, 2017.

● 찾아보기